# 仙台あらえみし日和

杜の都で本と暮らす

土方正志

PRESSART

目次

本書は、河北新報日曜版に掲載された「仙台発出版こぼれ話」の第１回から第２００回までの原稿を加筆修正したものです。

また、本文にご登場いただいたみなさんの職業や所属、施設イベントの情報などは記事掲載時点のままとさせていただきました。

次の
百年の
ために

# 1

2019.6.2

# 古本屋のオヤジに

この4月15日から古本屋のオヤジになった。仙台駅東口に〈古本あらえみし〉をオープンしたのである。なぜそんなことにといえば、北海道の父が亡くなり、母が認知症により施設に入居、実家が空家となってしまった。いわゆる「実家の空家」問題に直面したわけだが、実家は北海道はニセコ町、全国に、いや、いまや世界に知られたウィンターリゾート、インバウンドが押し寄せて大にぎわいとあって、空家となった途端に民泊業者からさっそく連絡があった。「民泊に使いたいのだが貸してもらえないか」というわけである。

渡りに舟はいいが、となると実家を空っぽにして明け渡さねばならない。家財はもちろん、東京から仙台へと永年のマンション暮らし、職業柄で溢れかえった本の大群、ざっと2万冊を実家に格納していた。なにせひとり息子である。全てを仙台に引き受けるしかない。マンションではとてもムリ、あわてて事務所を移したのが東口の1軒家である。ところが今度は事務所には広すぎる。ならば、家屋1階に本を格納して、そこを古本屋さんにしてしまえ！

……と、そんなナリユキまかせの古本屋の新米オヤジなのだが、かくいう私、なによりまずは零細出版社のオヤジである。私を含めて社員2人にアルバイト若干、零細にもほどがあるから、もちろん自ら本を編む編集者でもあれば、本の売り込みにも余念がない。そして、作家・エッセイストでもある。児童文学の賞も受賞して、ご覧の通りの駄文や書評をあちらこちらで書き散らし、いつの間にやら自著・共著も両手の指を折るほどになった。さらにさまざまなイベントや講座の企画にラジオで喋ったり、これまたいずれも本に関するものばかり。空前の出版不況に対するに、まずはみなさんに読書の醍醐味《だいごみ》や愉悦を知ってもらわねばならない、その仕掛けである。

というわけで、本を書き、本を編み、本を売り、本を語り、今度は古本稼業にまで足を踏み入れて、あと3年ほどで還暦を迎えるのだから、なんともはや本まみれの我が人生である。本に関わるあれやこれやで口に糊《のり》して、さてそんな私の正体はといえば、いささか漠然たる呼称ではあるものの「出版人」といったところか。そんな杜の都の「出版人」のウラ話こぼれ話を、この場をお借りして徒然なるままに綴らせていただくこととなった。日曜日の本欄をご覧とあれば、おそらくみなさんも本にご興味がおありのはず。ゆるりとお楽しみいただければ幸いです。

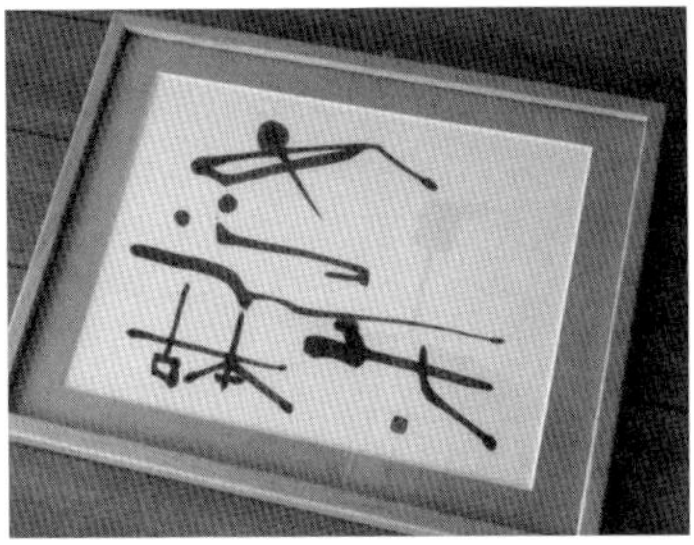

## 2

2019.6.9

# 本と人を繋ぐ被災地支援

北海道から来客である。札幌市のおとなり江別市で古本屋さん〈ブックバード〉を営む荒井宏明さん、55歳。私が〈ブックバード〉をたずねたのは昨年の秋、凝った品揃えがうれしいかわいらしくも健気な古本屋さんだった。実は江別は私が高校卒業まで暮らした町、なつかしの町にユニークな古本屋さんがオープンしたと噂に聞いて出かけたのだが、アポなし初対面ながら共通の知人がたくさんいる間柄、旧知のごとくに話が弾んだ。その荒井さんが代表理事を務めるのが一般社団法人北海道ブックシェアリング。いま「本と人を繋《つな》ぐ」活動によって全国の注目を集める。

子どものころから本が好きだった。新聞記者や映像関係の仕事に就いたあと、最初はボランティアだった。きっかけは学校図書購入予算の削減である。市民に呼びかけて、不要な本の提供を受け、それを学校図書館に届ける運動をはじめた。本がどんどん集まって、2008年、本格的に読書環境・図書環境整備支援団体〈北海道ブックシェアリング〉を設立、学校図書館の枠を超える。たとえば道内各地に本を届ける「走る本屋さん」。移動図書館車に本を積み込んで、本屋さんのなくなった自治体に本を届ける。広い北海道を縦横無尽に走りながら「本による地域活性化」の道を探り、札幌大谷大学では情報資料論・ボランティア論を講じるようにもなった。

そして、2011年、東日本大震災。「図書館もたいへんな状況になっている」と聞いて、本の支援に乗り出した。石巻に事務所を設け、北海道で市民や企業から集めた約3万冊を被災地に届けた。現在は福島県浜通りの図書館再建支援をテーマに、半年毎に現地を歩いては、現状を北海道に持ち帰り、支援の道を探る。今回はそんな旅の帰途、仙台に立ち寄ってくれた。

「本で世の中をなんとかしたい。次世代がなにか考える場を作るのが僕らの世代の役割です。そのツールはやはり本。人類が営々と受け渡し続けてきた財産ですからね。本を次の世代に繋がなければならない。東北被災地支援の経験を通じて、切実にそう思うようになりました」

本と人、本と地域を繋ぐ活動は地味で手間がかかるけれど、残るんですよ、あなたが届けてくれた本、いまも子どもたちが読んでいるよ、なんて声をかけられるとうれしいですねと、荒井さん。本の力を信じる人が、今日も各地でそれぞれの活動を続けている。その歩み、遅くとも宜《うべ》なり、たとえその果実を自らの生のさなかに見るのが叶わなくとも（写真提供／荒井宏明）。

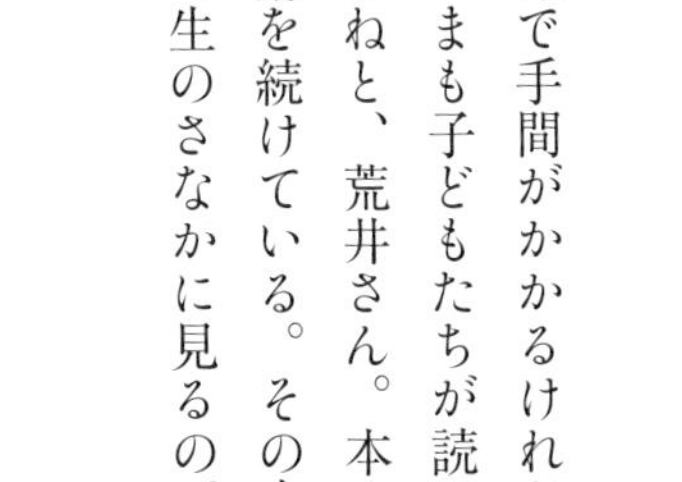

# 3

2019.6.16

# 編集者で本を選ぶ

編集者とはおかしな職業で、まだ会ってもいないのに、その人が編んだ本を見ただけで、なんだか昔から知っているような、妙な親近感を持ったりする相手がいる。「この本を編んだ人なら、きっと気が合うはずだ」といった予感が働くのである。もちろん編集者といってもいろいろだが、自らの企画や得意分野に特化した編集者の場合、たとえそれがどんなジャンルであったにしても「あ、これはあの人の仕事」と、同業者にはすぐに判る。好みの傾向が被っていれば、なおさらである。さらにいえば、フリーランスや最近はやりの「ひとり出版社」的な独立系出版社にこの特色は顕著だ。好きな本を編むためのその道の選択なのだから、これはご理解いただけようか。

私には、たとえば東雅夫さんと藤原義也さんがそんな同業者だ。東さんはいまや怪談幻想系のアンソロジスト・文芸評論家だが、かつては伝説の雑誌『幻想文学』（幻想文学出版局）の編集長として、続いて怪談専門誌『幽』（ＫＡＤＯＫＡＷＡ）編集顧問として活躍、ジャンルの牽引者にしてトップランナーである。藤原さんは国書刊行会の編集者を経て藤原編集室を設立、海外古典ミステリの新訳企画や埋もれた名作の復刊企画で読者を唸らせて、業界では知らぬ者のない斯界《しかい》の匠《たくみ》だ。最初は読者としてその仕事を知り、いまは同業者として仕事のパートナーとしておつきあいいただいている。おふたりの編む本に全幅の信頼を寄せて「今度はこの手で来たか！」もあれば「この作家は知らないけれど、東さんと藤原さんだから間違いはあるまい」と、その仕事に舌を巻きながら、ワクワクと新刊を読む。

去る五月、藤原さんをちょっとしたトークイベントにお招きした。知遇を得て15年ほど、じっくり語り合うのははじめてだった。予想通り、ほぼ同年齢とあって、互いの読書歴や好みがピタリと合致、愉しいトークとなった。藤原さんが世に送り出す本たち、これからも目が離せない。

さて、編集者で本を選ぶ、そんな読書もありはしないか。東さんなら編著がたくさんある、藤原さんが手がけた本なら奥付などに藤原編集室と銘記してあるほか、ホームページ「本棚の中の骸骨」にも情報満載である。あるいはたとえ編集者の名前が判らなくても、あなたのお気に入りの出版社はないだろうか。あなた好みの本を出す出版社には、きっとあなたと趣味の合う編集者がいるはずだ。そんな視点で次の本を選んでみるのはいかがだろう。

願わくは、あなたのそんな出版社のなかに我ら〈荒蝦夷〉があればうれしいのだが。

# 4

2019.6.23

## 夢野久作未発表書簡を発見

夢野久作『ドグラ・マグラ』（角川文庫）の初読は中学生だった。「日本三大奇書」のひとつにも挙げられる日本幻想ミステリ文学史の大作である。発表は1935年、なにしろ奇妙奇天烈にして難解至極、途中で投げ出す読者も多いと聞くが、一読その世界にハマれば、魅惑と蠱惑《こわく》の豪華絢爛《けんらん》たる曼荼羅《まんだら》じみて、とにかく試しに読んでみていただければとしかいいようがない。私はハマった。指を折れば五回は読んでいる。いくら読んでもさっぱりワケがワカラナイ、いや、むしろワカラナさが魅力、だからうっかり手にしてはまたもグイグイと物語に引き込まれる。

夢野久作のほかの作品のトリコともなった。角川文庫やいまはなき現代教養文庫の作品群、創元推理文庫『日本探偵小説全集』にちくま文庫『夢野久作全集』と、初読からおよそ40年、常にその作品世界に触れてきた。ところに、没後80年の2016年から国書刊行会『定本　夢野久作全集』の刊行がはじまって、全作品を読み返すのもこれがさいごかと舐めずるように頁を繰っている……のだが、そんなある日、ところもあろう仙台で、夢野の直筆書翰を発見してしまった。

宮城県に生まれ、作家として新潮社の編集者として実績を残しながら早逝した佐左木俊郎、この佐左木の作品集をまとめるための資料調査を続けるなか、仙台文学館の資料に夢野久作から担当編集者だった佐左木宛の書翰2通を見つけたのである（写真）。封書に夢野の別名「杉山萠圓」の署名を見た瞬間、鼓動が確かに速まった。ええっ、マジか。あわただしく文面に目を通すと、まさしく『ドグラ・マグラ』成立史のヒトコマが記されているではないか。40年来のあこがれの作家の手蹟に不意を食って、目が眩む思いがした。

埋もれた作家の探索は、いつも刺激的である。「まだ生きていたのか」と知る人をおどろかせた作家・高城高さんの再評価、著作権継承者やその死さえもが確認されていなかった杉村顕道や魔子鬼一の消息の追跡と、私たちも仙台ゆかりの作家の発掘に取り組んできた。とはいえ、地域の出版人は、地域に縁なき作家の足跡にはなかなか触れられない。夢野は九州は福岡の作家である。その幻想的作風の共通性と時代性から「南の夢野久作」に「北の宮澤賢治」と称されもする。そんな作家と仙台の予想外の繋がりの詳しいご報告は『定本　夢野久作全集』第6巻月報にて。ご興味あれば、ぜひ。

# 5

2019.6.30

# 「月報」を知っていますか

前回の本欄は、仙台夢野久作書翰発見始末の「詳しいご報告は『定本　夢野久作全集』（国書刊行会）第6巻月報にて」と終わったが、ふと思った。もしかして全集の「月報」って死語に近いんじゃなかろうか。というのは、空前の出版不況、文学全集などいまや滅多に出やしない。かろうじて私の世代くらいまでは各社の「日本文学全集」や「世界文学全集」を知っている、あるいは作家や学者の個人全集も百花繚乱《りょうらん》だった。学校図書館に並んでいたそんな日本の世界の文学全集の読破にチャレンジ、気に入った作家と出会えば、次はその個人全集に手を延ばす、そんないわば昭和の全集ブームが、あるいは全集文化が、かつて確かにあった。思えば、豪華で贅沢な文学入門の道ではあった。近年の話題は河出書房新社の池澤夏樹さん個人編集『世界文学全集』と『日本文学全集』だったが、両全集が世の注目を集めたのも「この時代に文学全集！」とのうれしいおどろきによるものだったといっていい。

さて、そこで「月報」である。全集各巻に、挟み込まれたパンフレットとまずはご紹介していいだろう。たとえば個人全集ならその作家と交流のあった近親者・作家・編集者の回想エッセー

や学者・文芸評論家などの作品評や作家評が、あるいは年譜など資料が掲載された、まあ、全集読者へのオマケみたいなものである。本文には入らなかったこぼれ話みたいなエピソードが載っていたりして、これがなかなか愉しみなものだった。

　昔の全集はきっと毎月配本していたから「月報」なのだろうが、例えば『定本　夢野久作全集』は、半年に1冊が出るか出ないか、それでもやはり「月報」と呼ぶ。全集受難の昨今にあっては、そもそも「月報」の存在そのものが稀なわけだが、そこに仙台夢野久作書翰発見始末を書いて、これは書き手としてうれしい経験だった。そもそもいくら書きたくてもその全集にふさわしい話柄がなければ機会はめぐってこない。国書刊行会の編集者に「好きなだけ書いていいですよ」と唆されて、腕まくりしてここぞとばかりに11頁である。ああ、楽しかった。

　それにしても、定本全集刊行さなかの直筆書翰発見、天の配剤、差出人の夢野久作と受取人の佐左木俊郎の、あの世からの「見つけてくれよ」とのメッセージだったのかなどと思わせられもして、だとすれば、これもまた冥利《みょうり》に尽きる話ではある。

# 6

2019.7.7

# ゴジラを巡る東北の群像

公開初日、それも朝イチで話題のハリウッド映画『ゴジラ　キング・オブ・モンスターズ』を観た。モスラとラドンとキングギドラのシルエットを予告編に見て、ゴジラのみならずなつかしの怪獣たち勢揃いのまるで往年の『怪獣総進撃』であれば、昭和なオジさん歓喜の映画と直感して駆けつけたわけである。

私がはじめて映画館でゴジラを観たのはリバイバルの『キングコング対ゴジラ』だった。小学生だった。リアルタイムで公開と同時に観たのはいまやカルトな人気の『ゴジラ対ヘドラ』である。映画館で怪獣映画を、テレビでウルトラマンを観る、円谷プロに育てられたそんな昭和のオジさんの私もひとりなのだが、いまさらゴジラとモスラとラドンとキングギドラがスクリーン狭しと暴れまわるのを観られるなんて、それこそ小学生にもどった気分で、いやぁ、堪能しました。

おっと、本欄のテーマは映画ではない、本である。だがしかし、小学生のゴジラ体験は、そのまま読書体験へと繋がった。まずは『ゴジラ』原作者の香山滋、探偵小説戦後派五人男のひとりで異境探検モノが得意、『海鰻荘奇談』（河出文庫）で日本探偵作家クラブ賞（現在の日本推理作家協会賞）新人賞を受賞、三一書房『香山滋全集』全15巻はいまも私の本棚のお気に入り。映画『獣人雪男』原作者でもある。『モスラ』原作はなんと中村真一郎・福永武彦・堀田善衛と純文学の大御所トリオ、『空の大怪獣ラドン』の原作は戦前から探偵小説作家として活躍した黒沼健と、映画のカゲに豪華原作者ありなのだから、映画に魅せられてそのまま原作本へと手を延ばした同好のオジさんも多かったはずである。あ、黒沼健は『大怪獣バラン』原案もやっている。

実は怪獣映画には東北人のカゲがちらつく。円谷プロの円谷英二は福島の、監督・本多猪四郎は山形の、ゴジラのスーツアクター中島春雄も山形の人である（今回のハリウッド『ゴジラ』は、一昨年鬼籍に入った中島に捧げられていた）。円谷プロの怪獣デザイナーで彫刻家の成田亨は生まれは神戸だが青森で育ち、ゴジラの造形に影響を与えたとされる『少年ケニヤ』の漫画家・山川惣治は福島、さらに北に目をやれば音楽の伊福部昭は北海道と、ゴジラと怪獣たちをめぐる東北・北海道の群像に興味は尽きない。神のごとき存在〈怪獣〉に、日本列島の北の想像力を幻視してはいかがだろう。東北ならではの『ゴジラ』理解がきっとある、そう思えてならない。

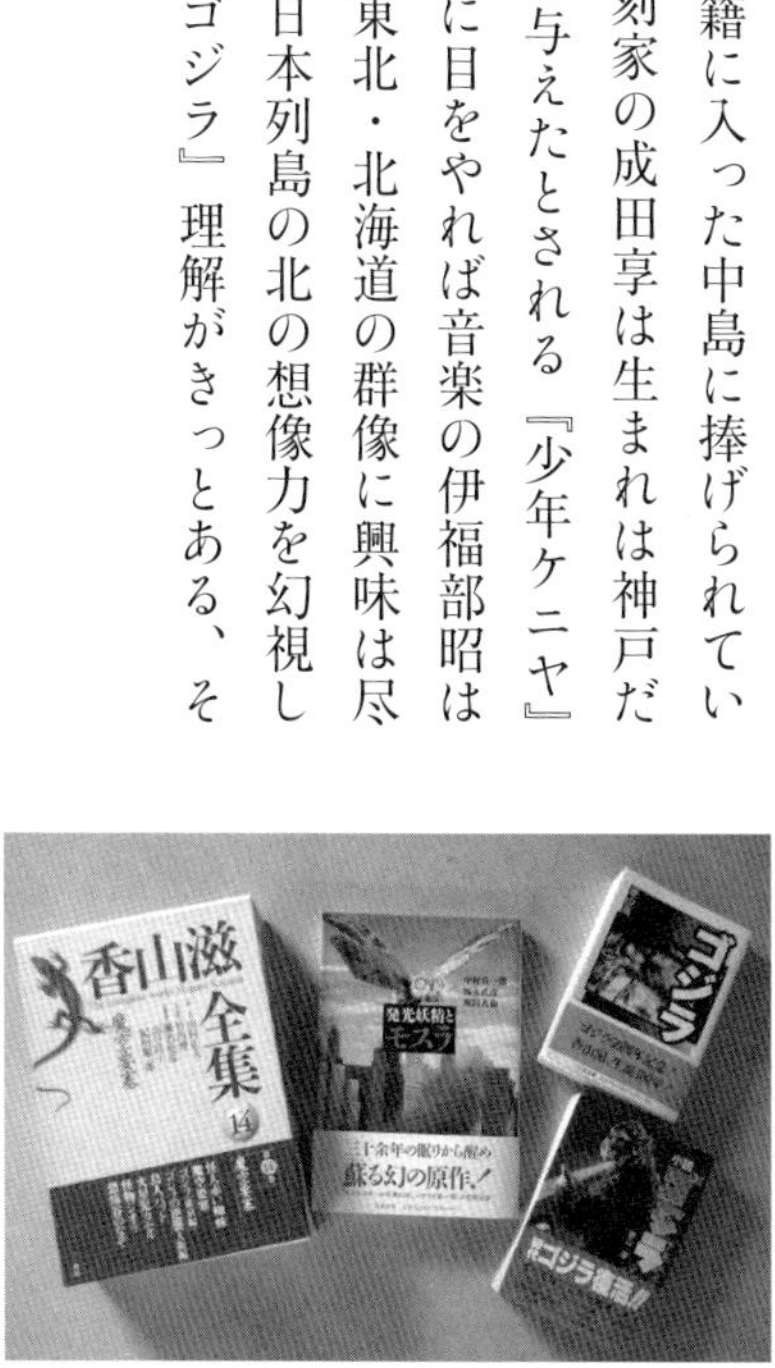

# 7

2019.7.14

# 昭和は遠くなりにけり

京都へ行った。作家・ジャーナリストとして活躍後、東海教育研究所『望星』の名編集長として鳴らして、現在はＮＰＯ法人「南アジア遺跡調査会」を主宰する岡村隆さんが第23回植村直己冒険賞を受賞、植村生地の兵庫県豊岡市で授賞式があった。宗教学者・山折哲雄さん、作家・高山文彦さん、そして私の旧知の面々が、帰途の岡村さんを京都で待ち受けて、内輪の祝いの席となった。山折さんも岡村さんも、私にとっては四半世紀にわたってお世話になりっ放しの大恩人にして大先輩である。京都住まいの山折さんに「岡村を祝うぞ、京都に来い」といわれれば、馳せ参じないわけにはいかない。こぢんまりと親密な祝宴を終えて、御所のある京都御苑近くのホテルに入った。

このホテル、私が東京で仕事をしていた１９８５年から２０００年にかけて、関西取材の折りに常宿としていた。通りを隔てて京都御苑に隣接するだけあって、静かに落ち着いたホテルである。仙台に拠点を移してからは足が遠のき、京都に行っても駅前のビジネスホテルばかり泊まるようになったのだが、ふと、あのホテル、まだやっているかなと思ったら、健在だった。どころか、立地ゆえかインバウンドに人気のようである。ゆっくり眠って、早朝、御苑散歩に出た。

昭和さいごの日、私はこのホテルにいた。別件取材があって、京都滞在中だった。ところにあれは早朝、東京の編集者からの昭和天皇崩御の電話に眠りを破られた。京都御所のようすを取材してくれ……。なにせ道を渡れば御所、すぐさま蛤御門から京都御苑に入った。御所建礼門の前に記帳所が設けられ、早朝にも関わらず多くの市民が既に列を成し、それを取り巻くように報道各社のカメラが据えられて、それをまた遠巻きに朝の散歩の市民が見守る。多くの人群れに関わらず、静寂が場を支配していた。記帳の行列も、報道陣も、見守る人たちも、どこかあぜん茫然、視線が宙をさまよって、耳に聞こえるのはみなが砂利を踏みしめる足音のみ。御苑の空気を満たす終わりゆく激動の昭和への鎮魂の気配を噛み締めて、木陰から静寂に耳を澄ませた。

思えば、ここを歩くのはあの日以来か。馬齢を重ねてかなりくたびれた私に、御苑の緑は今日も瑞々しい。山折さん88歳、岡村さん70歳、高山さん61歳、私は57歳。平成の31年も終わって、昭和は遠くなりにけりだが、さて、次の元号を私はまたここで迎えることができるのか、どうか。

# 8

2019.7.21

# 編集者もオモテに出ます

編集者がイベントなどで話す機会が増えている。これにはいくつかの要因がありそうだが、間違いなくそのひとつに出版不況がある。本が売れない時代にあって、とにかく自ら手がけた本を読者に手に取ってもらわなければならない。とあれば、その本の魅力を直に読者に語りかける、そんな場があれば、どこにでも出かけるといったところか。このようなイベント、いまや各地で花盛りに目白押しである。私にしても、お呼びがかかれば全国どこへでも出かける。

実は人前で話すのは苦手だった。そもそもかつて諸先輩から「編集者は黒子である、カゲの存在としてあまりオモテに出てはいけない」と教育を受けた世代である。そんな私が積極的にオモテで話すようになったのは2010年。きっかけは『杉村顕道怪談全集　彩雨亭鬼談』の我ら〈荒蝦夷〉からの刊行だった。怪談ならこの人、アンソロジスト・文芸評論家の東雅夫さんをお招きしてのイベントを企画したのだが、東さんに私もステージに上がるようにと促された。いや、黒子で結構と拒んだら「それは違うよ、存命の著者なら本人に語ってもらえるけれど、あの世の著者にそれはムリ、企画した編集者がなぜいまこの本を出したのか、なぜいまこの本を読んで欲しいのか、著者にかわって読者に伝えなきゃ、関心を持ってもらわなきゃ。それも編集者の仕事だよ」と諭された。確かにその通り。以来、本の魅力を伝えられる場があれば、ためらわなくなった。

さまざまなイベントで、各社の編集者と同席するようになった。きっかけを聞けば、やはり私と同じく、どうやって本の魅力を伝えるか、考えた末に黒子から飛び出したケースが多い。みな、本好きが高じて編集者となって、さて、この出版不況、いかにして本を読者に届けるか、思案投げ首の結果である。なんだか悲壮にも思えるが、本好きにとって話すのも聞くのも、いかにも本の話は楽しいもの、お近くでそんなイベントがあったら、足を運んでやっていただければ幸いです。

というわけで、あっちこっちで本の話をして歩く日々なのだが、実はもうひとつワケがある。人前で話してもアがらなくなったのである。慣れもあるのだろうけれど、寄る年波、視力が落ちて、客席があまりよく見えない。人前に立っていると思えばこそ緊張するけれど、見えなければこっちのもの、ヘンにガムシャラな度胸に背中を押されて、これもまた「年の功」といっていいものかどうか……なんだかちょっと違う気もするけれど。

# 9

2019.7.28

# 時代の残り香漂わせ

京都で迎えた昭和さいごの日はこのあいだ書かせていただいたが、ということは平成最初の日もまた私は京都にいたわけである。取材があった。随筆家の岡部伊都子さんらが報道写真家・岡村昭彦の業績検証に乗り出しており、その遺品資料の整理に同席した。

岡村昭彦といって、いま、どれくらいの読者が記憶しているのだろう。私たちの世代くらいまでは、フリーライターやジャーナリスト志望の若者にとって、岩波新書のルポ『南ヴェトナム戦争従軍記』は避けて通れぬ1冊だった。日本人ジャーナリストのベトナム戦争報道のパイオニア、その写真は米『ライフ』誌の表紙誌面を飾り、あとに続く日本人写真家に大きな影響を与えた。世界の紛争地帯を取材して、１９８５年、病没。もはやみな絶版ではあるけれど、写真なら『これがベトナム戦争だ』（毎日新聞社）や『岡村昭彦報道写真集』（講談社）、あるいは文業なら『岡村昭彦集』全6巻（筑摩書房）に見ることができる。

そんな岡村の没後4年、岡部さんら生前に親交あったみなさんが「岡村昭彦発見の会」設立、業績の再評価と取りまとめに着手、その会合が京都であると知って、昭和のさいごを京都御苑に

見た足で、遺品整理と調査の場となっていた市内のお寺に向かった。写真パネルや資料が広げられた本堂で岡部さんやみなさんにお話を聞いて、東京に帰って記事を書いた。これが私の平成最初の日だった。

この取材をきっかけに、東京での岡村昭彦写真展の企画を買って出て、都下のギャラリーで実現させた。引き続きそのギャラリーの写真展の企画を担当、さまざまな写真家との交流が生まれ、写真集の編集を手がけもすれば取材にも同行、写真家のインタビュー集も上梓と、写真に関する仕事が私の得意分野となった。仙台に拠点を移してからは写真の世界ともすっかり縁遠くなったが、その全てのはじまりは平成最初の日の京都、岡村昭彦をめぐる人たちとの出会いにあった。

岡村昭彦写真展の準備に追われるなか、関係者に岡村の遺品を贈られた。晩年にイギリスに足繁く通い、北アイルランド紛争取材に取り組んでいた。そんな日々のものだろうか、イギリス製のコーデュロイの上着である。ベトナム戦争終結44年、岡村昭彦没後34年、かなりくたびれはしたが、上着はまだ私のクロゼットにある。あの時代の残り香を漂わせながら。

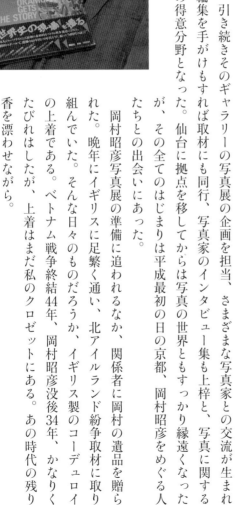

# 10

2019.8.4

## 安吾本復刊　29歳の挑戦

神戸に行った。神戸新聞社や神戸の出版社、本屋さんたちとの夜の席で三田英信さんに紹介された。昨年11月に出版業に乗り出したばかりの29歳、会社の名前は三田産業といって、どうにも出版社らしくないと思ったらそれもそのはず、家業の不動産業を継いだはいいが、本好きが高じて出版をはじめた変わりダネである。そして、出した本が『安吾巷談』と『安吾人生案内』と、太宰治と並ぶ戦後無頼派の旗手・坂口安吾の復刊2冊なのだから、これまたちょっと変わっている。聞けば、学生時代から安吾が好きだった。安吾の本が出したかった。『堕落論』、『白痴』、『桜の森の満開の下』など、文学史に残る名作は各社文庫で読める。いまやなかなか読めない2冊をまずは復刊した。

意気に感じてさっそく購入、しばらくぶりで読んだのだが、やはり安吾はおもしろい。風俗ルポに人生相談、戦後混乱期のエネルギーが文章に横溢、重々しさを秘めながらも痛快に軽快なヤブレカブレめく疾走感が堪らなくいい。もっと読みたいと本屋さんの棚を見渡したら、なんとほかにも新刊が。『天皇陛下にささぐる言葉』（景文館書店）はこのたびの改元に即しての復刊とし

ても、春陽堂書店からは『狂人遺書』、『信長』、『真書太閤記』の歴史小説傑作集3冊に続いて『女剣士』、『盗まれた手紙の話』、『現代忍術伝』の現代小説短編集3巻本、これがみなこの半年余りの新刊とあっては、まるで「月刊安吾」状態ではないか。

どうしたことかと三田さんに電話したら、もちろん偶然なのだが「大好きな安吾が注目されるのはうれしいですね」。戦後社会の混乱と現在の混乱、どこかに共通項はないか、繋がってはいないか。その混乱を突破しようとした安吾のエネルギーにいまこそなにかを学ぶべきなのではないか。もしかしたら安吾作品がいま求められている、その証左がときならぬ新刊ラッシュなのではないか。そんなことを親子ほどに年齢の違う三田さんと語り合ったのだが、私たちオジさん世代には再読にして再発見、ホントはどんな読者に届けたいのと三田さんに訊けば「ぼくと同世代かもっと若い人たちに読んでもらえたら」と宣った。その意気や佳し、その通り、オジさんもそう思うゾ。若々しい出版人の冒険と挑戦の2冊、仙台の本屋さんにも並んでいる。手に取ってやっていただければ。この混乱の時代を乗り切るために。

# 11

2019.8.11

# 「前衛」が「普通」になる

　半世紀前の「前衛」「先鋭」がいまや「普通」になってしまうのは仕方がないことではあるのだが、むしろ、それゆえにシンプルに作品を愉しめるようにもなっているのでは、と近年のバラードやエリスンの新訳を読んで感じる……。以前、この連載にご登場いただいた藤原編集室の藤原義也さんがSNSでこんなことを呟いていた。

　英SF作家J・G・バラード、米SF作家のハーラン・エリスン、1960年代から1970年代にかけて、ニュー・ウェーブなどと呼ばれる難解な作風で知られた。観念的に哲学的、あるいは政治的な寓話性あるシュールなSF世界といったところか。このところその短編全集や未訳作品の新訳が相次いでいるのだが、かつての私は実はそんな作品群が苦手、ワカラないまま投げ出していた。

　だが、近年の再評価に、ふと手に取ってびっくり仰天、なんとまあ鮮烈激烈刺激的にオモシロイではないか！　そこに藤原さんの呟きである。なるほど、時代が彼らに追いついたのか、私が彼らにやっとこ追いついたのかは知らねど、さらにやはり同時代の米SF作家カート・ヴォネガットの短編全集がこれまたケッサク、いったいこの作家たちのバックグラウンドになにがあるのかと、彼らの評伝や評論に手を伸ばした。

結果、意外な共通項が。戦争体験とそれに由来するＰＴＳＤのカゲである。バラードは太平洋戦争を日本軍捕虜として上海で暮らして、その経験はスピルバーグ映画化の非ＳＦ自伝作品『太陽の帝国』（創元ＳＦ文庫）に見える。ヴォネガットは独軍捕虜となった体験を『スローターハウス５』（ハヤカワ文庫ＳＦ）に結実させ、こちらはＳＦではないが『ライ麦畑でつかまえて』（白水社）のＪ・Ｄ・サリンジャーの伝記を読めば欧州激戦のサバイバー、戦後は３者それぞれにドラッグやアルコール、報われない女性関係や世間になじめない奇行などに苦しみながら、苛烈な体験を作品に昇華せんと闘った。おそらくはその苦闘の軌跡が彼らの作品をいまも世に読み継がせる原動力となって、第二次世界大戦終結からおよそ20年、あのころはそんな作家の時代だったか。日本の同時代文学もその視点から読み返したくなる。

となれば、である。東日本大震災の経験は、記憶は、これからどのようにして〈文学〉となるのか。わずか10年、結論はまだ見えない。その果実に私は間に合わないかもしれない。ただ、火はともした。第３回仙台短編文学賞、あなたの作品をお待ちします。

# 12

2019.8.18

# 舞台は杜の都センダイ

仙台が舞台の、あるいは仙台に関係した本を読むのは愉しい。宮澤賢治のセンダードから井上ひさし『青葉繁れる』（文春文庫）にはじまって、活躍中の現役作家まで、仙台に縁があったり暮らしていたりする書き手の作品はもちろんだが、たとえば往年の『仙台ミステリー傑作選』（河出文庫）をご記憶の読者も多いのでは。小林久三、都筑道夫、高橋克彦、阿刀田高、中井英夫らミステリー巧者が仙台を舞台とした作品がずらり愉しませてくれる。仙台に縁ありながら埋もれてしまった作家や作品の発掘は、実は私たち〈荒蝦夷〉の得意とするところでもあるのだが、予想もしなかった本で〈仙台〉に出くわす、そんな不意打ちもまた楽しい。

最近では甲賀三郎『強盗殺人実話』（河出書房新社）があった。甲賀三郎は伝説の雑誌『新青年』（博文館）などで活躍した戦前の探偵小説作家、サブタイトルに「戦前の凶悪犯罪事件簿」とあるように、本書は甲賀が世間を騒がせた犯罪実話を記録した1冊だ。収録の「大井掘事件疑問の十月二日」は、大正11（1922）年10月3日、仙台で発生した事件を扱っている。遺体発見現場から容疑者の足取りまで、聞いた地名や知った場所ばかり、昔の地図を片手に読めば、興趣満々、犯罪に時代風俗ありで、夜道に赤々と火を熾す鍛冶屋や土木工夫の日々など、大正仙台の庶民生活が浮かぶ。

あるいは片山廣子『新編　燈火節』（月曜社）。芥川龍之介「さいごの恋人」とされる歌人・作家にしてアイルランド文学の翻訳でも知られ、堀辰雄『聖家族』（新潮文庫など）などのモデルとされる廣子が、戦後に日本エッセイストクラブ賞を受賞した1冊、その復刊である。娘でやはり作家でもあった宗瑛はアイヌ語地名研究家の山田秀三と結婚、山田の仙台鉱山監督局長就任に伴って戦時中を仙台で暮らした。戦火迫る東京から、廣子はたびたび娘の暮らす仙台へ、その随筆がある。物資窮乏の戦時下東京をあとに、予想外の仙台の豊かさにおどろくなど、仙台空襲以前の仙台の日常が垣間見え、山寺や松島への旅の記録もある。廣子がその仙台で詠んだ歌は短歌集『野に住みて　短歌集＋資料編』（月曜社）に見える。

ほかにも廣子と同時期を両親の生地である現在の南相馬市小高ですごした島尾敏雄の『幼年期　島尾敏雄初期作品集』（徳間書店）にも、仙台をたずねた記述があるが、そんなさまざまな作家が描いたかつての仙台、読めばまるでタイムトラベルとはいえ、彼ら彼女たちの仙台があってこその私たちの仙台なのもまた確か、さて、１００年後の仙台の読者はたとえばこの私の原稿をどのように読んでくれるだろうか。

## 13

2019.8.25

# 雑誌が輝いていた時代

タイトルにいわく『雑誌に育てられた少年』（左右社）である。さらに1冊『ずっとこの雑誌のことを書こうと思っていた』（フリースタイル）である。雑誌が輝いていた時代があった。そんな時代の記録と回想だ。前者の著者は亀和田武さん、後者は鏡明さん。いずれも私にはひと世代上のアニキたちである。私が業界新入りのころ、編集者としてライターとして、あるいは評論家・翻訳家として最前線にあって、その背中をまぶしく追った。亀和田さんの１９６６年から現在までの多彩な雑誌に掲載された多彩な記事が、鏡さんの『マンハント』（久保書店）をはじめとした海外ミステリ翻訳雑誌の群雄割拠時代の回想と追跡が、いやはや2冊揃ってなんともあまりに楽しくてイッキ読みさせられた。

亀和田さんの記事の大半は私にもほとんど同時代といっていいが、さすがに半世紀余り前の『マンハント』となると古本屋さんで見かけては買い集めた世代である。『ＥＱＭＭ』（「エラリー・クイーンズ・ミステリ・マガジン」の略称、現在の『ＨＭＭ（ハヤカワミステリマガジン／早川書房）』ですね）に『ヒッチコック・マガジン』（宝石社）と、古本であってさえ、海外ミステリ雑誌はなんともオシャレでカッコよかった。そんな群雄割拠の渦中に、常盤新平がいた。岩手県奥州市生まれ、仙台二高卒業、早稲田大学を経て早川書房へ。『ＥＱＭＭ』編集長から翻訳家・作家として独立して『遠いアメリカ』（講談社文庫）で直木賞、２０１３年没。回想録『翻訳出版編集後記』（幻戯書房）を読めば、さらに『ヒッチコック・マガジン』編集長だった小林信彦のその時代を描いた小説『夢の砦』（新潮社）にまで手を伸ばせば、海外ミステリの魅力を日本に伝えた男たちの苦闘がページを熱く埋める。

　雑誌を読む習慣がない、それどころか買ったことすらない、そんな若者がめずらしくないと聞く。まあ、雑誌を単に情報を得るためのツールと考えれば、スマホがあればこと足りる。だが、かつての雑誌は情報を綴じたただの紙の束ではなかった。１冊の雑誌を買って、家でパラパラやれば、そこには目的としたものではないさまざまな記事が溢れ、あれよあれよと知らない世界へ連れて行かれて、雑誌は確かに大衆文化の王道だった。私にはミステリ雑誌や男性誌だが、漫画雑誌や映画雑誌、はたまた女性誌やファッション誌に育てられたあなたも多いはずだ。黄金時代がふたたびめぐり来る日はもはやないにしても、雑誌文化とはなんだったのかを語り継ぎ語り残すのもまた楽しからずや。なつかしのオリーブ少女よアンノン族よ、いまいずこ。

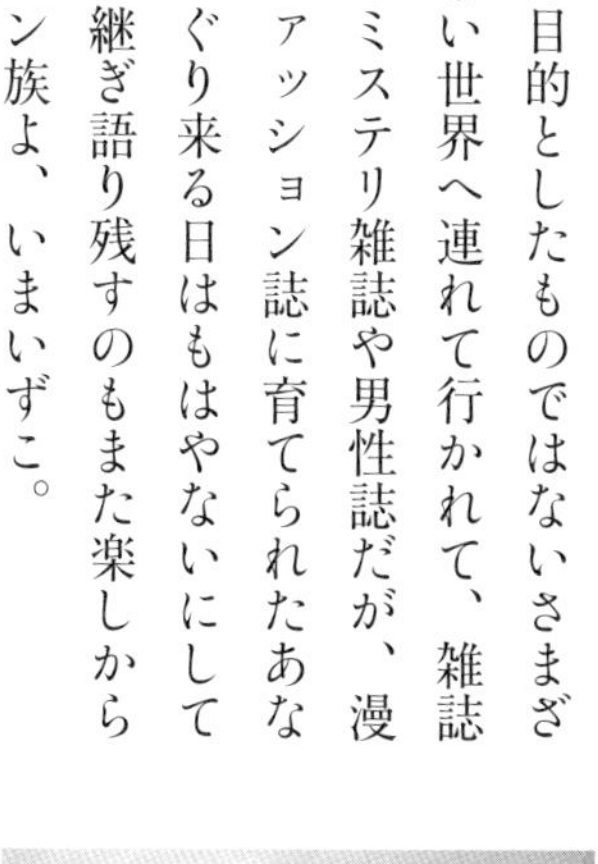

# 14

2019.9.1

# この本、おススメです！

私が「書評」なるものにはじめて手を染めたのは20代の末である。フリーライターとして週刊誌にいまもよくある著者インタビューを担当していたところに『週刊文春』（文藝春秋）から「書評をやってみないか」と声がかかった。著者インタビューはいわば通常の取材業務、けれど書評となるとちょっと勝手が違って、最初の1冊は確か荒木経惟さんの写真集だったが、それなりに苦労した記憶がある。以来およそ30年、そこかしこの新聞雑誌で書評を書いてきた。昨年まで は読売新聞読書委員として書評を担当、現在は北海道新聞、神戸新聞、共同通信の書評に、雑誌にも書いている。かつては年末恒例の『このミステリーがすごい！』（宝島社）の選者を務めもした。

実のところ本を「評」するなんて、ネがガサツで繊細さに欠ける私には苦手なのである。そもそもが評したり論じたりなんてガラではないのだ。ただ、本好きの常として、おもしろい本やいい本に出会うと誰かに語りたくなる、ススメたくなる。だから私の「書評」は『読まずに死ねるか！』（集英社）で一世を風靡《ふうび》したいまは亡き内藤陳さんよろしく「おもしろいからみんなもこ

れ読んで！」のおススメなのだ。世間にはおもしろくていい本ばかりではない。おもしろいのにダメな本、詰まらないのにいい本もある。私なりのその判断とサジ加減が肝といったところか。

ありがたいことに、頼まれ書評はほとんどない。担当者から「なにか紹介したい本ありますか？」と連絡が入る。そこは仕事柄、日常的に新刊を読んでいるから「これ、おもしろかったよ」と告げると「それじゃあそれ書いてください」となる。おかげでお気に入りばかりみなさんにおススメできるわけで、おかげで楽しくもわくわくと書き続けていられるわけである。

とはいえ、いくら私がおススメしたところで、あなたもその本がおもしろいとは限らない。それぞれの好みがあって、私はダメでもあなたには逆におもしろい、そんな本はいくらもある。私も本でメシを食わせてもらっているプロだからして、おススメにそれなりの自信はあるものの、どんなに腕まくりしてみても、こればかりはどうにもならない。結局は読者それぞれ好みが共鳴する評者と出会うしかない。この人ならと信頼を寄せる評者が私にもいる。私も誰かのそんな存在にと願って今日も本をおススメしているのだが、私が各紙誌で取り上げた書評本のコーナーが〈古本あらえみし〉にはある。あなたの好みと合いますか、どうか。いちどお試しいただければ。

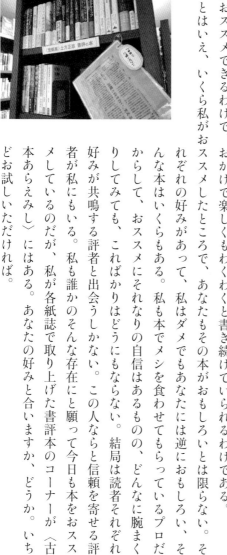

# 15

2019.9.8

## 個性的な仲間たちとの出会い

小出版社ブームだそうである。たとえば『一度は読んでほしい　小さな出版社のおもしろい本』（三栄書房）なんて雑誌が売れている。2014年に雑誌『男の隠れ家』（三栄書房）の特集としてスタートしたが、好評により別冊として独立、現在までに3冊が出ている。昨年末に出たこの第3弾の表紙に「全国の個性的な出版社55社と注目の330冊」とある通り、全国各地の小出版社のカタログ的な役割も果たしており、最新版が出るごとに本好きの注目を集めているらしく、私たち〈荒蝦夷〉も、いつも大きく取り上げていただいて、最新版では巻頭座談会にまで駆り出された。

それでは小出版社とはなにか。まずは「ひとり出版社」である。その名の通り、編集から営業まで、すべてひとりでこなす。巻頭座談会でご一緒した島田潤一郎さんの〈夏葉社〉などが知られるが、もちろん「ふたり出版社」や「三人出版社」もある。もうひとつは「独立系出版社」と呼ばれ、こちらは全国の本屋さんに本を届ける流通業者のシステムに頼らずに本屋さんとの直接取引をメインとする。となれば、私たち〈荒蝦夷〉は、さしずめ「ふたり出版社」にして「独立系出版社」となろうか。

多くの小出版社は、少なく刷って、じっくりと売る。いつかどこかにその本を求める読者がいると信じて、なんとか日々をシノぐ。だからいつもは本屋さんに地味にひっそり並んでいたりするのだが、この一月、東京都多摩地区の駅ビルの本屋さんで『小さな出版社のおもしろい本』最新版に取り上げられたおよそ30社が一堂に会したブックフェアがあった。週末ごとに各出版社の担当者が出張ってお客さまとお喋りしながら対面販売、イベントも盛り沢山で、私は我ら〈東北学〉のボス赤坂憲雄さんとトークをやらせていただいた。

全国の同志たちの本が集中してこれだけ並ぶのはおそらくはじめて、なかなかの壮観に本を手に取る人たちの反応もよかった。「へえ、こんな本があったんだ、知らなかった、見たことなかった」と興味津々、ブックフェアとしても売り上げは上々だったと聞く。実は〈古本あらえみし〉にも「荒蝦夷の仲間たち」と称する棚がある。さまざまな小出版社の本を2か月ごとに入れ換えて、これまでに沖縄〈ボーダーインク〉や北海道〈寿郎社〉の本が並んだ。なにも大出版社の本だけが本ではない。普段はあまりお目にかかれない小出版社の多様な本が全国各地にある。そんな本たちと出会ってみるのはいかがだろうか。楽しいよ。

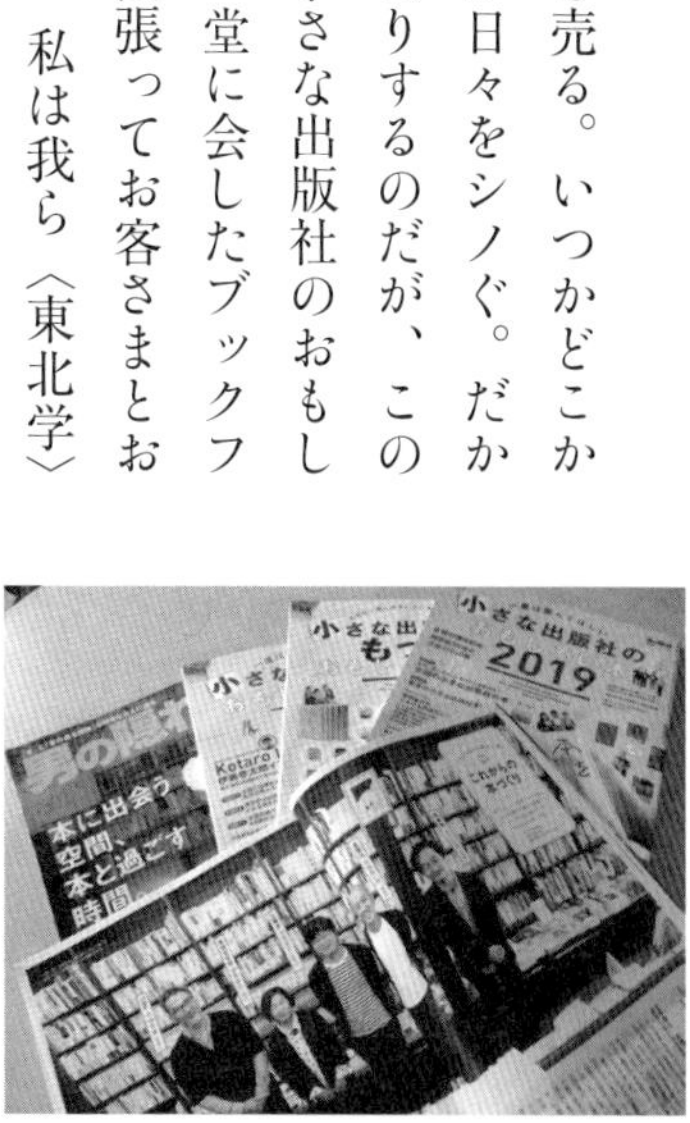

# 16

2019.9.15

# 本はタイムマシン

高村薫さんの新刊『我らが少女A』（毎日新聞出版）を本屋さんで見かけて即座に買った。もとより高村さんは大好きな作家のひとり、その新たなる傑作だが、今回はなんといっても巻頭の地図に魅せられた。作品の舞台となった東京都小金井市付近の地図なのだが、まさにかつての私の生活圏なのである。地図上に私が暮らしたマンションの場所も特定できる。仙台に拠点を移す2000年までここに10年、おとなり国分寺市と杉並区に5年、指折れば15年を「武蔵野」に暮らした（写真は小金井市広報から拝借した同市国分寺崖線の散策路「はけの小道」碑）。

高村さんならではの緻密な探索の物語は、ある女性の殺害にはじまる。被害者の高校時代に起きた恩師の殺人事件、2005年のその未解決事件が彼女の死を引き金に動く。地図に記された作品に登場する駅、公園、スーパーやデパートなどなど、固有名詞がわかる、情景が道筋が浮かぶ。武蔵野の四季の移ろいと空気感も知っている。登場する少年少女は1990年前後の生まれ。私がこの町に暮らしはじめたころである。もしかしてJR中央線武蔵小金井駅前あたりで私とすれ違った子どもたちだったか。さらに捜査の一線を退いて警察大学校教授となったおなじみのシ

リーズ・キャラクター合田雄一郎が私と同年であれば、そのたそがれた呟きもひとごとではない。読みながら、作品のエキストラにでもなったような不思議な感覚に囚われた。

この感覚、映画化もされた東直己さん『探偵はＢＡＲにいる』（ハヤカワ文庫ＪＡ）の〈ススキノ探偵〉シリーズもそうだった。札幌市内の高校を卒業してススキノで働いた。シリーズの初期作品はちょうどそのころ、１９８０年前後のススキノが舞台である。これまた、わかる。旅行や出張の土地カンではなく、暮らした実感としてわかるのだ。武蔵野にしてもススキノにしても、仙台で読んでいるのにあの時代のあの町が脳裡に鮮烈に甦る。もしかすると過去に暮らした町が舞台の本を読むのは記憶の町をあてどなくさまようのに似るか。こうなると、１冊の本がまるでタイムマシンだ。読みながらうっかりノスタルジーに浸ったりするのは、ま、トシのせいだね。

さて、仙台の作家たちによって、仙台もさまざまに描かれる。こちらの読書がノスタルジーに流れないのは、おそらく、いまここに暮らすリアルタイムの実感が強いからだろう。そんな読書もまたいいけれど、もしかすると仙台の作家たちの作品を「ああ、あのころは」と読む日がやがては来るのかもしれない。そのころ私はいったいいくつになっていることやら。

# 17

2019.9.22

# 西部劇はお好きですか

映画『ゴールデン・リバー』を観た。名を知られたガンマン兄弟が、砂金をめぐる暗闘に巻き込まれ、やがて……と、なつかしき西部劇へのオマージュたっぷりヴェネチア国際映画祭銀獅子賞受賞の佳品である。原作は英ブッカー賞候補作、日本でも2014年各社年末ミステリベストテンで話題となったパトリック・デヴィット『シスターズ・ブラザーズ』(創元推理文庫)だが、こちらも傑作、映画公開を楽しみにしていた。というか、基本、ウエスタン・ムービーは子どものころから大好きで、いまや絶滅危惧種みたいなこのジャンル、めずらしくなった新作は見逃さない。

この春はマカロニ・ウエスタンの大傑作『続・夕陽のガンマン』に関わるドキュメンタリー『サッド・ヒルを掘り返せ』も公開されて、往年のファンは涙々の大感激なのだが、いかんせん若い読者には「西部劇ってウエスタンって、マカロニ・ウエスタンってなに?」か。そこは吉田広明『西部劇論　その誕生から終焉まで』(作品社)と蔵臼金助『マカロニウエスタン　殺戮と銃撃のバラード』(徳間書店)と最近の傑作評論をご覧いただくとして、いま50代半ば以上のおじさんならご記憶と思うが、かつては西部劇といえば娯楽映画の王道、私は映画館ではマカロニの終焉を目撃しただけだが、とにかくテレビの「洋画劇場」が花盛り、過去の名作はほとんどテレビで観た。ビデオもＤＶＤもネット配信もないあのころ、映画館の百花繚乱だけでなく、私たちはテレビを通して映画を知った。

本の話に移れば、かつて日本の出版界には「ＳＦと西部小説は売れない」とのジンクスがあった。ＳＦはこのジンクスを打ち破り、めでたく現在の隆盛を迎えたわけだが、西部小説はいまも読まれていない。いわばアメリカの時代小説、映画のわかりやすさと違ってそれなりの興味がなければ楽しめないとかいろいろワケはあろうが、それでもぽつりポツリと訳されてはいる。たとえば昨年はなんと村上春樹さんの訳でエルモア・レナード『オンブレ』（新潮社）が。シブ好みの米ノワール作家の西部小説を2編収録、表題作は『太陽の中の対決』として、さらに収録作「三時十分発ユマ行き」は『決断の3時10分』と『3時10分、決断のとき』として2度にわたってそれぞれ映画化、読んでから観るか、観てから読むか、いずれもおススメの名作です。ところで、山形県は庄内映画村で撮影された和製マカロニ・ウエスタンがあるのをご存知か。題して『スキヤキ・ウエスタン　ジャンゴ』！　この傑作、ＤＶＤで、ぜひ！

# 18

2019.9.29

# 書き手が羽ばたく場に

どんな作家がそこからからデビューしたか、かつてはこれがその出版社の評価のひとつのポイントだった。最近は本になる前にネットで話題になってデビューとか、いろいろなパターンがあって、書き手の登竜門としての出版社の役割は以前ほどではなくなっているかもしれないが、活字文化を取り巻く状況の激変にあっても、そんな王道が確かにいまもある。大出版社が自社の文学賞や雑誌で新人をデビューさせ、じっくり育てて本を出す、文庫にする。やがては芥川賞や直木賞のごときビックタイトルを獲得、映画やテレビドラマやコミックになったりもする。

とはいえ、これ、私たち〈荒蝦夷〉みたいな零細出版社、それもローカルとあっては、現実にはキビしい。第一にローカル雑誌に作品を掲載したところで、なかなか注目されない。あるいは地域にこだわるウチの本が仙台で話題になったからといって、全国に通用するとは限らない。2016年、福岡〈書肆侃侃房《しょしかんかんぼう》〉の雑誌掲載作により、本年度の芥川賞受賞作家・今村夏子さんが同賞候補となって「ローカル雑誌から芥川賞候補！」と話題を呼んだのはこのためだ。

だが、大きく育てるのは難しくとも、才能の発見やデビューのお手伝いくらいはできる。とりあえず世に出るきっかけ、あとは本人の才覚しかないのだが、私たちでいえばノンフィクション作家の山川徹（写真左）と怪談作家の黒木あるじ（写真右）がいる。ふたりは大学時代からウチに出入りしていた。最初はエネルギーだけが取り柄のイキのいい若いモン、なにか書いてみるかと『別冊東北学』（作品社）や『仙台学』（荒蝦夷）に引っ張り出した。本屋さんに並ぶ商業誌に原稿が載るのは、山川も黒木もこれがはじめてだった。

東京に出てフリーライターとして活躍中の山川の最初の著書『離れて思う故郷』はウチからの刊行だった。黒木は投稿作品で賞を獲って作家となった。いまやどちらも将来有望の書き手、著作の刊行も順調に、この夏もふたりの新刊である。山川はノンフィクション『国境を越えたスクラム　ラグビー日本代表になった外国人選手たち』（中央公論新社）、黒木は怪談作家からの脱皮を狙ったプロレス小説『掃除屋　プロレス始末伝』（集英社文庫）だ。東北学院大でラガーマンとして活躍した山川と大のプロレスマニアの黒木、揃ってスポーツをテーマにしている。学生のころからふたりを知る私には、なんとも立派に育ってくれたものだが、彼ら〈荒蝦夷〉ゆかりの東北作家の活躍、東北の本好きのみなさんにも見守っていただければ幸いです。

# 19

2019.10.6

## 地域を元気にする図書館

北海道蘭越町の図書館「花一会」に行った。蘭越はニセコ連峰のふもとに広がる米作の町、私の古里おとなりニセコ町や倶知安町が国際的なウィンター・リゾートとしてにぎわうなか、この小さな町の小さな図書館がいま全国の図書館関係者の注目を集めていると『高校図書館デイズ生徒と司書の本をめぐる語らい』（筑摩書房）などの著書がある札幌南高校司書の成田康子さん、以前この連載にもご登場いただいた読書環境・図書環境整備支援団体〈北海道ブックシェアリング〉の荒井宏明さんが教えてくれた。蘭越町内の施設に入居中の母の見舞いの合間にたずねると、小林勝司館長と司書の若林由美子さんが迎えてくれた。職員は臨時も含めて5人、4人が司書資格を持っているというから、小さな町の図書館としてはスゴい。この日は研修中の大学生もいた。

注目されているのは、地域との連繋である。まずは学校。職員が先生たちとともにどんどん授業に入って行く。全学年全クラスに学級文庫を提供。職員が本をブックトークで紹介、子どもたちが選んだ本を並べる。国語だけでなく理科や社会科などさまざまな授業の進行に合わせて本を持ち込んで、そこに問題の解があるのを知らせる。読んだ本の魅力をみんなに伝えるスピーチ、互いのおススメ本の交換会、本と図書館をテーマのクイズにビブリオバトルなどなど、あの手この手のアイディア満載で読書の愉しさや本の活用を教える。学校の図書室の選書も担当する。

さらに、保育所・幼稚園から病院・福祉センター・特別養護老人ホームと、町内のさまざまな施設に本を届け、独居高齢者への本の提供も手がける。北海道ならではの事情もあって、図書館だけでなく、本屋さんも文具兼業の1軒のみ。とにかく広い北海道、町民がなかなか図書館にも本屋さんにも足を運べない。そんな状況のなか「図書館が町内の本に関わるすべてを引き受けるしかない、とにかく私たちが外に出よう」と行政と町民が力を合わせておよそ20年、いまや各地の図書館からの視察見学や研修の申し込みが絶えないまでになった。

図書館が地域の読書文化を支える。人口減少をどうするか、農業はどうなるか、地域をめぐる問題解決のヒントも図書館にはある。互いの顔が見える小さな町だからこその連繫かもしれない。あるいは図書館を中心とした本による地域活性化にも見える。図書館は地域に、地域は図書館になにができるか、考えさせられた。ところで、あなたの町の図書館は元気だろうか。

# 20
2019.10.13

# 伝記映画で作家を知る

なにせ編集者だから、たとえその作品を読んでいなくとも、作家の伝記映画はどうしても観たくなる。最近なら『指輪物語』（評論社）のJ・R・R・トールキンの人生を描いた『トールキン　旅のはじまり』があった。ファンタジー文学論『妖精物語の国へ』（ちくま文庫）は興味深く読んだが、私はトールキンのよき読者ではない。だが、友人たちの戦死や自らの戦傷など第1次世界大戦の従軍体験が作家トールキンの原点にあるのを知って、がぜん興味が湧いた。『フランケンシュタイン』（創元推理文庫）のメアリー・シェリーの伝記映画『メアリーの総て』も話題となった。詩人シェリーの妻が、バイロンやポリドリの刺激を受けて『フランケンシュタイン』を書き上げるまでの物語である。

思い出すまま続ければ、実在の殺人犯の内奥に肉薄して米文学史に輝くトルーマン・カポーティの傑作ノンフィクション・ノベル『冷血』（新潮文庫）の成立過程を追った『カポーティ』があった。カポーティの幼なじみで調査取材に同行した『アラバマ物語』（暮しの手帖社）で知られるハーパー・リーも登場する。『ライ麦畑の反逆児』は『ライ麦畑でつかまえて』（白水社）の

J・D・サリンジャーの人生を追い、『ラブ・アンド・ウォー』はアーネスト・ヘミングウェーの第一次世界大戦従軍を描き、『ジュリア』はリリアン・ヘルマンとナチス政権下ドイツのユダヤ人女性との友情物語、ヘルマンのパートナーだったダシール・ハメットもシブい。編集者がクローズアップされた映画が『ベストセラー　編集者パーキンズに捧ぐ』だ。伝説の編集者マックス・パーキンズと『天使よ故郷を見よ』（講談社文芸文庫）のトマス・ウルフの物語である。頼れる助言者として描かれたり、作家の邪魔をするイヤなヤツだったりと、スクリーンの編集者は映画によってさまざまだが、同業者としては気になります。

これら映画の原作にはその作家の伝記ノンフィクションあり、自伝あり、オリジナル・ストーリーありとさまざまだが、もちろん映画である、ドキュメンタリーではない。スクリーンに映る作家たちの人生ドラマには映画ならではの誇張や改変がある。そうではあっても、彼ら彼女たちの人生と作品に対しての映画人による作家論と見なせば、このテの伝記映画、その作家のファンならずとも本好きにはたまらない。映画を観れば本が読みたくなり、本を読めば映画が観たくなる、伝記映画にはそんな効能がありそうだ。日本作家なら内田百閒『まあだだよ』や与謝野晶子『華の乱』に江戸川乱歩『RANPO』と、作家を描いた映画、まだまだある。作家を知るために映画を観る、愉しむ。みなさんもいかがだろうか。

# 21

2019.10.20

## ある雑誌の終わり

この春、雑誌『出版ニュース』（出版ニュース社）が終刊となった。１９４９年の創刊以来、日本の出版界全般の最新情報を伝え続けた同誌の終焉は、現今の出版不況を象徴するトピックとして、業界の枠を超えた話題となった。あってあたりまえと思っていたものが、不意に目の前から消えた、そんな衝撃を受けた業界関係者も多かった。なにせ人間でいえば古希を迎えて終わった雑誌である。

私と『出版ニュース』の縁は、東日本大震災がきっかけだった。２０１２年1月、私たち〈荒蝦夷〉は「東日本大震災後の出版活動」によって、出版梓会新聞社学芸文化賞を頂戴した。私たちの被災地からの発信にご注目いただいた結果の授賞だった。神楽坂の日本出版クラブ会館の授賞式会場で、同誌編集長にして出版ニュース社代表の清田義昭さんに、同誌恒例の受賞エッセー執筆を依頼された。掲載号が届いたと思ったら、追っかけで清田さんから連載を持ちかけられた。同誌の名物コーナーに、複数の執筆者が1ページずつ担当する「ブック・ストリート」と題したエッセー欄がある。ここで「東北から」と銘打った私の連載がはじまった。

私たち〈荒蝦夷〉の本だけでなく、東京の出版社との仕事に『震災学』（東北学院大学／荒蝦夷）の取材に編集に、被災3県をくまなく往来する日々だった。特にテーマを決めるのではなく、その日々に目撃した、聴き取った、想ったことどもをまるで日記のように書き続けた。終刊まで6年7か月およそ80回、私事雑記に終わらぬように気配りはしたものの、読み返せばやはりそこに私の災後の日々がある。「ああ、そういえばそうだった」と思いが甦る。これまでもさまざまな雑誌の終焉に立ち会ったが、自らの被災体験と深く関わって、忘れられない連載となった。清田さんが仙台に足を運んでくれたり、私が上京した折にお目にかかったりもした。

終刊から半年、清田さん慰労の会が神田神保町の揚子江菜館であった。「お別れの会」の声はいくつもかかったが、清田さんは固辞を続けた。執筆者のひとり、ジャーナリストの佐久間文子さんがそんな清田さんを口説き落として、執筆者に呼びかけた。結果、清田さんはじめ出版ニュース社の面々も含めて若干がこじんまりと集まった。古希の祝いめいて、しめやかさよりもどこか吹っ切れたような和やかに穏やかな会だった。この雑誌に書けて、この席に列せて、よかった。夜の神保町から東京駅に向かいながら、そう思った。

# 22

2019.10.27

## 戦場の女性ジャーナリスト

ワケあって映画漬けの日々である。おかげで話のマクラに映画の話題が多くて恐縮だが、このあいだはシリアで殉職した戦場ジャーナリスト、メリー・コルヴィンの生涯を描いた『プライベート・ウォー』を見た。世界の紛争地帯を取材、戦闘に巻き込まれ、戦傷により左目を失明、PTSD（心的外傷後ストレス障害）に苦しみながらも戦争報道をあきらめず、2012年、内戦下シリアで殉職。享年56。彼女の人生をいたずらにドラマチックに祀りあげることなく、ドキュメンタリー映画を得意とする監督が、淡々とシリアスに「個人的な戦争」を追った佳作だった。

戦争報道で世に知られた女性の嚆矢《こうし》はロバート・キャパの恋人ゲルダ・タローだろう。1937年にスペイン内戦取材で殉職、享年27。戦場カメラマンとしてあまりにも有名なキャパの影に隠れた存在だったが、近年、再評価が進む。英独2冊の評伝が日本でも翻訳され、キャパと彼女の数奇な関係に迫った沢木耕太郎さんの『キャパの十字架』（文藝春秋）も話題となった。

続く第2次世界大戦、ファッション・モデルから転じてヨーロッパの戦争を撮影したリー・ミラーが、米『ライフ』誌の戦争特派員マーガレット・バーク・ホワイトがいる。中米が内戦に揺れた1980年代はニカラグアにスーザン・マイセラスが、エルサルバドルにジョーン・ディディオンが入った。

日本に目を転じれば、やはりシリアで殉職した山本美香さんがいるが、私が忘れられないのは南條直子さんだ。1988年、アフガニスタンで地雷を踏んだ。享年33。同時期の私はドキュメンタリー写真集の編集を手がけていた。戦場往来を繰り返す多くのフォト・ジャーナリストとの仕事を通じて、彼女のまわりの人たちとも知り合っていたが、直には会えていない。それでも同時代の〈戦死〉は衝撃だった。没後に写真集『アフガニスタンムジャヒディン』（アイピーシー）とルポ『戦士たちの貌　アフガニスタン断章』（径書房）が出版され、2012年には『山谷への回廊　写真家・南條直子の記録1979—1988』（アナキズム誌編集委員会）もまとめられた。いずれも絶版だが、機会があれば、ぜひ。

戦場の女性ジャーナリストたちの視線は、どこか男たちのそれと違う。彼女たちの視線を戦争とはなにかを考えるよすがとできないか、彼女たちの仕事を概観できる写真集や企画はないものか……映画館の闇でそんなことを考えて、なにをしていても編集者目線から逃れられないのもまた因果ではある。

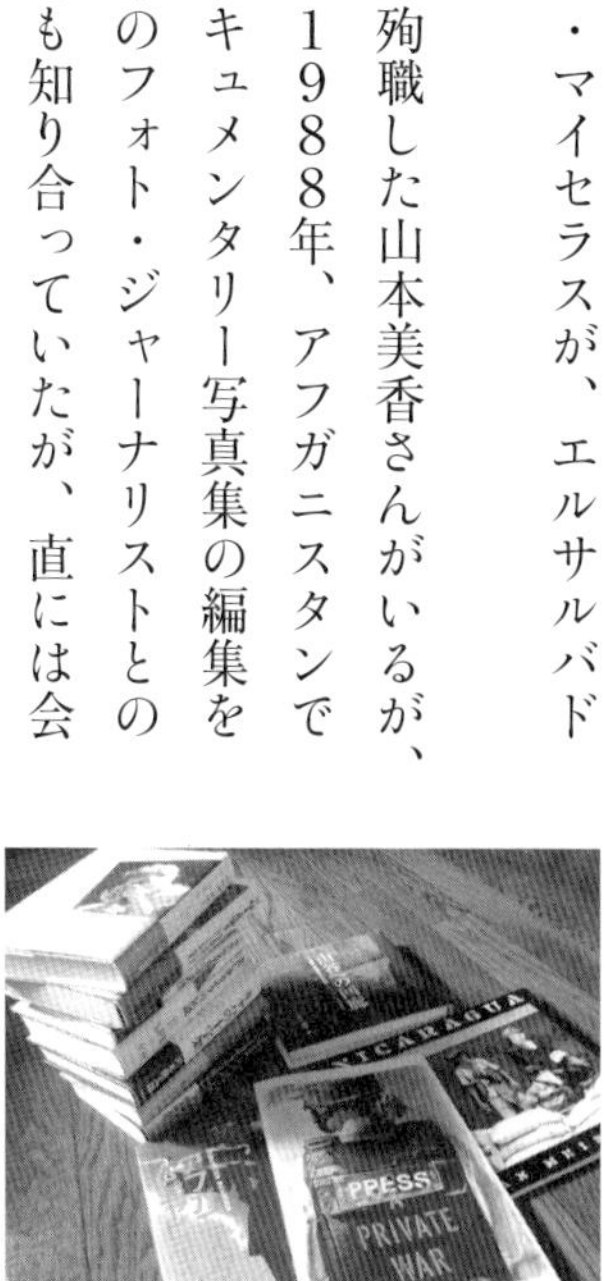

# 23

2019.11.3

## 秋の古本まつりへ、ようこそ

オープンから半年余りの〈古本あらえみし〉である。思い起こせば開店を決めたのはちょうどおよそ1年前、みなさんに「なんと古本屋さんですか!」とか「新規事業ですね!」とかいろいろといわれたが、実はそれほどの覚悟や決断があったわけでは、ない。なにしろ、父の死に続いて母が認知症で施設に入居、空き家になった北海道の実家にあふれる本をどうしようかと迷いあぐねた末の古本屋である。さらにいえば本業が出版、本を編んで売るのが仕事と思えば、古書を売るのもいわば本業の延長線、本そのものの扱いも慣れていれば、放出できる資料も山とある。かてて加えて、出版を生業としたくらいだから、若いころから古本屋さんに出入りしてあの本この本ためつすがめつしては、コワいオヤジさん、やさしいオヤジさん、イヤなオヤジさんにあれこれ教えられたことどもが好きこそものの上手なれとなりますか、どうか。

いずれにしても好きな道、やってみれば楽しい。万余の本にまずは値付け、次いで筋肉痛に耐えながら手配した什器にウチならではの分類で2か月かけて並べた。ここぞと並べた本が目論み通りに売れると、なんともうれしい。毎日のように顔を出してくれる常連さんも幾人かあらわれた。棚が空くと補充しては並べて、新刊も仕入れればフェアも組みと、いやはや日々新鮮である。

古物商の免許を所轄の警察署で取得して、宮城県古書籍商組合にも加盟した。これらの手続きもはじめての体験ばかり、なるほどなるほどと納得しきり、さらに組合に入れば業者市にも参加できる。古本屋同士の商品としての古本売買の場である。入札にセリと、これまたウワサには聞いていたが、業者以外は立入禁止なのだから、目にするのも耳にするのもはじめてとあれば、まずは門前の小僧の社会見学、あれよあれよと目を白黒させるばかりではあってもいかにもワクワクせずにはいられない。顔見知りのオヤジさんに「おやっ」とおどろかれるのはちょっとテれくさかったりもするけれど。

そして、古本市初参加である。現在、仙台駅前イービーンズ9階イベントホールで開催中の恒例「イービーンズ古本まつり」だ。各地の古本屋さん17軒のお仲間に入れてもらった。これまでは客として楽しみに通ったが、今回からは売る側としての参加、準備もあたふた楽しんで、さて、新米古本屋のはじめての古本まつり、足を運んでやっていただければ幸いです。

# 24

2019.11.10

# 漱石山房記念館と宮城の至宝

東京都新宿区立漱石山房記念館に行った。同館職員で旧知の亀山綾乃さんから特別展「救い出された文学コレクション　亘理町・江戸家資料の世界」のご案内をいただいていた。なかなかこれを見にだけに東京には行けないが、秋は文学賞のシーズン、河出書房新社「文藝賞」の授賞式に顔を出す前に足を延ばした。同館は、夏目漱石が暮らし没した「漱石山房」の跡地に2017年にオープン、漱石文学の新たなる聖地である。空襲で焼失した書斎が再現されていたり、黒猫をかたどったプレートが順路を案内してくれたりとなかなかに楽しい、早稲田の路地裏にひっそりとあるちょっと隠れ家めいた落ち着いた文学館である。

特別展ではまずは「文鳥」自筆原稿が迎えてくれた。解説によるといまのところ「漱石山房」と印刷された原稿用紙を使った最初期のもので、まさにここ、この場所で漱石の手で書かれた。1908年の作というから、1世紀余りを経た里帰りか。ほかにも小宮豊隆、鈴木三重吉、森田草平、久米正雄、芥川龍之介、高浜虚子ら漱石ゆかりの作家の、あるいは森鷗外に泉鏡花、田山花袋、斎藤茂吉など文豪の直筆原稿や書簡がずらりと並んで壮観である。

これら豪華絢爛な文人墨客の手蹟、特別展のタイトルの通り、宮城県亘理町で手広く事業を営んだ旧家江戸家四代の清吉（１９３８年没）の収集資料なのだが、実は私は以前も目にしている。２０１６年、亘理町立郷土資料館の「江戸清吉コレクション　近代文学・美術作品の宝蔵」展だった。江戸家資料は東日本大震災によって大きな被害を受けた。津波に浸かった資料をＮＰＯ法人宮城歴史資料保全ネットワークや奈良国立文化財研究所が修復、その文化財レスキューの成果がずらりと並んだ。「宮城にこんな文学資料があったのか」とびっくり仰天、担当学芸員の菅野達雄さんに資料の由来と修復について、私たちが編集する『震災学』（東北学院大学／荒蝦夷）第7号にご寄稿いただいた。今回の特別展図録の参考文献にも菅野さんの『震災学』掲載記事が挙げられている。

漱石山房記念館の今野慶信主任学芸員に企画実現の経緯をいろいろとお聞きして、思いがけない悲報に触れた。菅野さんが特別展開幕直前に急逝されていた。津波に呑まれた資料の修復に懸命に取り組んで、享年50。ご冥福を。漱石山房記念館の特別展は11月24日まで。東京に行かれる機会があれば、この宮城の至宝、ぜひご覧いただきたい。

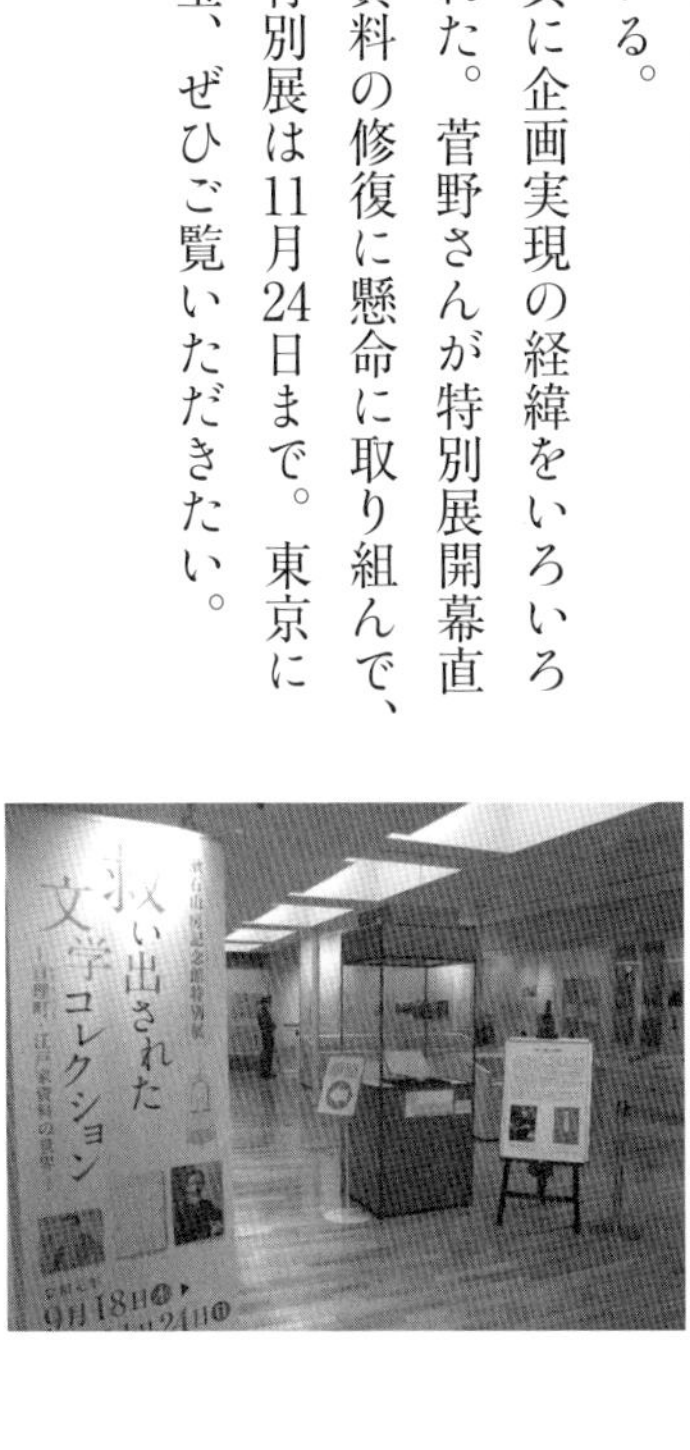

# 25

2019.11.17

## 被災者の「気持ち」演じ伝える

舞台にベッドがふたつ、それぞれに男がいる。左のベッドは東日本大震災以前、右のベッドは、いま。この過去と現在を、ひとりの女が行き来する。舞台の会話からこの8年9か月の過ぎた日々が眼前に立ち上がる。生者と死者がともに朝食のテーブルに着き、過去と現在の声があの日に向かって収斂する。舞台で繰り広げられるその声の意味を、観客もまた我がこととして強く引き受けざるを得ない。芥川賞作家にして岸田國士戯曲賞受賞劇作家・柳美里さんが率いる演劇ユニット〈青春五月党〉の新作『ある晴れた日に』はそんな作品だった。柳さんが拠点とする福島県南相馬市小高の小劇場〈ＬａＭａＭａＯＤＡＫＡ〉を皮切りに、盛岡市〈盛岡劇場タウンホール〉、そして仙台市〈せんだい演劇工房10－ＢＯＸ〉と、10月末から11月にかけて東北被災3県を巡演、私は小高と仙台で観た。

柳さんは東日本大震災発生直後から福島県浜通りに入り、臨時災害エフエムで番組を担当、遂には移住して、本屋さん〈フルハウス〉と小劇場をオープン、被災地から旺盛な発言と発信を続けている。ちなみに柳さんのおじいさんはこの土地に縁ある人だった。そんな柳さんが若き日に率いていた演劇ユニット〈青春五月党〉を再起動、『ある晴れた日に』は『静物画』と『町の形見』に続く第3弾となる。いずれも東日本大震災をテーマに、観客に迫る。

東日本大震災の体験をいかに後世に語り継ぐかがさまざまに話題になっている。客観的なデータなどファクトを残すべきはもちろんだが、もうひとつ重要なのは、体験した私たちの感情や感覚、詰まるところは「気持ち」なのではないか。「気持ち」はなかなか客観データに残しようがないけれど、けれどもだからこそそこにカタストロフに直面した生ある者としての私たちの真実がありはしないか、それを伝えたくはないか。伝承の要ともいうべきこの問題の解は、おそらくは広く文芸がもたらす。『ある晴れた日に』を観て、その思いを強くした。

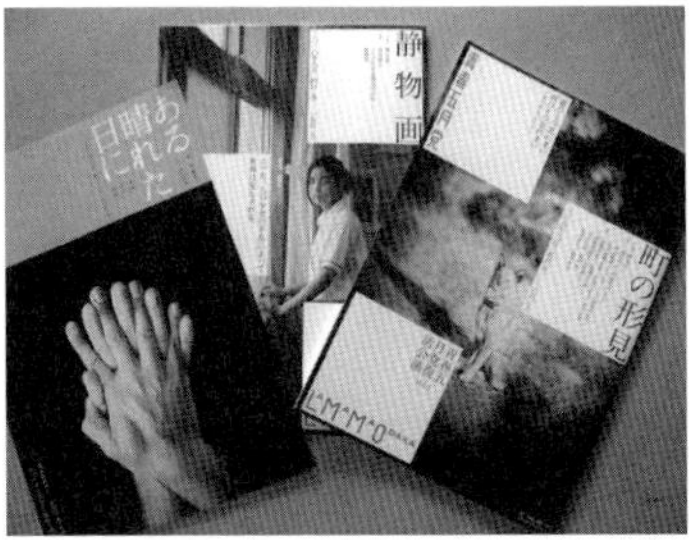


舞台をご覧になれなかったみなさんは、まずは河出書房新社から出ている『静物画』も収録の柳さんの戯曲集『町の形見』を、ぜひ。『ある晴れた日に』は小高・盛岡・仙台とラストが異なるが、小高バージョンは早川書房『悲劇喜劇』11月号で読めるほか、盛岡バージョンは私たち〈荒蝦夷〉が編集を担当する来春3月発行の『震災学』(東北学院大学/荒蝦夷)14号に掲載が決まっている。

# 26

2019.11.24

# 東北の即身仏、東京へ行く

ミイラが大好きである。人間の干物、あのミイラだが、といっても私が好きなのは即身仏だ。全国に知られた東北山岳信仰の聖地出羽三山の即身仏信仰、衆生済度などの祈願を込めた僧侶が断食や山籠と厳しい修行の末に地下の穴ぐらに埋もれ、読経三昧、読経鈴と鈴の音が途絶えて3年3か月、掘り返すと即身仏となっていた……こんな伝説、ご存知の読者も多いのではないか。

私がはじめて出羽三山の即身仏を拝んだのは1992年夏、ある週刊誌の「納涼ミステリー・スポット」的な企画の取材だった。おっかなびっくり実見すれば、独特の宗教行事などしっかりと地域に信仰が残って、これはただのキワモノではないぞと猛然と興味が湧いた。以来5年をかけて全国の即身仏をたずね歩いた。聖地出羽三山から福島・新潟・茨城・長野・岐阜・京都、そして現在は行方不明だが写真だけは残る宮城と、存在が確認できた即身仏は18体、それぞれのドラマを『新編　日本のミイラ仏をたずねて』（天夢人）としてまとめた。

即身仏の魅力を問われれば「死の目撃」となろうか。世紀を超えてこの世に姿を留めた聖骸は「人は死ねばこうなるんだよ」と人間の死そのものを私たち生者にあっけらかんと見せてくれる。手を合わせて対面すれば「なるほど、そうか」とばかり、いつも不思議にこころ鎮まる。生と死が、生者と死者が拝み拝まれ、特別な思索の瞬間が生まれる、即身仏はそんな「仏像」なのだ。「人間のミイラなんて気味がワルい」と敬遠せずに、いちど足を運ばれてはいかがだろう。

さて、福島県浅川町貫秀寺の弘智法印宥貞即身仏が旅に出ている。東京は上野の国立科学博物館特別展〈ミイラ「永遠の命」を求めて〉である。世界各国から参集したなんと43体ものミイラに交じって、展示のトリを務める。東北のひなびたお寺で篤《あつ》く信仰されてきた弘智法印宥貞が、東京でどうされているかと拝みに行けば、お厨子《ずし》に納まって堂々と晴れがましい。即身仏に手を合わせる見学者も多いというから、東北の信仰のかたち、東京でも受け入れられているようだ。東日本大震災でお堂が破損、ようやく再建なっていまも貫秀寺で人々の祈りを聞き続ける弘智法印宥貞即身仏の国立科学博物館への〈出開帳〉は来年2月22日まで（写真提供は同館）。

ちなみに、東北の即身仏信仰は村上春樹さんの『騎士団長殺し』（新潮社）の重要なモチーフともなっている。即身仏にご興味を持たれたら、こちらもおススメです。

# 27

2019.12.1

# 被災地発信の文学賞

第3回仙台短編文学賞が締め切りを迎えた。応募総数477編と、第1回には及ばなかったものの、昨年より150編余りを超えた作品が寄せられて、実行委員会事務局もほっとひと安心なのだが、選考はこれからが本番、作品が多ければ選考が大変なのは道理、選考委員の作家・柳美里さん共々、気を引き締める関係者一同である。ちなみに今回の作品増、柳さんがSNSなどで檄を飛ばしてくれたおかげでもある。「受賞したら私とお酒が飲めます」には、のけぞりました。

仙台の出版関係者有志が2010年末に文学賞立ち上げを構想、各社による実行委員会を結成、選考は選考委員会制ではなくひとり選考委員でなどと大筋が決まり、実施発表を4月と決めたのが2011年の3月10日、国分町での前祝いの夜が明ければ「あの日」だった。立ち消えを余儀なくされて、再浮上は2016年暮れ、現実行委員会事務局長の川元茂プレスアート取締役編集局長が「もういちどやるべし」と狼煙を上げた。結果、河北新報社とプレスアート、そして私たち〈荒蝦夷〉で実行委員会を組織、協力・後援に仙台市、仙台文学館、東北学院大学、宮城県書店商業組合、エフエム仙台、東北大学災害科学国際研究所、関西学院大学災害復興制度研究所と陣容も定まり、全国発信に関しては『小説すばる』（集英社）に大賞作掲載と同誌編集部のバックアップを得て、あまたある地方文学賞のなかでも注目度は高い。

第3回の応募作品に目を通すのはこれからだが、実行委員会代表としての過去2回の経験からいえば、私見ではおよそ8割がなんらかのかたちで東日本大震災、あるいは自然災害に関わる。おそらく今年も多いのではないか。実行委員会としては本賞は「震災文学賞ではなく、広く仙台、宮城、東北をテーマとしたノンジャンルの短編文学賞」と規定しているのだが、実際には第2回選考委員の作家・熊谷達也さんが「十字架を背負った文学賞」と評する通り、どうしても「被災地発信の文学賞」のイメージが強いらしい。そして、それでもいいのではないかとどこかで思いはじめてもいる。なにせこの災害列島である。打ち続く災害をテーマとした作品が寄せられる文学賞がひとつくらいあっても、書き手の思いを受け止められる場がひとつくらいあってもいいではないか。どころか「人間と災害」は実はこの国の文学の大きなテーマのひとつなのではないか。そう思えば寄せられた作品の意味がずしりと重いが、さて、読むか。

# 28

2019.12.8

# 短編小説で平成を回顧

アンソロジーが好きである。目利きがテーマを絞って作品を厳選したアンソロジーは短編小説を読む愉しみに満ちている。次にどんな作家のどんな作品が来るか、どんな世界を見せてくれるのか、そのわくわくの期待感がたまらない。宝石箱に例えられたりもするが、万華鏡の趣もある。要となるのは編纂の目利きの手腕だが、ちょうど発売中の『本の雑誌』（本の雑誌社）12月号の特集タイトルが「アンソロジストを目指せ！」とあって、いまやアンソロジストの存在は本好きの注目の的といっていい。

我が信頼のアンソロジストは東雅夫さん。伝説の雑誌『幻想文学』（幻想文学出版局）と怪談専門誌『幽』（KADOKAWA）両誌の編集長を務め、現在はアンソロジスト・文芸評論家として活躍、私たち〈荒蝦夷〉の読者ならご存じかと思うが、ウチでも『みちのく怪談名作選』の編纂をお願いしたほか、〈みちのく怪談プロジェクト〉やさまざまなイベントなど、お世話になりっぱなしの東さん、いまやこのジャンル随一の目利きなのは誰しもが認めるところだ。

その東さんの手になる今年の大収穫、話題のアンソロジーが『平成怪奇小説傑作集』全3巻

（創元推理文庫）である。平成年間に発表された怪奇幻想文学の短編48作を編年体で並べている。読み進めれば、そのまま平成の世の追体験、この年にはあんなことがあった、そのとき私はこんなことをしていた……と、読者は思わずにはいられない。阪神・淡路大震災、地下鉄サリン事件、ニューヨークテロ、東日本大震災、打ち続く天変地異に凶悪犯罪、嗚呼《ああ》、平成とはこんな日々だったのかと溜息が洩れる。

怪奇幻想文学だからそんな感慨もわくのかと思いきや、今年の収穫には文芸誌『新潮』（新潮社）8月号別冊「永久保存版　平成の名小説」もあった。短編35作を同誌掲載順に収録、さらに「平成の名随筆」も収録、こちらはいわば「純文学」だが、やはり作品に平成の光と陰が刻まれて、両アンソロジーともに作品が個々の「事件」を描いているとは限らなくとも「文学は普遍的なものを描こうとして、自ずから時代を表現する」（重里徹也・助川幸逸郎『平成の文学とはなんだったのか　激流と無情を越えて』はるかぜ書房）とすれば、ここにあるのは平成の日々そのものといっていい。

いずれにも東北作家たちの作品がある。新元号の年の瀬はまた、平成が終わった年の瀬でもある。短編小説に自らの、そして東北の平成を静かに顧みる、そんな年末の読書はいかがだろうか。

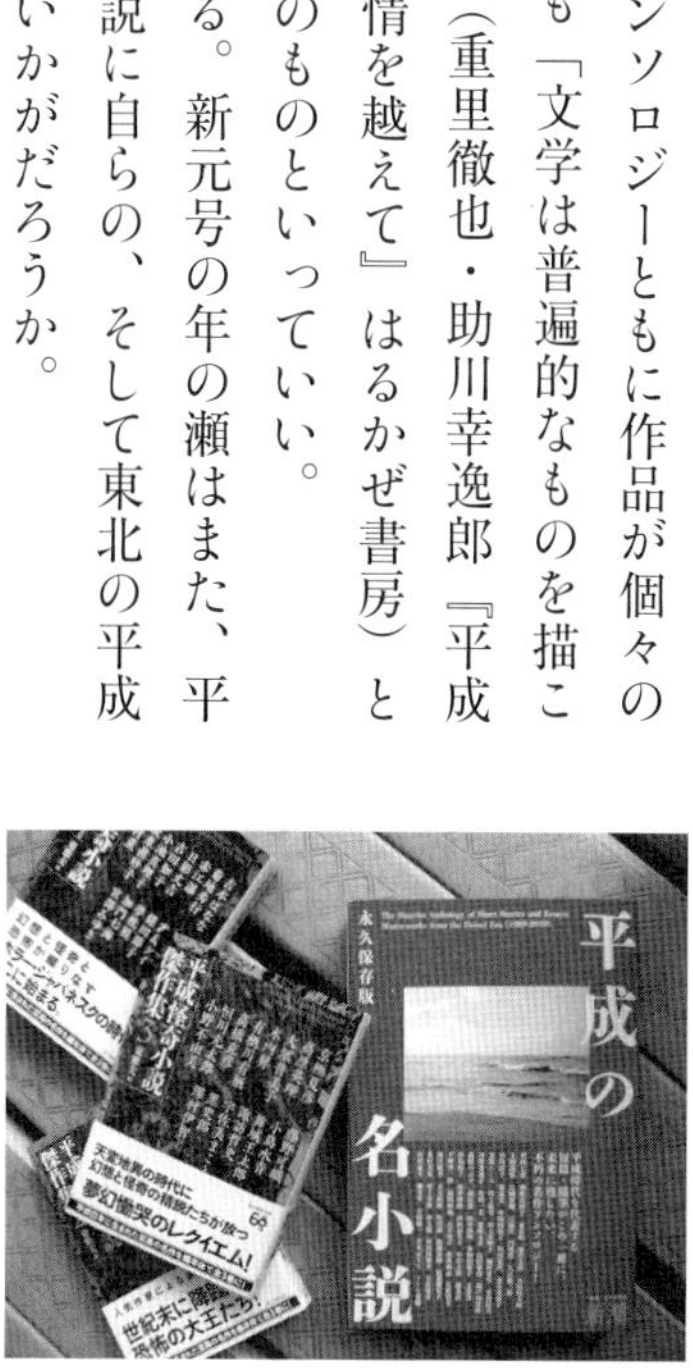

# 29

2019.12.15

## 仙台オヤジ編集者3人衆見参!

年末はベストテンの季節だ。世に知られるのは宝島社の『このミステリーがすごい!』と「週刊文春ミステリーベストテン」(文藝春秋)か。あるいはちょっとディープな本好きなら『本の雑誌』(本の雑誌社)や『ダ・ヴィンチ』(KADOKAWA)や『ハヤカワミステリマガジン』(早川書房)のベストテンも見逃せない。年末年始の読書計画に欠かせないこれらベストテンだが、仙台の本好きのみなさんに忘れてもらいたくないのが「仙台オヤジ編集者3人衆おすすめ本ベストテン」である。東北大学出版会事務局長の小林直之、プレスアート取締役編集局長の川元茂、そして私の「仙台オヤジ編集者3人衆」が、その年のベストテンをおススメして、今年でなんと10周年を迎えた。

きっかけは2010年、仙台の本好きなら誰もが知っている本屋さん、金港堂の創業100年だった。「記念になにかやろうよ」とお声がけいただいて、在仙出版社が共同でトークイベントやブックフェアを繰り広げた。その企画に「仙台を知るための100冊」があった。オヤジ編集者3人がアタマを絞って100冊を選んでトークライブ、なにせ100冊、トークで紹介するのに4時間以上かかった。いまもおぼえているけれど、さいごの本を紹介して司会役の私が沈黙一瞬「はぁ、終わった」と洩らすと、客席から拍手と爆笑、まるでフルマラソンの最終ランナーである。

というわけで、なかなか大変ではあったが、終わってみると楽しかった。なにせジャンルは違えど本作りのプロ3人であれば、本好きどころかもはや「書痴」である。そんな3人が寄り集まってのブックトーク、楽しくないはずがない。「これで終わるのもったいないね」と誰ともなく呟いて、その年末、第1回のベストテンとなった。ノンジャンルでそれぞれの10冊を選出、『仙台学』（荒蝦夷）や『Ｋａｐｐｏ 仙台闊歩』（プレスアート）で発表、モノ好きにもコメント入りリーフレットまで作って本屋さんで無料配布、さらにはトークイベントである。河北新報紙上でベストテンが紹介されて、東京の業界紙が記事にしてくれてと、それなりの反響があって、私たちの酔狂は加速した。

そんなこんなで第10回、例年の「タピオ大学」でのトークは12月20日、10年記念に過去本から選んだベスト・オブ・ベストのトークが因縁の金港堂一番町本店で来年1月3日に決まった。松の内からの金港堂トークに、いやはやこんなことでは私たちの2020年はどうなることやらと思わぬでもないが、書痴3人の年末年始まったりブックトーク、お運びいただければ幸いです。

# 30

2019.12.22

# 本棚から1年の読書を回顧

ヨソさまの蔵書がぎっしり詰まった書庫をじっくりと眺める機会に立て続けに恵まれた。まずは〈東北学〉赤坂憲雄さんである。来年度に予定しているある企画の打ち合わせ、蔵書の整理が終わったから見に来いよと誘われて、東京都下は武蔵野の一画にお邪魔した。赤坂さんが新たな家を建てたのは5年ほど前なのだが、万巻の書の整理がなかなか終わらないまま、ダンボールに埋もれて仕事をしているのは聞き知っていた。その整理がやっと終わったらしい。玄関を入った途端、なんともまあ1階はまるで図書館の閉架書庫、鋼鉄の輪っかをぐるぐるやるとレールに沿って連なった重厚な本棚がするする動いて、棚と棚のあいだの通路に踏み入れば、ここだけでざっと15000冊、2階の仕事部屋もぐるりと本棚、こちらにもさらに15000冊、本好きにはたまらない至福の空間である（写真）。

本好きとしても編集者としても興味が尽きなかったのは、その配列だった。もちろん歴史民俗などそれぞれのジャンルごとの棚もあるのだが、これは『北のはやり歌』（筑摩書房）の、あれは『武蔵野をよむ』（岩波書店）の、ここは『性食考』（岩波書店）でこっちは最新刊『ナウシカ

考 風の谷の黙示録』（岩波書店）のと、赤坂さんが著作の執筆資料とした本がずらり棚にまとめられていた。なるほど、あの本はこんな本たちから生まれたのかと、きれいに並んだ背表紙に深く納得の一夕だった。

続いて我ら〈古本あらえみし〉の常連Sさんの蔵書だった。私よりふたまわりも年若だが、このたびはじめて家を建て、もちろん本好き、書庫を設えたので「見に来ませんか」とお招きいただいた。幻想文学が大好きと、古本稼業を通じてお互いに知った上でのおさそいだった。新築の家の壁面いっぱいの凝った本棚にぎっしりと、「これはウチにもある、この本、よく手に入れたねぇ」と同好同士の幻想文学談義も楽しくて、同時にかつてのおのれを見るようで、Sさんのこれからの蒐書《しゅうしょ》人生がなんだかまぶしくもあり羨ましくもありである。

ともあれ、おふたりの家にお邪魔して、いまさらながらに蔵書はその人そのものであると思わせられた。親しく話さなくとも蔵書を見ればそれだけでその人物がわかる、これは本好きならご理解いただける感覚ではないか。さて、年末である、大掃除の季節である。今年はどんな本を読んだか本棚を顧みながら、断捨離するもよし終活に取りかかるもよし、今年さいごのこぼれ話、来年も本欄をお楽しみいただければとごあいさつまで、みなさんまずはよいお年を。

# 31
2020.1.12

# 本好き集いベストテン談義

あけましておめでとうございます。私たち〈荒蝦夷〉と、そして〈古本あらえみし〉の仕事はじめは新年6日だった。だが、今年はその前にまずはひと仕事、年末のこの欄でも触れた金港堂一番町本店での「仙台オヤジ編集者3人衆おすすめ本ベストテン10周年記念トーク」が、松の内1月3日にあった。正月早々、みなさんにご来場いただけるかと小林直之東北大学出版会事務局長、川元茂プレスアート取締役編集局長ともども気を揉んだが、写真の通りの望外の盛況にほっとひと安心、ご来場のみなさん、金港堂のみなさん、ありがとうございました。

と、舌の根も乾かぬうちに、次なるベストテン企画「怪談！幻想文学！ベストブックス2019」である。こちらは今年で4年目を迎えて、19日（日）午後1時から仙台駅前イービーンズ喜久屋書店仙台店でトークイベントが。メンバーは、アンソロジスト・文芸評論家の東雅夫さんと作家の黒木あるじさんにかくいう私、さらに例年のゲストに植松靖夫東北学院大学文学部英文学科教授である。東さんはいわずと知れたこのジャンル牽引《けんいん》の第一人者、山形に暮らす黒木さんはいま人気の怪談作家である。植松さんは知る人ぞ知るちょっと特殊な英米文学翻訳家、たとえばH・P・ラヴクラフト、アレイスター・クロウリー、アルジャノン・ブラックウッドなどの翻訳を手がけておられるとご紹介すれば、お好きな読者にはおわかりいただけるか。ちなみに英作家ブラックウッドは黒木さんのペンネームの由来なのだが、そのきっかけは植松さんの翻訳とあれば因縁は深い。

私はといえば子どものころからこのジャンルが大好き、東北ゆかりの怪談文芸の発掘企画に取り組んだり関連原稿を執筆したり、とまれ、東さん、植松さん、黒木さん、伝説的存在と現役の実作者が一堂に会してその年のベストテンを語る豪華にして希有な例年の席なのだが、今年はスペシャルゲストに赤坂憲雄さんを迎えての新刊『ナウシカ考　風の谷の黙示録』（岩波書店）談義まであってさらに豪華である。

年末年始の「オヤジ編集者」も「怪談・幻想文学」も、関係者はほとんどノーギャラ、どころか持ち出しである。なのになんでまたこんな酔狂をといえば、なにせ出版不況に活字離れの世である。あれもこれもやらなければならないが、まずは基本に立ち返って本がいかにおもしろいか、読書がいかに楽しいかを機会あるごと伝えなければ、そんな思いがみなにある。もちろん、本好きが集ってのベストテン談義はそれだけで楽しいのだが。同好のみなさんもはじめてのみなさんも、ぜひお運びを。

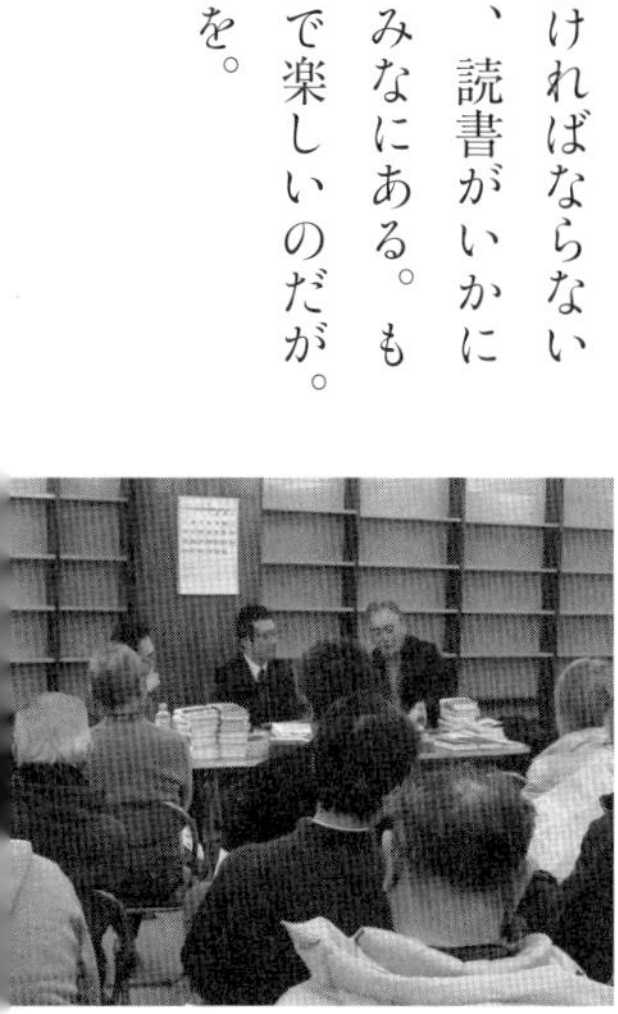

# 32

2020.1.19

# 阪神・淡路大震災25年

阪神・淡路大震災25年、四半世紀が過ぎた。災禍の都市の取材に通い詰めた私も今年は58歳、あのころは33歳だった。雲仙普賢岳噴火、北海道奥尻島津波と、取材者として被災地に足を運んだ経験はそれまでにもあった。神戸のあとも有珠山噴火、三宅島噴火、岩手・宮城内陸地震、熊本地震、北海道胆振東部地震と、さまざまな現場に立った。自ら被災した東日本大震災はさておき、それでもやはり阪神・淡路大震災は忘れられない。相棒の写真家・奥野安彦とまずは5年の取材を決めた。きっかけはひとりの被災者だった。関美佐子さん、当時67歳。その生活再建の足取りを追えば、この列島に生きる者にとっての「災害」の実相が見えるのではないかと思った。

関さんと出会ったのは阪神・淡路大震災発生から1週間ほど、小雪ちらつく寒い日だった。瓦礫の路地に〈お食事処　てつびん〉の看板が転がっていた。全体が傾いた建物にごそごそ人の気配。のぞき込むと、関さんが黙々と残骸を整理していた。〈てつびん〉を25年にわたってひとり切り盛りしてきた。家族はない。「戦争で焼け出されて、台風で家を流されて、神戸で家をなくすのこれで三度目や。またかってなもんや。ほんでもな、この歳や。ちょっとしんどいなあ。まあ、しゃあないわな。地震やもん。亡くなった人もよおけおるやろ。生きとっただけでめっけもんや。くよくよしとったってはじまらん。ま、世の中、なんとかなるもんやで」とそれでもたくましい。

やがて関さんは〈てつびん〉の再建へと動いた。中古のプレハブにカウンターわずか8席の新生〈てつびん〉をオープンしたが、ほどなく通りから人影が消え、客足は途絶えた。まったく客のない夜が続いても関さんはあきらめなかった。だが、体力的な限界は迫っていた。2002年秋、関さんは〈てつびん〉の行灯《あんどん》を消した。そして、2003年11月18日、復興公営住宅で息を引き取った。享年76。瓦礫の町で出会ってから8年と10か月が過ぎていた。

発災からおよそ9年の死である。間もなく10年を迎える東北に暮らして、この年月の意味が、いまの私にはずしりとわかる。阪神・淡路大震災10年の2004年末、奥野とふたり、関さんの災後の日々を写真絵本『てつびん物語　阪神・淡路大震災　ある被災者の記録』（偕成社）にまとめた。そして、東日本大震災。関さんと過ごした時間を思い返して幾度も頁を繰った。関さんにもういちど会いたかった。けれども、東北に全国の被災地に、今日もきっとたくさんの「関さん」がいる。神戸は1月、東北は3月。あなたを忘れない。

# 33

2020.1.26

# 本とのめぐりあい

お正月のあわただしさもひと段落、新しい年、あれもこれもやらなければと押っ取り刀の今日このごろなのだが、まずはこの欄でもご紹介を続けた年末年始各種ベストテン、思うところをまずは書かせていただいて、新年の仕事に取りかかりたい。

「仙台オヤジ編集者3人衆ベストテン２０１９」とその10周年記念「ベスト・オブ・ベスト」を、「幻想文学ベストブック２０１９」を選びながら、いろいろ考えた。なにしろ10年にわたって続けた「オヤジ編集者ベストテン」と、その取りまとめの「ベスト・オブ・ベスト」であり、今回で4年目を迎えた「幻想文学ベストブック」である。過去のセレクトに、ああ、この年はあんなことが、あの年はこんなことがと記憶がよみがえる。もちろんその記憶には東日本大震災が大きい。だけでなく、家族・親戚・友人・知人の死や病、読んだ本ではなく編んだ本、我ら〈荒蝦夷〉の有為転変もあれば、私個人のそれもある。仙台短編文学賞の立ち上げもあれば、まさか古本屋をやるとは、10年前には思いもしていなかった！

読了本を月別に記録したリストを眺めれば、なお詳細に記憶が私に迫る。本のタイトルや著者名といったほんとうに簡単な情報の羅列でしかないのだが、そのときにその本を手に取った気分や気持ち、あるいは父の死の床で読んだ本の記憶もあれば、なにか新しいコトに挑戦するきっかけとなった本もある。本の山との同行ふたりの我が人生である。「幻想文学ベストブック」のコメント付きリーフレットをイベントで配布している。以下はアンソロジスト・文芸評論家の東雅夫さんの今年のコメントである。「人間、還暦を過ぎると来し方行く末を顧みて、やり残した仕事に思いを馳《は》せたりするものらしい。［中略］私と同い年（今年で62歳）の人々の、堰《せき》を切ったように充実した近年の仕事ぶりには、目を瞠《みは》らせるものがある。まあ、かく申す私も、［中略］何かと手間暇かかる雑誌の企画編集からは、キリもよいので（平成も終了）ここらで足を洗って、本業であるアンソロジー編纂の分野で、やり残しているあれこれに邁進したいと考え」ている。

東さんより4年ほど若い私も同じような思いに捉われる。さて、あとどれくらい本が読めるか、編めるか、書けるか。詰まるところ、本好きには本は人生そのものなのかもしれない。同好の読者にはこの気持ち、わかってもらえよう。今年はどんな本にめぐりあえるか、愉しみだ。

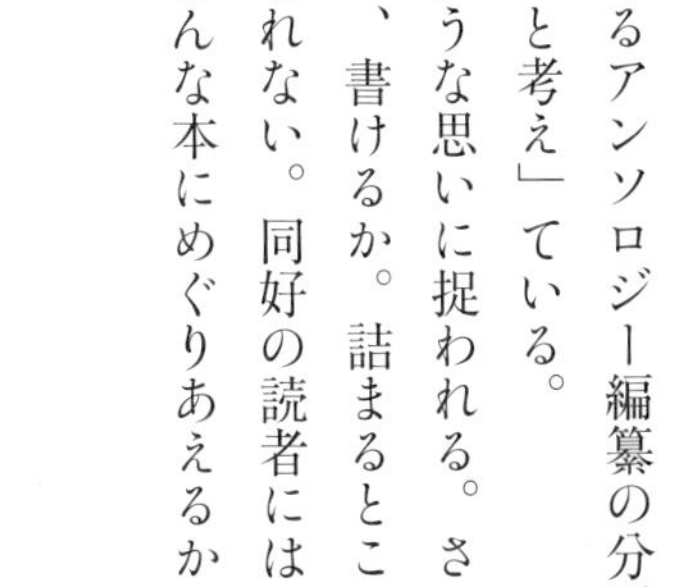

# 34

2020.2.2

# 古本屋さんめぐり

古本屋さんにハマったのは札幌市内の高校に入ってからだった。それまでは郊外のニュータウンが生活の場だった。なにもかも新築ピカピカの1970年代のニュータウンに、新刊の本屋さんはあったけれど古本屋さんはなかった。高校生となって大都市サッポロへと行動範囲が広がって、古本屋さんで新刊ではお目にかかれない本の山を前に、この世にはこんな本があんな本があったのかとびっくり仰天である。挙げ句、古本屋めぐりが趣味となった。大学は仙台へ。学院大生ならまずは五橋の萬葉堂書店があった。一番町は東北大学前にはいまや昭文堂書店のみとなったが、かつてはずらりと古本屋さんが並んで、十字屋や丸光などデパートの古本市も見逃せない。

東京へ出て出版の仕事に就けば、古本屋さんの町でもある神田神保町が職場となる。仕事の合間に古本屋さんをめぐって、暮らしたのは中央線沿線、ここもまた古本屋のメッカ、途中下車して寄り道である。はたまたフリーライターとして全国各地へ取材に出れば、旅のお供は『全国古本屋地図』。この本を頼りに見知らぬ町の古本屋さんめぐり、帰りの荷物が重くなる。

日本古書通信社が1977年から2001年まで年刊で出していたロングセラー『日本古本屋

地図』、年季の入った古本好きにはなつかしいのではないか。終刊のきっかけはもちろんネット時代の到来、売るのも買うのも探すのもインターネットがメインとなって役割を終えた。

ところが昨年末、その日本古書通信社から『東北の古本屋』なる一書が刊行された。かつての古本旅の楽しさを思い出させる東北六県の古本屋地図だが、だけでなく同社の折付桂子さんによる各古本屋さんの特色などのルポと写真、そして被災3県の古本屋さんたちの東日本大震災からの復興の足取りまで、ガイドとしても読み物としても充実の1冊、我ら〈古本あらえみし〉も新米ながらご紹介いただいた本書、全国の古本好きに話題となって、品切れ間近と聞く。

古本趣味のみなさんなら、私と同じように、人生の節目の古本との、古本屋さんとの出会いの思い出があるのでは。活字離れのご時世に、新刊本屋さんだけでなく古本屋さんも、もしかしたら新聞だって大変だが、それでも本との活字との出会いの場を絶やさぬように、今年も仙台駅前イービーンズで新春「古本まつり」開催中である。古本好きにも、あまり古本には馴染みのないみなさんにも、足をお運びいただければ。楽しいよ。

# 35

2020.2.9

## 瓦礫から本を生む

本を編んで売るとともに、本を書くのもまた私の生業である。本欄も「作家・編集者」として書かせていただいているわけだが、これまでに出した本およそ10冊、ジャンルはルポ、児童書、インタビュー集と種々雑多、となれば作家よりむしろ「雑文家」か。とはいえ児童文学の賞などいくつか頂戴もして、書き手としてもそれなりに仕事をしてきた。

著作の3冊が災害の本である。『瓦礫の風貌　阪神・淡路大震災1995』（リトルモア）と以前この欄でも触れた『てつびん物語　阪神・淡路大震災　ある被災者の記録』（偕成社）は、相棒の写真家・奥野安彦と組んだ写文集、そして東日本大震災を自ら体験した記録が『震災編集者　東北のちいさな出版社〈荒蝦夷〉の5年間』（河出書房新社）だ。

『震災編集者』は書きたくなかった本だった。被災直後、かつて私が全国の被災地を取材していたのを知る東京の編集者たちから「取材しろ」「記事を書け」と声がかかった。すべて断った。知人が津波に呑まれた。我が家も全壊して避難生活、記事どころでなければ、友人知人の苦闘を「取材」などしたくもない。事情を話すと、みな納得してくれた。

ひとり、あきらめない編集者がいた。「全国の被災地を取材して記事を書いてきたあなたが、自分が被災者になったからといって書かないなんて、ありえない。かつて話を聞かせてくれた全国各地の被災者、それを記事にしてきたあなた、そのあなたが沈黙するのは裏切り行為ではないか。取材などしなくていい、災害報道に取り組んできたあなたがいま東北でなにを思うのか、それを書くだけでいいじゃないか」と、電話口から強い口調で迫られれば確かにその通りである。断れないと覚悟を決めた。日記のごとく書き続けようと、以後、すべての依頼を引き受けた。

書き溜まった原稿を河出書房新社が本にしてくれた。地域の出版人の視点からの記録として幸いにもご注目いただいたが、海外からの引き合いは意外だった。台湾の出版社が中国語訳を刊行、聞けば同じ地震国の出版人として本書を出さなければと思ったと、彼の地の同業者がメールをくれた。自然災害に国境はないと痛感させられた。

このたびその『震災編集者』が文庫になった。『瓦礫から本を生む』と改題されて河出文庫からの刊行である。新原稿を増補、解説は作家・柳美里さんに書いていただいた。ページをめくればそこにあの日々がよみがえる。今年も間もなく3月11日である。

# 36

2020.2.16

## 文学賞と選書眼

本を、原稿を選ばなければならない、そんな仕事がある。

たとえば、年末ベストテン。おなじみ仙台おやじ編集者ベストテンは「この本、おもしろいよ！」と在仙編集者3人が勝手におススメしているだけだから、楽しい。これが投票によってその年のベストを選ぶとなると、なかなか楽しいばかりではない。かつて10年ほど『このミステリーがすごい！』（宝島社）の選者のひとりだった。国内編と海外編、各人がベスト6を選ぶのだが、それぞれが点数化されて、その年のランキングが決まる。こうなると、気が抜けない。選んだ本が総合ベストに入ると「やっぱりか、ああ、よかった」となる。入らなかったら、ちょっとがっかり、どうしてあんなにおもしろい本がと疑問が浮かんだり、我が選書眼、どこかおかしいのかと不安になったり、自信をなくしたりもする。

あるいは文学賞の1次選考。東京の出版社の某新人賞に関わっていた。季節になると、長編賞と短編賞、ダンボール2個の原稿がどんと送られてくる。これをせっせと読んで、採点表にコメントを付さなければならない。いささかキツい作業ではあったが、1次選考の結果が2次選考、最終選考へと繋がるのだからこれまた気が抜けない。投稿してきた人たちへの責任もある。担当のダンボールから最終選考に作品が残るとこちらまでうれしくなる。それが受賞作となったりすれば、祝杯でも挙げたくなるところか。だが、残念ながら私の担当から遂に受賞作は出なかった。

推薦依頼やアンケートもある。昨年は朝日新聞「平成の30冊」のアンケート、結果が出てみれば、私の推薦作はひとつもランクインしていなかった。「ふん、どうせ誰もわかってくれないのさ」と孤高の読書家を気取ってみても、仲間はいないのかとちょっとさびしかった。

さらには読売新聞読書委員を務めた関係で、毎年、読売文学賞推薦依頼アンケートがある。こちらも同様、私の推薦作はいつも外れていたのだが、今年は違った。我が選書、初の受賞作は評論・伝記部門の礒崎純一さん『龍彦親王航海記　澁澤龍彦伝』（白水社）である。現国書刊行会編集局長にして澁澤龍彦の最晩年の担当編集者を務めた礒崎さんの手になる戦後文学の巨人の初の伝記だ。受賞から間もなく、礒崎さんを仙台にお招きしてのトーク、祝い酒となって、同業としても編集者が書いた本の受賞はよろこばしい。なにはともあれこれしかない傑作評伝、本屋さんで見かけられたら、ぜひ。

# 37

2020.2.23

## 母を読む

母親と息子の関係はなかなかに複雑にして微妙だったりする。私のようにひとり息子ならなおさらで、いつまで経っても子ども扱い、なのに我が母のごとく認知症などになれば、今度はこちらがまるで童女と化した母の面倒を見なければならない。そこではたと母ではなくひとりの女性としての顔を垣間見る瞬間にぶつかったりもして、いやはや難儀な日々ではある。

フランス映画『母との約束　250通の手紙』を観た。原作は作家ロマン・ガリの自伝的小説『夜明けの約束』（共和国）である。ポーランドに生まれて、父は失踪、母子ふたりで第2次世界大戦の欧州動乱を漂流する。この肝っ玉かあさん、怪しげな商売に手を出しながらなかなかたくましい。果てはフランスでホテル経営に乗り出すが、そこにナチス・ドイツの仏占領である。ガリはイギリスに渡って自由フランス軍に参加、戦場へ。戦火に引き裂かれた母子は中立国経由で連絡を繋ぐ。回想をベースに、互いを動乱を生き抜くよすがとした母子の歩みをユーモアとペーソスたっぷり、ほほえましくも哀切に描いて、やがて意外な結末が待っている。訳者解説に「世の多くの息子たちにとって意味ある作品」とあるが、そのひとりである私に本書は確かに響いた。

この二年ほど、我が母は施設に入居しているが、それ以前の2年間、認知症を発症しながら実家にひとり暮らす母の遠距離介護を続けた。その行ったり来たりに読んだ本として記憶に刻まれたわけだが、世にあまたある介護奮闘記の類いはあまりに日常に切実すぎてリアルで生々しくて、いま私がなにをすべきかのハウツー本としては読めても、認知症となった母になにが起きているのかをいかに理解すべきか、その深々としたところには届かなかった。そんななか本書は認知症の物語ではないものの、母とは、息子とはなにか、その基本に私を立ち返らせてくれた。

そして、ピエール・パシェ『母の前で』（岩波書店）もあった。仏作家が認知症の母を介護しながら綴ったエッセーとご紹介すればいいか。母とはなにか、記憶とはなにか、時間とはなにか、歴史とはなにか、認知症の母を前にさまざまに思索が重ねられる。春秋社『記憶する体』などで注目を集める東京工業大学准教授の伊藤亜紗さんにある席で本書を勧められた。いまもことあるごとに私を助けてくれる1冊、パシェもまたひとり息子である。私と同じ状況にある「息子」のみなさん、手に取られてはいかがだろうか。

# 38

2020.3.1

## 共鳴する神戸と東北

２００４年1月17日の神戸新聞がある。実は昨年春から神戸新聞にエッセーを連載している。東北の話題を伝えて、月にいちど、文化面の掲載である。間もなく私たちは10回目の3月11日を迎えるが、それでは阪神・淡路大震災から10回目の1月17日を神戸の人たちはどのように迎えたのか、そこに現在の私たちに示唆となるなにかがあるのではないかと、その日の紙面を送ってもらった。見出しを拾ってみる。

たとえば〈心つないで歩む　大震災きょう9年〉〈被災更地２２４万平方メートル　税軽減は05年度まで　特例の周知課題に〉〈復興総仕上げへ正念場「検証」「備え」に全力〉〈希望の灯絶やさず　あの経験を次代に〉〈近畿Ｍ７級地震繰り返し発生　平野、盆地に断層集中〉〈記憶どう語り伝えていくのか　悲しみは分有できる　考え続けること大切　体験普遍化へ過去に学ぶ〉とある。あるいは〈「生きている実感」胸に　山形の高校生　研修旅行で震災学習〉〈これからの神戸など議論　他にはないまちに　地域防災シンポに６００人〉〈育てたい地域のリーダー〉〈犠牲の児童しのぶ　復興誓い　やさしさの碑〉〈恐怖で痛み感じなかった　神戸で体験の教師「あの瞬間」児童に〉〈起きてほしくないけど　市内の幼稚園、小中学校　避難訓練や震災体験講演〉とある。

見出しの羅列にすぎないが、ここからなにかを感じ取っていただけると信じて、さらに続ければ〈震災遺児の成長紹介〉〈危機意識常に忘れず　地域と連携し防災訓練〉〈生命の尊さ胸に刻む〉〈助けられた命に感謝　静かに迎える1・17　この地でずっと〉〈語り継ぐ意志前面に「感謝の気持ち忘れない」〉〈きずな再生へ〉〈きょう震災丸9年　決意新た「備え」怠るな〉〈圧死　その夜、二人に添い寝した〉と、まるで神戸と東北の声が共鳴するかのようである。別刷りの第2朝刊は「津波災害どう防ぐ」「時空超え迫る災害」「新天地　今はふるさと」「兵庫の地震記録」の4部構成、２００４年の段階で津波への警戒を呼びかけているのが目を引く。

ひとつひとつの記事の内容をご紹介する紙数はない。だが、東北被災地の読者のみなさんには、これら見出しからだけでも、10年を迎えた神戸の人たちに共感できるのではないだろうか。２００４年の神戸新聞に続いて、今年の1月17日の同紙も届いた。あの日から25年の神戸である。その紙面に、２０３６年、東日本大震災25年を迎えた私たちを幻視した。さて、10年である。

# 39

2020.3.8

## 無観客舞台　届いた鎮魂の祈り

観客がいないのが残念ではあったが、すばらしい舞台だった。

やまやしげるさんの第2回仙台短編文学賞プレスアート賞受賞作「風音―ピアノ五重奏曲第二番イ長調―」を〈仙台シアターラボ〉の野々下孝さんが脚色、宮城野区文化センター震災復興交流事業「あなたのオモイ　それぞれのカタチ」の一環として、去る2月29日に同センター「パトナシアター」で公演の予定となっていた。そこに、新型コロナウィルス感染拡大である。事態が事態とあって、公演は中止となった。

仙台短編文学賞受賞作品を舞台にとのプランが動き出したのは昨年の3月末だった。私たち〈荒蝦夷〉が刊行した東北怪談同盟編『渚にて　あの日からの〈みちのく怪談〉』を演劇ユニット〈コマイぬ〉が舞台化した作品の、昨年度の「あなたのオモイ　それぞれのカタチ」上演がきっかけだった。以来、仙台短編文学賞実行委員会代表として私も企画に関わった。白石市に生まれ育って関西に暮らす原作者のやまやさんも公演会場に入り、野々下さんと私とともにアフタートークへの出演が決まっていた。それだけの準備を整えた公演の中止は関係者には無念だった。

なんとかこの作品を上演したい、感染拡大は深刻な事態ではあるが、だからといって東日本大震災の鎮魂と慰霊の舞台をないがしろにするわけにはいかない、ただ中止でいいものか、どうか。関係者のそんなさまざまな想念がやがてひとつにまとまって、公式上演は中止としながらも、無観客でやろうと決まったのは公演直前だった。

およそ200席の会場に集ったのは、公演スタッフや白石市のやまやさんの関係者など30人ばかりだったか。自ら演出と朗読を担当した野々下さんと6人の役者さんの熱演が、一同の胸に迫った。アフタートークも予定通りに、無観客の会場ですべては映像に記録された。

東日本大震災を背景に、失ったものとそこからの再生をテーマとした物語である。「あの日」からの日々と、常ならぬかたちでの上演を強いた不穏な「いま」をダブルイメージに、鎮魂と慰霊の祈りの気配が場に満ちた。ここにはいなくとも、この舞台を楽しみにされていたみなさんの祈りもまたともに響いていたに違いない。その祈りが間もなく10年目を迎える3月の空に届いたと信じたい。無観客で終わらせるのは残念な作品、再演の機会には、ぜひともお運びいただきたい（写真／佐々木隆二）。

# 40

2020.3.15

## 漫画で考える震災

『漫画アクション』（双葉社）の三田村優編集長とはじめて会ったのは昨年6月、丸善仙台アエル店のイベント「仙台BOOKCON」の席だった。3月早々、その双葉社から『週刊漫画アクション』3月17日号（3月3日発売）とたなか亜希夫さんのコミックス『リバーエンド・カフェ』既刊5巻が届いた。田中さんはルーツが石巻市、『リバーエンド・カフェ』は東日本大震災後の石巻を描いた漫画として既に読んでいた。『漫画アクション』の表紙は、その『リバーエンド・カフェ』の主人公、女子高校生の入江サキ、そして大きく赤い活字で「特集企画　漫画で考える災害」とある。ページをめくれば巻頭は『リバーエンド・カフェ』連載第54話「石巻逍遥《しょうよう》」、ほかに『さんてつ』の吉本浩二さん「うみべのふるさと」、自衛隊の災害派遣を描いた藤原さとしさん「ライジングサンR」番外編に、その自衛隊災害派遣のカラードキュメントや「防災　早めにアクション」などの企画が並ぶ。

3月11日が近いのはわかるが、漫画雑誌がどうしてこんな企画を。三田村さんに電話をかけた。「令和に入って世の中の空気が妙にふわっとしちゃって、そこにオリンピックです。おまけに新型コロナの感染拡大で国の追悼式典も中止になった。東日本大震災が忘れ去られそうな気がして、なんだかイヤだったんですよ。たなかさんをはじめとして、奥さまの実家が福島だったり、かつて自衛官だったりと、あの災害を他人ごととは思っていない作家さんたちが、ウチに複数いらした。みなさんと話しあって、こんな特集を組みました」と、三田村さんは経緯を語る。

なるほど、確かに。編集者と作家の気合いと気骨を感じさせる誌面である。『漫画アクション』は1967年に週刊誌として創刊、私と同世代のみなさんなら、どことなく「硬派」なイメージを漂わせる漫画雑誌として記憶しているのではないか。今回の特集もそんな『漫画アクション』ならでは、面目躍如といったところか。

文学であれ、演劇であれ、音楽であれ、さまざまな分野で東日本大震災を語り継ぐ試みが続いてはいるものの、新型コロナ禍で「あの日」の鎮魂と慰霊が掻き消されそうなこの3月、漫画の世界からのメッセージをひときわ頼もしく感じた。この記事が掲載されるころには本屋さんにはもう並んでいないかもしれないが、双葉社からはバックナンバーも入手可能とのことである。

# 41

2020.3.22

# 北の町描くベテラン作家

高城高さんの新作『仕切られた女　ウラジオストク花暦』（藤田印刷エクセレントブックス）は、前作『〈ミリオンカ〉の女　うらじおすとく花暦』（寿郎社）に続く「浦塩お吟」シリーズの第2作だ。19世紀末から20世紀初頭のロシア沿海州ウラジオストク。北海道から大陸に流れて娼《しょう》妓《ぎ》に、そしてロシア国籍アメリカ人の養女となった日本人女性お吟の波瀾万丈の人生を描いて、さらには同じ高城さんの「函館水上警察」シリーズ（創元推理文庫の『函館水上警察』と『冬に散る花』）のスピンオフ連作でもある。明治の北の港町、水上警察の活動を追った第2作『冬に散る花』収録の「ウラジオストクから来た女」こそ北海道に生まれたお吟の帰郷を描いた短編だった。短編の登場人物をヒロインに書き継いだのが「浦塩お吟」シリーズといっていい。『仕切られた女』の背景は日露戦争、国家間の衝突に揺れる辺境の、民族を超えた群像劇だ。

高城高さんは1935年、北海道に生まれてすぐに仙台へ。東北学院高校、東北大学を経て、北海道新聞入社までを仙台で暮らす。大学在学中の1955年、米軍占領下の仙台を舞台に日本ハードボイルド・ミステリの嚆矢とされる「X橋付近」で、江戸川乱歩が編集長を務めた探偵小説誌『宝石』新人賞を受賞。以後、北海道新聞に勤務しながら小説を書き続けたが、1970年代半ばに筆を折り、知る人ぞ知る「幻の作家」となった。

私が高城作品を知ったのはいまから40年ほど前、古本や古雑誌を探しては読みふけった。実際に高城さんと出会ったのはあれは確か1995年だったか。まったく別の仕事で北海道新聞へ。担当してくれたのが高城さんだった。小説家としての高城さんのファンであると告げると「きみ、そんな昔のことよく知ってるねえ」とおどろかれた。やがて高城さんはリタイア、私は東京から仙台へ拠点を移して出版を生業に。高城さんの仙台を舞台とした作品をまとめて『X橋付近　高城高ハードボイルド傑作選』を〈荒蝦夷〉から刊行したのは2006年、これがその年の各社年末ミステリベストテンにランクイン、法人化を果たしたばかりの仙台の小出版社には幸運な船出となった。

これをきっかけに高城さんは小説家として再出発、東京創元社からの全集4巻と「函館水上警察」にバブルのススキノシリーズは私たちが編集を手がけて、最新作が『仕切られた女』なのだが、御年85歳、東北から北海道へ、そして極東ロシアへ、仙台を原点に北の町と人を描かせては追随を許さないベテランの筆の冴え、ご堪能いただければ。

# 42

2020.3.29

## 豆本をご存じですか

豆本を買った。山尾悠子さんの『翼と宝冠』（ステュディオ・パラボリカ）である。写真の通りのミニミニサイズ、掌編表題作のみ収録の全32ページ、瀟洒《しょうしゃ》な装幀はミルキィ・イソベさんによる。２０１８年に『飛ぶ孔雀』（文藝春秋）で泉鏡花賞・日本ＳＦ大賞・芸術選奨文部科学大臣賞をトリプル受賞、１９７５年のデビュー以来、幻想文学好きを唸らせてきた山尾さんの新刊だ。近年の山尾さん、本書だけでなく凝りに凝った造本装幀で、しかも流通的にもなかなか入手困難なマニアライクな本を刊行、その最新の試みといったところか。

いつもながら魅惑的な山尾ワールドを堪能させてもらって、それでは「豆本」とはなにか。調べてみたところ「小さい本を作りたい」欲望は、ヨーロッパから中国・日本まで、古くからあった。けれど、いま私たちが目にする豆本は、一説には戦中の紙不足による本の小型化がルーツだとか。戦後には好事家が同好の士と集ったいわば同人出版として、終戦直後、そして高度経済成長期にブームとなった。

各地に存在したこの豆本、全国的にも知られるのが山形県酒田市の「みちのく豆本の会」による「みちのく豆本」である。高山樗牛賞・斎藤茂吉文化賞・阿部次郎文化賞などを受賞した郷土作家の故・佐藤公太郎さんによって1957年に創刊、佐藤さんが没する2008年までに別冊と付録を含めて全142冊が刊行された（以上、公太郎さんのお孫さん、佐藤晶子さんにご教示いただいた）。注目すべきはその充実の内容、地域を知るために欠かせない書目がずらり揃っており、たとえば酒田が生んだ日本写真界の巨人・土門拳の自伝エッセー『ぼく』（1976年）などほかではなかなか実現できなかったであろう企画も含まれている。この『ぼく』は私も架蔵していたのだが、どこかに紛れてしまって見つからない。小さいだけに取り扱い注意である。

さて、そんな豆本、いま新たなブームを迎えているようだ。「日本豆本協会」なんて団体まである。本に関する著作でも知られる同協会の田中栞会長に聞けば、パソコンを活用したミニチュアの本作りが趣味として広がって、北海道から沖縄まで全国の豆本アーティストと愛好者がSNSで繋がり、各地で毎月のようにイベントがあるとか。どうやら「小さい本を作りたい」欲望、いまも健在のようである。ちょっと盆栽を思い出したりするのは私だけだろうか。

# 43
2020.4.5

# マヤ文学と遠野物語

はじめて「マヤ文学」を読んだ。東北大学大学院国際文化研究科の吉田栄人准教授の翻訳によるマヤ族女性作家ソル・ケー・モオの短編集『穢れなき太陽』（水声社）と長編『女であるだけで』（国書刊行会）である。マヤとはメキシコ、あの古代マヤ文明のマヤだ。その後裔《こうえい》たる現代のメキシコ先住民の文学なのだが、これが滅法おもしろい。差別と貧困に伝統文化が絡まったマヤの村の生活が、そしてそこから抜け出そうと、それを革新しようとする人たちの苦闘が、苦くありながらユーモアさえ湛えて読者の眼前に匂い立ち、柳田国男の『遠野物語』（新潮文庫など）があの時代の遠野をリアルに想像させるのに似て、いつしか異国の異文化の村に迷い込んだかのような読書体験に新鮮に酔わされた。

読後感の鮮烈におどろいて、吉田さんにお話を聞いた。吉田さんは1960年、熊本県生まれ。神戸市外大でスペイン語を学び、日墨交換留学生としてメキシコへ。そこでマヤ民族を知る。やがて文化人類学者としてユカタン半島のマヤ民族にテーマの照準を合わせる。民族独自のマヤ語を学んで「マヤ文学」を知る。実作者たちとも交流を重ね、その作品を日本に紹介したいと自ら翻訳の筆を執り、『穢れなき太陽』で日本翻訳家協会翻訳特別賞を受賞した。

聞けばソル・ケー・モオさんは母語であるマヤ語で作品を執筆、それを自らスペイン語に翻訳、それをまたスペイン語とマヤ語に通じた吉田さんが日本語とした。「確かに『遠野物語』を思わせますが、ちょっとカフカ的な不条理文学でもあり、男性が支配する伝統社会と格闘する女性たちの物語と読めばフェミニズム文学です。これはもはや普遍的な世界文学といっていい。いつか私はノーベル文学賞を獲るんだなんて、本人も宣言しているくらいです」と吉田さんは語る。

外国文学が好きだ。ラテンアメリカ文学紹介を端緒としたかつての「世界文学」ブームに、世界のいたるところに未知の文学があると知ってわくわくした。とはいえそんな文学が好きといって、未知の世界の未知の文学になどおいそれとは出会えない。ところに「マヤ文学」である。未知の文学は、私たちをここではないどこかへ連れ去りながら、たとえ異文化にあっても人間は人間と思い知らせてくれる。世界は広くて、狭い。新型コロナ禍に喘ぐ海外からのニュースに、その思いを強くする。吉田さん訳の「マヤ文学」は、引き続きさらに2冊の刊行が予定されている。

# 44

2020.4.12

# 震災遺構の図書室

未知の読者からメールが届いたのは2018年の4月だった。800冊の震災関連図書を寄贈する場を探しているのだが、どこか紹介してもらえないかとの文面だった。連絡してみれば、県北の町のとある中小企業経営者だった。東日本大震災、内陸だったため揺れはしたものの大きな被害はなかった。沿岸の惨状に、なにかしなければと思ったが、経営の立て直しに手一杯でボランティアに行く余裕もない。そこで思いついたのが本の購入だった。

震災に関する本が山のように出ていた。この混乱のなか、いま、沿岸被災者はそんな本を手に取る余裕もないはずだ。だが、落ち着いたころ、きっとこの本たちは役に立つに違いない、沿岸の人たちのために本を買っておいて、いつか寄贈しよう。新刊だけでなく、非売品の資料記録類や中古本も集めた。震災から7年、そろそろなんとかしたい。私たち〈荒蝦夷〉ならどこか行き場を知っているのではないかとご連絡いただいたわけである。

こんな人がいたのか、おどろきとよろこびがこみ上げた。すぐに荒浜「海辺の図書館」の庄子隆弘さんに連絡した。仙台市若林区荒浜に生まれ育った庄子さんはすべてを津波に流された。内陸移転した庄子さんら旧住民有志は更地に集会所「里海荒浜ロッジ」を建設、地域の繋がりを維持する活動に取り組む。ちなみに庄子さんは紀伊國屋書店の図書館サービス部門に勤務、まさに本のプロである。消えた故郷を本で復興できないかと「海辺の図書館」を構想する庄子さんなら、800冊の本を有効に活用できるはずだ。

庄子さんもまたすぐさま動いた。保存公開されている震災遺構「仙台市立荒浜小学校」は、なにせ本来が小学校、この800冊の本で荒浜小に図書室を復活させよう、それが見学者への大切な情報提供ともなるのではないか。庄子さんらが遺構を管理する仙台市に提案、計画が動いた。

それから2年、この3月11日を前に、荒浜小学校図書室はオープンの予定だった。そこに新型コロナ感染拡大である。震災遺構「荒浜小学校」も一部休館となったが、図書室はなんとか公開されてほっとしたのも束の間、現在は全館休館中、構内は立ち入り禁止となった。いずれ世が平穏を取り戻すまで、きれいに整理分類された本たちがみなさんを待っている（写真提供／仙台市）。コロナ禍が終息したその日にこそと、これは関係者一同の願いである。

# 45

2020.4.19

## 授賞式　来春合同開催へ

第3回仙台短編文学賞受賞作が発表となった。大賞に仙台市の佐藤厚志さん「境界の円居《まどい》」、仙台市長賞に福島県三春町の高玉旭さん「鵜の尾岬まで」、河北新報社賞に東京都の柿沼雅美さん「波打ち際の灯り」、プレスアート賞に青森市の梶浦公平さん「妻を纏う」、東北学院大学賞に東京都の水津藤乃さん「冷たい朝が来るまえに」と決まった。大賞及び各賞受賞作は河北新報や『Ｋａｐｐｏ 仙台闊歩』（プレスアート）、『震災学』（東北学院大学／荒蝦夷）、『小説すばる』（集英社）など各紙誌に順次掲載となっているので、目にされたみなさんも多いのではないだろうか。

作家・柳美里さんをまじえての選考で各賞が決まったのは2月初旬だったが、私が代表を務めさせていただいている仙台短編文学賞実行委員会事務局の本番はそれからである。受賞者への連絡と面会、発表記者会見にメディア対応、受賞作掲載のための編集作業、授賞式と祝賀パーティの準備から次年度の予定立案に至るまで、河北新報社・プレスアート・荒蝦夷からなる実行委員会事務局のメンバーが、あちらこちらへ飛びまわる。それでも3年目となればそれなりに手慣れているわけではあるが、今年は少しばかり勝手が違った。新型コロナウィルスの感染拡大である。

受賞作の発表や掲載はいいとして、4月18日に仙台文学館で予定してた授賞式はどうなるのか、やれるのか。世の動きを注視しながら準備を進めた。授賞式中止が不可避となったら、祝賀パーティはムリとしてもセレモニーだけはなんとかやりたい、とはいえ遠隔地の受賞者の出席は可能なのか、それなら無観客で各地をネットで結べはしないか、さまざまな意見が事務局と関係諸機関のあいだで交わされた。そして国の緊急事態宣言、これはやはり授賞式は断念せざるを得ないとなったのだが、そこで実行委員会事務局長の川元茂プレスアート取締役編集局長から新たなアィディアが。いわく「来年、第3回と第4回の授賞式合同開催はどうだろう」。第3回選考委員の柳美里さん、第4回選考委員に決まったいとうせいこうさん、そして今年と来年の受賞者たち、みんな揃って祝杯を、来年がどうなるかはまだわからないけれど、きびしい今年を顧みるよろこびの場となるのを祈りたい。川元さんの提案に、瞬間、メンバーの憂いが晴れた。

この連載でも過去に触れたように、東日本大震災を乗り超えて実現した文学賞である。新たなる災害ともいえるコロナ禍に見舞われたからといって、歩みは止められない、止めたくない。震災10年の来年の春、世はどうなっているのか。不安はあるにしても、希望だけは持ち続けたい。写真は昨年第2回の授賞式だが、来春の合同授賞式を楽しみに待ちたい。

# 46

2020.4.26

# 行きそびれた写真展

ある写真展に行きそびれた。会期が4月5日までだったから、そのうちにと油断していた。そこにコロナ禍による宮城県の外出自粛要請に首都圏の、そして今度は全国の緊急事態宣言、2月下旬からやっていた写真展ではあったが、ちょっとムリだった。残念、あとの祭りである。

写真家・砂守勝巳さんは、1951年、沖縄県生まれ。お母さんは奄美大島の人、お父さんは米軍基地で働くフィリピン人だったが、砂守さんの幼少期に帰国、音信不通となる。大阪に出てプロボクサーとなり、引退して大阪写真専門学院へ。写真集『カマ・ティダ（「釜ヶ崎の太陽」の意）大阪西成』（IPC）を上梓《じょうし》してフリー・カメラマンとして暮らしながらフィリピンのお父さんを探しあて、その経緯と自らと同じく沖縄でハーフとして生まれた人たちの人生を交錯させたルポ『オキナワン・シャウト　蒼海を超えたカメラ』（筑摩書房）を刊行。1995年、写真集『漂う島　とまる水』（クレオ）により土門拳賞を受賞。雲仙普賢岳の被災地も撮影して、2009年、病没。享年57。

フリーライターだった私はその深みのあるカラー写真に魅せられて、砂守さんとタッグを組んだ。雲仙普賢岳、水俣、あるいは競走馬の故郷・北海道と各地に取材行をともにした。やがて砂守さんは沖縄に、私は仙台に拠点を移して、砂守さんの晩年には交流は途絶えた。南と北、さいごに電話で話したのは2004年だった。年齢としては私がひとまわりも下だったが、旅の空や酒の席の思い出がいまも鮮やかに蘇る。

行きそびれたのはそんな砂守さん初の回顧写真展「黙示する風景」（埼玉県東松山市「原爆の図　丸木美術館」）だった。企画したのはエッセイストの砂守かずらさん、砂守さんの娘である。父の作品をもういちど世に出そうと10年がかりで実現させた。かずらさんが送ってくれた今回の写真展図録には、砂守さんがシャッターを切るその横に私も確かにいた雲仙普賢岳被災地の写真がクローズアップされていた。

行けなくてゴメンネとかずらさんに電話した。私も知るかつての仲間たちが会場に足を運び、さまざまなメディアに取り上げられて評判も上々だったが、この時勢、東京・大阪で予定していた続いての回顧展は中止となった。それでもかずらさんは「コロナが落ち着いたらまたやります」と元気一杯、その言葉を聞きながら思いは積もって、次はかならず行くからね、砂守さん。

# 47

2020.5.3

## 風間一輝と仙台

１９９９年11月18日、仙台でひとりの小説家が世を去った。風間一輝、１９４３年、中国大陸旧満州に生まれ、イラストレーター「桜井一」としてエッセイスト「酒口風太郎」として活躍、１９８９年、風間一輝の筆名で発表した『男たちは北へ』（ハヤカワ文庫ＪＡ）で小説家に。東京から青森まで自転車で旅する男が事件に巻き込まれる、そんな物語である。鮮烈なハードボイルド（もしかして死語かな。いまならノワールか）として世に歓迎された。続いて『地図のない町』（ハヤカワ文庫ＪＡ）、『漂泊者』（角川文庫）、『されど卑しき道を』（角川書店）などなど着実に作品を発表、硬骨でありながら叙情的、そしてどこか反時代な無骨にヤサグレた風情で読者を魅了した。その作品世界をなつかしく思い出す読者も多いだろう。

風間さんが仙台に移住したのは１９９５年、同年6月の『されど卑しき道を』の献辞に「憧れの仙台へ移り住んで数カ月／本書を、この地の山河に捧ぐ」とある。縁もゆかりもない仙台になぜ移り住んだのかと訊かれると困ってしまう、なんとなく仙台へでも行ってみるかと思ったと、同書には韜晦めいた「あとがき」もあり、風間さんはやがてこの町で生を終えた。

風間さんと直にお目にかかる機会は逸したけれど、その遺品や蔵書が市内の古本屋さん〈ジェイルハウスブック〉にあると知ったのはいつだったか。足を運ぶ機会はなかったが、昨年になって〈古本あらえみし〉をオープン、同業の会合などで〈ジェイルハウスブック〉川村光貴さんと顔を合わせるようになった。風間さん没後、川村さんは奥さまから遺品整理を依頼された。風間さんの椅子はいまも古本屋のレジカウンターで使っている。蔵書はほとんど川村さんの手を離れたが、個人的に残してあった本を私に譲ってくれた。ハヤカワポケットミステリのレイモンド・チャンドラー『長いお別れ』である。見返しの余白にはかつて見慣れた「桜井一」の手書きイラスト、本文には書き込みもある（写真は仙台市若林区の〈ジェイルハウスブック〉にて）。

さらに、県内にいまもお住まいの奥さまをご紹介いただいた。春になったらお目にかかってそのお話を本欄にと思っていたところにこのご時勢である。風間さんの韜晦《とうかい》のカゲにあった仙台への思いなどいろいろとお聞きしたかったのだが、このような小説家が仙台にいた、まずはそんなお知らせのみ、奥さまの思い出話はコロナ禍が収まってからあらためてご報告させていただきたい。風間さんの本、いまやほとんど絶版だが、どこかで見かけられたら、ぜひ。

# 48

2020.5.10

# サハリンへ　読書の旅

職業柄、ずいぶんと内外に旅をした。東京を拠点に年間のかなりが旅の空だった。仙台に移って減りはしたものの、それでも取材など全国各地に出かける機会は毎月のごとくに多かったのだが、そこに新型コロナ感染拡大、いまや旅どころか「ステイホーム」である。こんなに動かないのははじめての経験といっていい。なんだか落ち着かない。

となれば、本である。読書で旅である。それもかつて行った土地の旅の記録が、紀行文がいい。「実際に行ってみたあとでは、それなりにリアリティがあるし、風景も目に浮かぶ。誰でもそうだと思うが、自分が踏んだ土地の話となると、『あそこでこんなことがあったのか！』と、胸に迫るものがある」とはノンフィクション作家・梯久美子さんの最新刊『サガレン　樺太／サハリン　境界を旅する』（角川書店）の一節だ。

梯さんといえば話題となった島尾敏雄・ミホ夫妻の足跡を追った『狂うひと　「死の棘」の妻・島尾ミホ』（新潮文庫）が記憶に新しいが、本書はかつて「サガレン」と「樺太」と呼ばれて、ロシアと日本との狭間《はざま》でいまも揺れる北辺サハリン島の旅の記録である。モチーフは林芙美子、北原白秋、宮澤賢治、アントン・チェーホフなどなど昔日の旅人たちが残した文学作品、このあたりは文学者の評伝を手がけてきた梯さんの本領発揮、さらには大宅壮一ノンフィクション賞『散るぞ悲しき　硫黄島総指揮官・栗林忠道』（新潮文庫）など戦争ノンフィクションで培った近代史への視線もまた光る。

知り合って既に10年余り、梯さんとは北海道札幌市で育った同世代、おとなり「樺太」に寄せる北海道人のあこがれもなつかしい。実は私も梯さん以前にサハリンを旅している。熊谷達也さんとの『氷結の森』（集英社文庫）極東ロシア取材行だった。梯さんに資料・情報を提供したりもして、本書は私にとって、まるで読みながらのサハリン再訪である（熊谷さんの旅の記録は荒蝦夷『熊谷達也　シベリア〜サハリン　極東ロシア3000キロをゆく』に詳しい）。

さらにこんな一節もあった。「見知らぬ土地で偶然に出会うさまざまなものたち（中略）に、つかのまであれ救われ、力をもらうのが旅というものだ」。「ステイホーム」のいまだからこそ、非日常の旅の空が記憶にあざやかによみがえる。ウイルスが断ち切ったのは日常だけではない。やがて、また旅へ。その日を祈るのは私だけではあるまい。

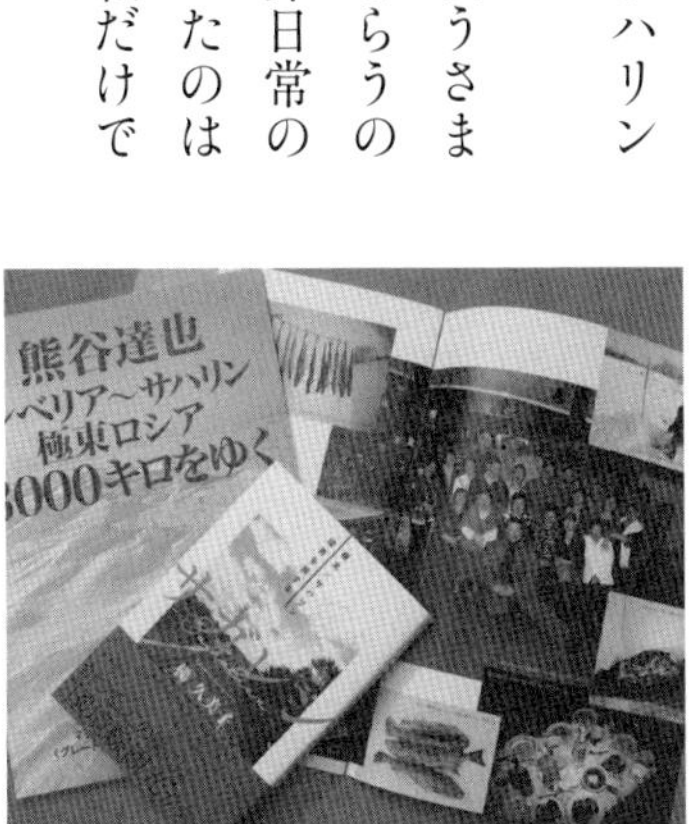

# 49

2020.5.17

# ステイホームに探偵小説

　本紙夕刊一面「いぎなり仙台」欄にちょっと前まで掲載されていたコロナ禍で休校中の子供たちにおススメ本を紹介する「巡る春　この本読むべ！」シリーズ、その栄えある第1回に登板させていただいた。私が取り上げたのはアガサ・クリスティー『オリエント急行の殺人』。早川書房が児童向けの完訳を謳ってスタートした「ハヤカワ・ジュニア・ミステリ」第1弾である。完訳とあって、大人の再読にも耐えるなかなかの1冊ではあるのだが、どうしてこれをと問われれば、本格探偵小説、それも両大戦間のいわゆる黄金時代の古典が大好きなのである。

　同世代の本好きには共通体験、まずは学校の図書室のポプラ社など児童向けのシャーロック・ホームズに怪盗ルパンに少年探偵団、夢中になって完全読破を果たして大人向けの文庫本に手を伸ばす。翻訳なら創元推理文庫にハヤカワミステリ文庫（創刊は中学2年生。表紙カバーのかっこよさにシビれました）、背の黒も禍々しい横溝正史の角川文庫の吸引力もスゴかった。やがて新作も読めば、ハードボイルドや冒険小説に惹かれたりもしたが、中年に至ってまるで鮭の母川回帰、黄金時代の探偵小説にあらためてハマっている。

コロナ禍の「ステイホーム」でも再読したり、未読作を次々と読破、実はいま編集渦中の新刊（仙台在住の探偵小説研究家・真田啓介さんの評論集『古典探偵小説の愉しみ』全2巻。6月刊行予定。ちなみに写真は真田さんの蔵書です）の関係もあるのだが、それにしてもなぜこんなに好きなのか面白いのか、考えさせられた。事件が起こる。名探偵や迷探偵が知性と理性を駆使、犯人のめぐらせた計略を看破、ラストは関係者一同を前に快刀乱麻に謎を解き、かくて事件は解決する。犯人にもそれなりの事情があったりしてそこはドラマだが、理路整然と謎が解き明かされる瞬間の醍醐味がたまらない。探偵小説史に残る傑作ともなると、その解明の論理が美しくさえあって、幾度も読み返して飽きない。

むろん、ファンタジーではある。私たちの人生、事件といわずいかにささいな謎であれ、すっきりさっぱりと解けたりはしない。混迷は深まるばかりなのだが、だからこそ紙上であざやかに解かれる事件の謎が読者を魅了する。いまや人類共通の〈謎〉新型コロナ・ウイルスにおびやかされる日々である。この巨大な謎の解明はいつになるのか。探偵小説の頁を繰りながら、そんな思いに駆られる「ステイホーム」の夜である。

# 50

2020.5.24

## 災厄の記憶と文学

記念すべき50回に、最近のこの連載を読み返してみた。3月に入って以来およそ3か月、今回を含めて12回になんらかのかたちでコロナ禍に触れたのは9回もあって、コロナの日々、いやはやである。実は4月は我ら〈古本あらえみし〉のオープン1周年、スタッフ一同、記念イベントをあれやこれやと種々雑多にいろいろと企んでいた。そこにコロナ禍、すべて吹き飛んだ。さらに緊急事態宣言に休業要請、駅東口路地裏1号店も2号店もともに休業、新米古本屋、オープン記念どころか混乱の渦に巻き込まれた。看板を仕舞ったままに17日間の休業の末、なんとか営業再開したけれど、感染対策などもあって休業よりも再開が大変と、これが実感ではある。

ウイルスに翻弄されるそんな日々なのだが、家に籠もって、さて、なにをしよう。テレビはコロナばかりで気が滅入る。映画や音楽の配信ばかりも飽きる。本でも読もうかなと、そう思ったのは私だけではなかったようである。アルベール・カミュ『ペスト』（新潮文庫）の100万部突破は、時節柄とはいえ、既に世紀を超えて20年、まさかのカミュのベストセラーに文学の底力を見せつけられて、本を生業とする私たちには頼もしい。ほかにもダニエル・デフォー『ペストの記憶』（研究社）、ボッカッチョ『デカメロン』（河出文庫）、小松左京『復活の日』（角川文庫）、篠田節子『夏の災厄』（角川文庫）などなど、あるいはウイルスか否かを問わなくとも「感染の恐怖」をベースとした古典からSF、ホラーまでさまざまな文学が枚挙にいとまないほど取りざたされ、話題となった。

意識はしていなかったが、こうなって見れば「感染の恐怖」は古来から文学の大きなテーマだったのか、あるいは人類の本能に根ざした「感染の恐怖」こそがこれら文学を生んだのか。平和な日々には隠れて見えなかった、そんな「感染の文学史」があるのかもしれない。同じ発見を、

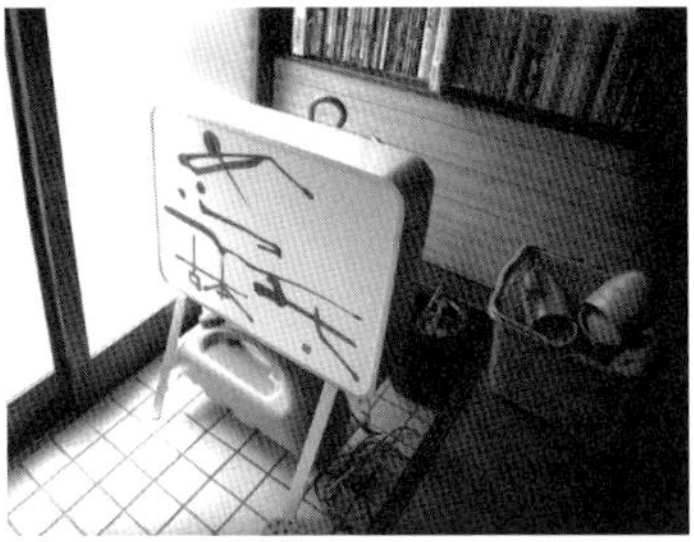

私たちは東日本大震災でも経験した。柳田国男『遠野物語』（新潮文庫など）、寺田寅彦『津波と人間』（中公文庫など）、小泉八雲「生ける神（稲むらの火）」といった、いわば「津波の文学史」である。「あの日」を眼前によみがえらせて、深々と理解する。そんな読書体験だった。

どうやら、巨大災害や社会不安、動乱と災厄に直面して、人は文学に、本に、活字になにかを求める。過去の記録が文学の記憶が「故《ふる》きを温《たず》ねて新しきを知る」に繋がり、いまここにある危機を乗り切る知恵となる。その知恵は本の頁に眠っている。

# 51

2020.5.31

# 伝説の郷土作家　佐左木俊郎

　仙台文学館で待望の企画展「作家・編集者　佐佐木俊郎　農村と都市　昭和モダンの中で」がはじまった。４月末からの予定が、コロナ禍による仙台文学館休館により5月第4週のスタートとなった。オープン遅延の結果として日程の短縮やむなし、と関係者一同が覚悟したが、８月２日までの会期延長が決まった。夭逝《ようせい》忘却の郷土作家、生誕１２０年記念、なんとかみなさんにご覧いただけそうである。

　佐左木は１９００年に、現在の宮城県大崎市に生まれた。北海道放浪を経て、上京。日本大学などで学びながら文学者を志して職を転々、作品がようやく新潮社の雑誌に採用されて小説家として認められるとともに、同社に編集者として入社、二足の草鞋《わらじ》で活躍した。その作品は映画化もされて、川端康成は小説家としての佐左木を「骨の髄まで農民作家」と評した。宮城県北を舞台とした出世作「黒い地帯」をはじめとした東北農民の現実を描く作品群に対する評価である。編集者としての佐佐木は勃興の探偵文壇に接近、担当誌面に探偵小説を掲載しながら、自らも『新青年』（博文館）などに作品を発表する。日本初の書き下ろし探偵小説全集「新作探偵小説全集」を企画編集して、自作『狼群』の筆も執るが、全集完結目前の１９３３年、病没。享年32。江戸川乱歩は「佐左木君を、今失ったことは、探偵小説界だけから見ても、実に大きな損失である」と、その死を悼んだ。

早すぎる死に、佐左木の存在は忘れ去られ、作品に触れるのも困難な日が続いた。このまま埋もれさせるにはなんとも惜しい。「いつかは郷土作家発掘の作品集を」と企んで、佐左木家の類縁である竹中英俊北海道大学出版会相談役と「やりましょう」と盛り上がって、竹中さんと私が編を担った作品集全２巻の刊行が論創社から決まり、２年前から資料調査をはじめた。仙台文学館の資料に『ドグラ・マグラ』夢野久作の佐左木宛て書簡を発見、話題となった経緯はかつてこの欄でも触れた（この書簡と、そこに触れられた夢野が佐佐木に贈った「雀の画帳」が、ともに今回、初公開となった）。

編集者にとって、忘れられた作家の発掘はいつも刺激的に楽しい。宮城県に１２０年前に生まれ、若くして世を去った幻の作家の足跡、この機会に仙台文学館にぜひお運びいただきたい。佐左木俊郎作品集も間もなくの刊行が予定されている。

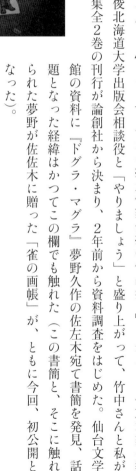

# 52

2020.6.7

## 「探偵小説」評論の名手

真田啓介さんの名を知ったのはいつだったか。架蔵の本をひっくり返すと1994年の翻訳英国ミステリの巻末解説にその名がある。海外ミステリ好きならご存じか、1990年代にはじまっていまに至るクラシック・ミステリ・ルネサンス、その初期の一冊だ。この本、いつどこで買ったのか記憶にない。なにせ四半世紀余り前である。次々と翻訳される海外の傑作古典ミステリに歓喜興奮、夢中になって読んでいたから、いずれそのころ解説巧者としての真田さんの名を記憶に刻んだ。単なる解説を超えた堂々と切れ味鋭い本格的な文芸評論、世のマニアを唸《うな》らせて、真田評論は斯界の革命だった。

その真田さんが仙台人と知ったのは、あれは確か2006年、米軍占領下の仙台を舞台とした高城高さん『X橋付近　高城高ハードボイルド傑作選』（荒蝦夷）、文芸評論家・池上冬樹さんを司会に高城さんと逢坂剛さんをお招きしたその刊行記念トークイベントの打ち上げの席だった。「真田啓介って知ってる?」と菊池雅人さん（現仙台市広瀬図書館長）に声をかけられた。菊池さんは1980年代の仙台、伝説のミステリ同人誌『謎謎』のメンバー、真田さんもその一員で、本職は仙台市職員、評論活動はあくまで趣味の領域と知った。「あの真田啓介が仙台に、これはウチにも原稿を」とさっそく連絡したのだが、残念、真田さんはワケあって断筆中だった。

東日本大震災を経て、再会。真田さんはふたたび評論の筆を執ってはいたが、混乱の日々、私たちと仕事で結ばれるタイミングはなかなか来なかった。やがて真田さんは定年退職、読書会「せんだい探偵小説お茶会」に関わり、ひょんなことからその活動に我ら〈古本あらえみし〉も接して、交流が本格化、やがて「真田評論の集大成を」と盛り上がった末に、題して『真田啓介ミステリ論集　古典探偵小説の愉しみ』全2巻がこの12日に〈荒蝦夷〉から刊行の運びとなった。

四半世紀を超える評論活動、真田さんが解説を寄せた本だけでも写真の通りかなりあって、結局、総計およそ1000ページの大冊となった。日本におけるクラシック・ミステリ・ルネサンス30年史の証言として、ビギナーにもマニアにも楽しんでいただけるはずと、関係者一同確信するところだが、それにしてもかつて読者として親しんだ著者の、しかも個人的にもマニアなジャンルの本を世に送る、これぞ本作りの醍醐味、なんとも編集者冥利ではある。見かけられたら、ぜひ。

# 53

2020.6.14

## 糖尿病小説が読みたい

前回と前々回で触れたが、佐左木俊郎の探偵小説選と真田啓介さんのミステリ論集を編んでいる。どちらも仙台ゆかりの古典探偵小説の本、私には趣味のジャンルだけに、編集作業は刺激的に楽しいのだが、なにせいずれも上下2巻の大冊、4冊〆ておよそ1600ページにも及ぶゲラ（印刷前の試し刷り）に目を通すだけで大仕事、さらにおまけに目の具合がよくない。

昨年3月、糖尿病の宣告を受けた。筋金入りの糖尿病家系、いつかは自分もと覚悟はしていた。食事制限と投薬治療でコトなきを得ているのだが、目に合併症、糖尿病網膜症である。こちらもレーザー治療などで大事なかったところにこの5月、右目が眼底出血、視界朦朧《もうろう》、誤字脱字の見逃しも普段に増して頻発、しばしの投薬で回復はしたものの、やれやれトシである。

なんだか本を読んでいても病気の記述が気にかかるようになった。それも生死に関わる大病ではなく、慢性病の日常に目が行く。そうか、自分はいまそんな物語を求めているのだなと歴史書・医学書・哲学書から闘病記と手に取って、いずれもどうもピンと来ない。文学でいえば伝統の肺結核サナトリウム小説（堀辰雄『風立ちぬ』新潮文庫など）やハンセン病（北條民雄『いのちの初夜』角川文庫など）などがあるが、どうもいじましくズッコケ気味の我が闘病には高級すぎる。

ぐっと親しく感じたのは内田百閒の一連の日記文学だった。百鬼園先生、不整脈にお悩みで、症状が出るとすぐに馴染みの医院に駆け込む。日々の脈拍血圧に一喜一憂、血糖値も気にしておられる。ことあるごとに頼られるお医者さんも大変だったろうなあと、実は私も不整脈持ち、百鬼園先生の日常を読みながらクスリほっこりである。

文学に出て来る病い、ふと見渡すと枚挙にいとまなし。なるほど大きなテーマとはわかっていたが、自ら病いを得てみれば、読みもひときわ切実、けれども個別の病いではなく横断的に病いと文学を語る本がなかなかない。本屋さんでやっと探しあてたのが石塚久郎監訳『病短編小説集』（平凡社ライブラリー）。「消耗病・結核」「ハンセン病」「梅毒」「癌」「心臓病」「皮膚病」と、章立てからしていきなりに、英米作家の病気をテーマとした短編がずらり、これがやたらしっくりおもしろい。読み終えて「糖尿病」がないのがふとさびしい。誰か『糖尿病小説傑作選』を編んではくれないものか。え、自分でやれって。イヤです。

# 54

2020.6.21

# フィールドワークされてみた

ワタナベくんに「卒業論文のテーマに小出版社の現状を取り上げたい」と連絡もらったのは一昨年だった。このテの問い合わせ、初めてではない。以前は全国の〈ふるさと怪談〉を卒論に取り上げた琉球大学の学生さんがいた。怪談伝承を通じてその土地ならではの特色を知ったり、あるいは地域活性に繋げたり、そんな〈ふるさと怪談〉ムーブメントが全国で盛んなのだが、実はこの先鞭《せんべん》は2010年に〈東北学〉赤坂憲雄さんや文芸評論家・東雅夫さんらと私たちが立ち上げた「みちのく怪談プロジェクト」だった。だが、なにせ相手は沖縄、電話やメールで受け応え、あるいは各種資料を送ったところ、後日、書き上げた立派な卒論を送ってくれた。

ワタナベくんは筑波大学で文化人類学を学んでいた。小出版社をテーマに卒論を書くにあたって、まずは生まれ故郷は仙台の〈荒蝦夷〉にやって来た彼にあれやこれやと伝えたところ、さらに連絡が。担当教授に「インタビューだけじゃダメだ、ちゃんとフィールドワークせよ」と命じられたとのこと、結果、私たちは1か月にわたって彼の「調査対象」となった。なんのことはない、私たちには臨時のアルバイトである。日々どのように仕事をしているのか、一緒に働いてもらいながら、せっかくだから印刷所の見学やら取材の同行やら、いろいろと場も設けた。

気になったのは文化人類学、私もかつて武蔵野美術大学で文化人類学を講じていた探検家・関野吉晴さんの本を編んだ。北アフリカや中米、極東ロシアなど、関野さんの現地取材にも同行、僻遠の地に暮らす人たちの暮らしの調査報告、文化人類学にはそんなイメージがある。その調査対象に私たちと、こはいかに。にしても、この活字離れの世にあって出版に興味を持ってくれる若者の存在はなによりだから、ま、いいか。

ワタナベくん、この春からふるさと仙台は東北大学の大学院に進学、帰郷あいさつを兼ねて持参の卒論のコピーを読んでびっくり、地域の小出版社の現状が、第三者の目線できっちりと分析されている。え、オレたち、こんなことしてたんだっけと、調査対象たる私たちがあらためて思い知らされて、いやはやなんとも面映くも新鮮ではあったのだが、こちらとてただ調査されるだけではない。仙台に帰郷のワタナベくんに「それじゃあ」とばかりにアルバイトを持ちかけて、若い労働力を首尾よくゲット、なにしろ山なす本をあっちこっちへ運ぶのがツラいアラ還、転んでもタダでは起きない〈荒蝦夷〉である。

# 55

2020.6.28

# 「本未満」の本たち

読めない本、売られない本がある。

たとえば、束見本。「ツカミホン」と読む。カバーも表紙もある。見返しやトビラもある。ページもしっかり揃っている。ないのは、活字（いまはデジタルなので実は「活字」ではないのだが、まあ、ここでは便宜上）だけである。だから、カバーも表紙も本文もまっさらの白紙、なにもない。まさに「読めない本」である。これはなにかといえば、実際に本を印刷する前に、仕上がりがどのようになるのかを確認するための「見本」だ。本番と同じ紙を使っているから、持ち重りや手触りなど「束」の具合がよくわかる。印刷会社に作ってもらって、なるほどこれならだいじょうぶと確かめる。

あるいはプルーフ。こちらは文字がある。本番さながら本文が印刷されている。簡易な仮製本、表紙にストーリーや内容紹介や著者紹介があったりする。だが、多くは「非売品」とか「○月○日刊行予定」と記されており、さらに「本書は校了前のデータによる限定見本です。刊行前に内容が変わる可能性がありますので、引用はご遠慮ください」などと注記があって、これはなにかといえば、たとえば評論家や本屋さんに「こんな本が出ますよ、読んでみてください、ご期待ください」の見本なのである（ちなみにプルーフとは英語で「校正刷り＝ゲラ」だから、製本したゲラといってもいい）。刊行直前にちょっとだけ作って配布するのだが、なんでもかんでもというわけではない。プルーフが作られるのは、その出版社に取っての自信作、イチオシ、それだけにプルーフで事前宣伝、さらに評論家に早く読んでもらえれば書評などの掲載もスピーディと、そんな計算もあっての「売られない本」なのである。

いずれも、完成して本屋さんに並んで読者の目に触れる前の段階にある本といっていいかもしれない。本が世に出る前にかけられる手間と暇といったところか。だが、これら読めない売られない本未満の本たち、その存在がちょっと不憫《ふびん》だったりもして、こんな本もあるとお知らせしながら、実は束見本はノートにも使えるぞと思ったら、そういえば本屋さんで文庫サイズのいわば疑似束見本を商品化、手帳として売っているのをご存知のみなさんもいるかもしれない。機会があればお手に取って、ぜひ。

# 56

2020.7.5

# 本の運命

古本屋だから古い本はたくさんある。いや、私の場合は古本屋だからだけではない。編集者だから、あるいは出版人だから、古い本にずっと接してきた。雑誌にしろ書籍にしろ、なにか新しい企画を思い立ったら、まずは古本に古雑誌である。そもそもホントに独創的な企画などそうそうあるものではない。過去の同傾向の企画を探して、参考資料とする。かつてこんな企画があったのか、そんなテがあったか、この切り口はいままでにないぞ、それじゃあこれなら新しくなるなと楽しみながら比較検討、発想にミガキをかけて温故知新、古本こそが宝の山なのだ。

東京で仕事をしてなるほどと思わせられたのは、神保町の役割である。もちろん古本屋さんひしめく「本の町」なのだが、だけでなく大小の出版社が軒を並べる「本の町」でもあって、全国から集まる古本趣味の猛者と新刊の資料やヒントやネタを探索する編集者が踵《きびす》を接して闊歩《かっぽ》する。とすれば、神保町はまるで巨大な書庫そのものといっていい。付言すれば、実は本には「古」も「新」もない。はじめて手に取る読者には、その本は常に新しい。

それではいまウチにはどれくらい古い本があるか。〈古本あらえみし〉の棚や私の書架をざっと眺めれば、明治末から、大正・昭和戦前の本や雑誌がそれなりにある。明治末・大正となるとおよそ1世紀前の「新刊」である。だいたいこのあたりがいま私が気軽に手に取れる古い本となるが、さすがに１００年を超えた本はなんとか読めるにしてもかなり劣化が激しい。

雑誌はさておき、文豪の作品ともなれば、いまや文庫で読める、全集やアンソロジーにもある。だから作品そのものに希少価値があるわけではないのだが、編集者として出版人としてふとこれらの本の頁をめくる日がある。１００年前の同業者はどのような気持ちでこの本を編んだのか。本屋さんではどのようにこの本を売ったのか、紙屋さんや印刷会社、製本業者はどうやってこの本を作ったのか。どんな読者がこの本を買って、そしてどんな経緯をたどっていまここにあるのか。いくら想像をめぐらせてもわかりはしない。ただ、世紀を目撃した本たちなのは確かである。

さて、私たち〈荒蝦夷〉の本はどうか。東日本大震災を経てコロナ禍のいま、私たちが編む本は、１００年後の読者に届くか、届いてなにを伝えるか。そしてそのころ、私もみなさんもすでにこの世にはいない。本の運命は人の一生を超えて続く。

# 57

2020.7.12

# 地域の作家・作品　再発見

江戸川乱歩がデビューしたり、由利先生シリーズがドラマ化されて話題の横溝正史が編集長を務めたりと、日本の探偵小説史を語る上で欠かせない雑誌『新青年』（博文館）が1920年に創刊されてから今年で100年である。1950年に終刊してからも傑作集が編まれたり、あるいはさまざまに論じられて1世紀、その研究の牙城『新青年』研究会編『「新青年」趣味』の20号も特集は「創刊100年」である。パラパラとページをめくって「おやっ」と手が止まった。同誌所収の井川理論考「『実話』のポリティクス」によると、戦前の探偵作家・甲賀三郎の実録犯罪小説「支倉事件」に登場する能勢弁護士、現実の事件で弁護を担当したのは石巻が生んだ人権派弁護士として知られる布施辰治だったとある。「支倉事件」は読んだ（創元推理文庫『日本探偵小説全集1』に収録）。おもしろかった。だが、モデルが布施とは知らなかった。もういちど読んでみなければと、書架から取り出したところである。

地域の出版人としては、東北に、宮城に、仙台に縁ある作家や作品はやはり気になる。彼ら彼女たちはここに生まれ育って、あるいは暮らして旅して、なにを見たか感じたか、そしてどのように描いたか。読者として楽しみたいと同時に、世紀を超えたともなれば作品そのものがある種の歴史の証言と、そんな職業意識も働いて、関係する記述にぶつかるとここぞと反応してしまう。

高城高さんは1979年の刊行の『「宝石」傑作選集V　天球を翔ける』（角川文庫）収録の「ラ・クカラチャ」で知った。米軍占領下の仙台を舞台としたハードボイルド、こんな小説を書いた作家がいるのかと、古本や古雑誌を漁っては読み続け、やがて筆を折っていたご本人を探しあて『X橋付近　高城高ハードボイルド傑作選』を刊行したのは2005年だった。杉村顕道の場合は、紀田順一郎編の双葉社『現代怪談傑作集』収録「白鷺の東庵」がはじめてだったか。

1981年の本である。著者紹介に宮城の人とあって、これまた古本屋めぐり、遺族の了解を得て『杉村顕道怪談全集　彩雨亭鬼談』（荒蝦夷）の刊行は2010年、こちらはなんと30年ほどが経っていた。

埋もれた作家や作品の発掘は時間がかかっても古くならない。なにせ、最初から古いのである。発掘はその古さを新鮮さに変えて、そしてそれはまた地域文化の再発見でもある。とすれば地域の出版人の仕事そのものといえば聞こえはいいが、こんな作家がいたよ、こんな作品があるよと読者に伝えたい、ただそれだけ、同好のみなさんにはわかっていただけようか。

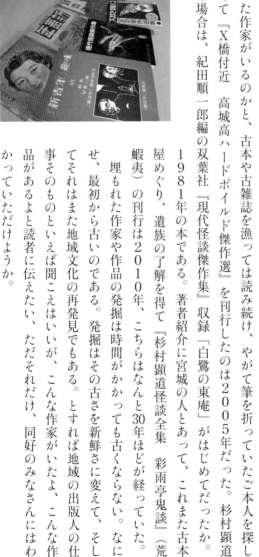

# 58

2020.7.19

## 新しい波「同人出版」

なかなか普通の本屋さんでは見かけない本がある。まずは同人誌・記念誌、あるいは自費出版や私家版の本などである。同人仲間や仕事仲間、親戚・友人・知人に配布されたり、図書館などに寄贈されたりして、ちょっとは本屋さんに並んだりもするけれど、多くは流通にも乗らないいまま、一般の目に触れる機会もあまりないままに、いつの間にか消えている。なかには資料として重要なものもあったりして、あとで手に入れようとして苦労したりもする。

これらはほとんどがその本を出した個人の作品や回想録とか郷土資料であったりする場合が多いが、近年、ちょっと傾向の違ったものが増えている。「同人出版」と呼ばれる一連の本である。たとえば、絶版になってしまって読めない本がある。図書館にもなければ、古書市場にも出まわらない。出版社が復刊しても売れるような本ではない。だが、趣味であれ資料としてであれ、少ないながらも読みたい人たちはいる。そんな誰かが音頭をとって復刊する。

あるいは海外の文学作品。マイナーな古典、翻訳されない、読めない。マニアライクに読者が限られて、出版社は刊行に二の足を踏む。そこにそれを翻訳する有志や具眼の士があらわれて、

自ら本にする。なかにはプロの翻訳家もいる。「出版社で企画が通らないなら自分で出してしまえ」というわけである。こうなると内容的には商業出版に変わらない。むしろ出版不況の空隙を補完する、業界のニュー・ウェーブといっていい。

いずれもがネット上で同好の読者に予約購読を呼びかけて通信販売され、コミケや文学フリマで即売され、古本屋さんやセレクト・ショップなど特定の本屋さんにのみ並ぶ。マニア向けだけに、そこそこ高価にも関わらず予約完売もままあって、手に入れられずに切歯扼腕《せっしやくわん》なんてコトにもなるから好きモノは気が抜けない。さらに最近は電子書籍である。いよいよ状況は複雑に混沌と、にしても、さまざまな事情で読めなかった本たちが世に出るのは楽しくもありがたい。我が病膏肓《やまいこうこう》の古典探偵小説や幻想文学のジャンルでもこの動きは活発で、さきがけとなった東京・西荻窪の古本屋さん〈盛林堂〉が手がける「盛林堂ミステリアス文庫」などは〈古本あらえみし〉にも並んでいる。どんなものやらご興味あれば、手に取ってご覧いただきたい。

# 59

2020.7.26

# マエストロよ、永遠に

エンニオ・モリコーネの音楽を映画館の暗闇ではじめて聴いたのは1975年、私は中学生だった。そのころ盛んにテレビでマカロニ・ウエスタンが放映されていたから『荒野の用心棒』や『夕陽のガンマン』はすでに観ていた。モリコーネの「さすらいの口笛」などあの独特のテーマ曲にシビレた。だが、マカロニ全盛期は終わっていた。映画館の大スクリーンで観たくても聴きたくても新作の公開どころか2番館や3番館での上映も終了、テレビ放映に頼るしかなかった。

そこに、この年、久々の新作『ミスター・ノーボディ』が公開されたのだ。監督はトニーノ・ヴァレリー、製作は「マカロニの神さま」セルジオ・レオーネ、引退を決意したスゴ腕のガンマン（ヘンリー・フォンダ）とそのあとがまを狙う若者（テレンス・ヒル）のダイナミックでコミカルでちょっぴりほろ苦いマカロニ・ブームの掉尾《ちょうび》を飾る逸品、音楽はもちろんモリコーネである。

レオーネの1968年監督作にして映画史に残る伝説的傑作『ウエスタン』のリバイバルも1975年だった。敵役のガンマンにフォンダ、復讐者にチャールズ・ブロンソン、中学生にして新旧のマカロニ伝説を映画館で目撃、レオーネのスタリッシュな映像とモリコーネの音楽にこの俳優陣とあれば、これはもうトラウマものの映画体験、あの銀幕の衝撃は忘れ難い。そしてモリコーネの音楽は、いまも私の仕事場のBGM、いつの間にやら名曲選CDが7枚、オーケストラを率いるモリコーネのユーチューブ映像もお気に入りなのだが、その訃報である。2020年7月6日没、享年91。『続・夕陽のガンマン』に関する昨年公開のドキュメンタリー映画『サッド・ヒルを掘り返せ』で取材を受ける姿を見てはいたにしろ、まずは大往生、マエストロよ、永遠に。

さて、モリコーネを知るには生前のインタビューをまとめた『エンニオ・モリコーネ、自身を語る』(河出書房新社)と東京エンニオ・モリコーネ研究所『エンニオ・モリコーネ映画大全』(洋泉社)の2冊があってと、ここまで書いたところでニュースが。「フォーラム仙台」で「追悼特集　映画音楽作曲家エンニオ・モリコーネ」である。モリコーネが音楽を作曲した映画の特集上映、あの『ウエスタン』も原題『ワンス・アポン・ア・タイム・イン・ザ・ウェスト』としてラインナップ、実はこの映画、このあいだリバイバル公開されたばかりなのだが、年に2回もスクリーンで観られるとは、天国のマエストロからの贈り物か。映画館の暗闇で堪能したい。

# 60

2020.8.2

# 生誕120年に編集者結集

いままでにどれくらい本を作ってきたか。我ら〈荒蝦夷〉印の本でおよそ100冊余り、ほかに私たちが編集制作を担当して東京の出版社と共同作業で作り上げた本たち、これにさらにかつてフリー編集者として手がけたものまで含めれば、300冊くらいには関わったか。30年以上も編集をやっていれば、こんなところだろう。それぞれに編集制作の思い出があったハズなのに、残念、大半がいまや忘却のかなた、ときおり本棚から過去に作った本を取り出して、そういえばこんな本を作ったな、あんな本もあったななんてテイタラク、いかんいかん、初心忘るべからずである。

私たち〈荒蝦夷〉の本はいわば家内制手工業、小規模なスタッフの手作り感あふれる本作りで、ならではの満足感と充実感があるのだが、外部との共同作業、たとえば東京の出版社との本作りは、編集制作から印刷営業まで、なかなかに規模が大きい。手許の編集作業そのものはいつも通りにしても、一冊の本をめぐってそれぞれのスタッフとの「こんなデザインはどうだろう」とか「こうすればもっと売れるのでは」とアイディアのツバ迫り合いも刺激的なら、顔も知らぬ印刷や営業チームがどこかで同じような議論や思案を凝らしていると思えばその緊張感もあって、これもまたやはり本作りの醍醐味である。ホントに本とは人が作るモノなのである。

ちょっとおもしろい本作りをした。第1巻が刊行されたばかりの『佐左木俊郎探偵小説選』全2巻（論創社）である。仙台文学館の生誕120年記念特別展「作家・編集者　佐左木俊郎　農村と都市　昭和モダンの中で」は本欄でもご紹介したが（おっと、今日までだ！）、その佐左木の作品集である。なにがおもしろかったかというと、編集者勢揃いの本作りだったのである。

まずは「論創海外ミステリ」や「論創ミステリ叢書《そうしょ》」などミステリ・探偵小説の雄たる論創社からは黒田明さん40歳、佐左木俊郎の縁者にして本選集編者のひとり竹中英俊さん68歳は東京大学出版会常務理事・編集局長を経て現在は北海道大学出版会相談役（大崎市のお生まれ）、そしてかくいう私58歳がもうひとりの編者を務めて編集にあたり、さらになにより生誕120年の佐左木その人が作家でありながら新潮社の編集者だったわけで、現役編集者と昭和戦前の編集者が合わせて4人のまるで共同作業、そんな幸せな本となった。天国の佐左木もびっくりか。宮城が生んだまぼろしの作家の作品集、お楽しみいただければ。さて、また本を作ってしまった。

# 61

2020.8.9

# 強靭な歌詞の力

ブルース・スプリングスティーンの音楽をモチーフにした映画を立て続けに観た。同世代なら誰もが知る米ロック・ミュージシャンかと思うが、いまやその名を知らない若者も多いらしい。私もいちど「それ、誰ですか」と問い返されて絶句した。まあ、そうかもね。私がはじめてスプリングスティーンを知ったのははるか1978年のアルバム『闇に吠える街』、1980年代に日本でも大人気となったとはいえ、以後はヒットチャートをにぎわすこともなく、来日も3回だけ（私も見た！）、欧米ではいまもトップクラスの実力派ではあるものの、いたしかたないか。

さて、そんなスプリングスティーンの映画、まずは『カセットテープ・ダイアリーズ』だ。原作はパキスタンからの移民としてイギリスで育ったジャーナリストの回想で、まさに1980年代の物語、スプリングスティーンの音楽に夢中になった日々を描く。移民排斥デモとぶつかったり、路上でツバをはきかけられたり、どうやら学校の成績はよくてもさまざまな差別を受けざるを得ない。家庭のアジア的価値観と自らが育った西欧的価値観の衝突もある。そんな主人公がスプリングスティーンの音楽に出会ってアイデンティティーに目覚め、大人への階段を上りはじめる。なかなかにシビアなテーマをはらみながら随所にスプリングスティーンの音楽が流れ、軽妙なタッチの青春映画にしてさながらロック・ミュージカル、おじさん、大満足である。

そして『サンダーロード』はアメリカの若手監督の作、スプリングスティーンの名曲「サンダーロード」が大好きだった母の死、別居中の妻と娘の親権をめぐって係争中、仕事も上手くいかず、親友とも決裂、踏んだり蹴ったり。そんな主人公の再生を苦っぽいユーモアを込めて追った小品である。スプリングスティーンの音楽そのものは流れない。けれども「サンダーロード」が通奏低音、幼い娘に再起を誓いながら、このセリフはなんだ、あの歌みたいじゃないかと呟く。

どちらの作品もスプリングスティーンのファンなら深く納得の物語なのだが、映画によって知らされたのはそのことば（歌詞だから、詩かな）のいまさらながらの強靭《きょうじん》さだ。前者の場合、歌詞がそのままセリフに転じる場面など、歌詞がまるで物語のために書かれたかのごとく、このあたりの感覚、ここでは伝えきれないが、そのことばの力の源泉にご興味あれば、１９７３年から２０１２年のインタビューをまとめた『都会で聖者になるのはたいへんだ』（スペースシャワーブックス）と自伝『ボーン・トゥ・ラン』（早川書房）が最適か。聴いてから読むか、読んでから聴くか。お試しあれ。

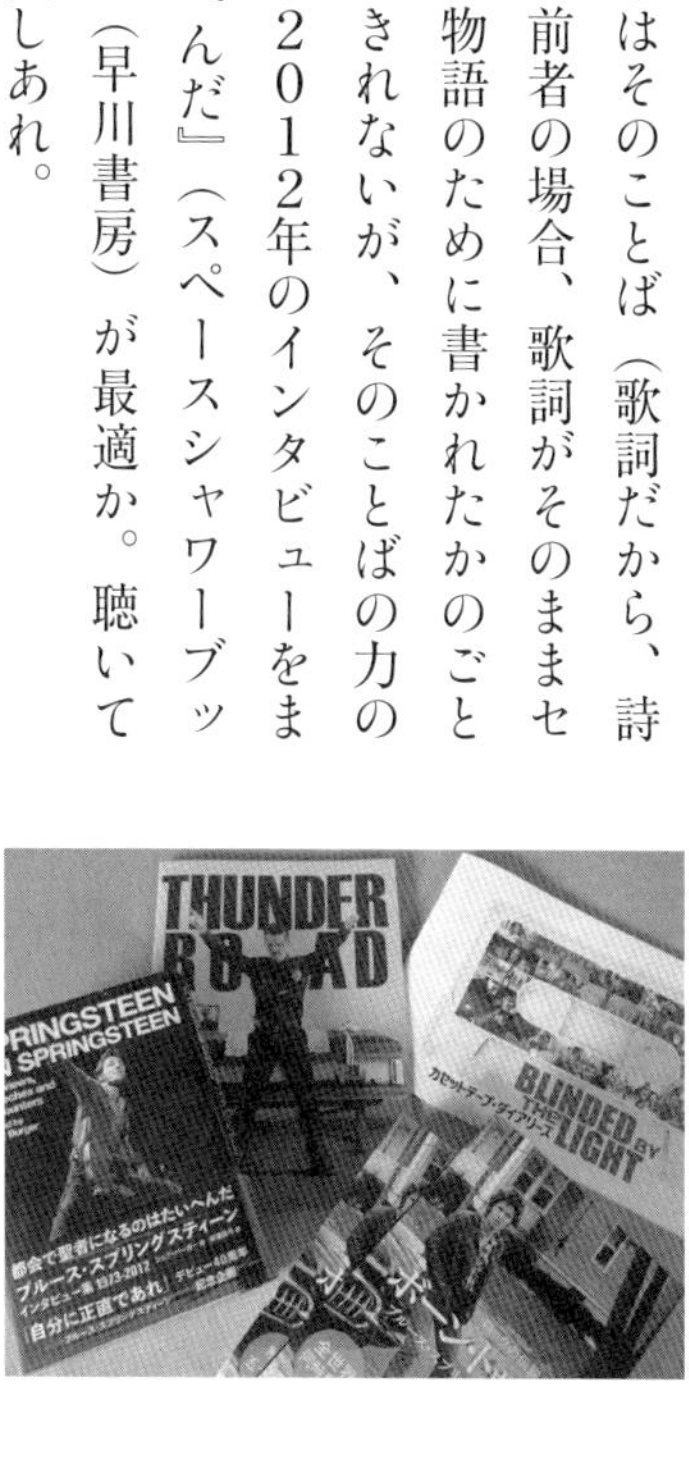

# 62

2020.8.16

## 戦犯となった学徒兵

毎年この季節になると思い出す人物がいる。書いたこともない、あまり話してもいない。いちどくらいは書いておきたい。田口泰正。亡父の従兄《いとこ》、私には従伯父《いとこおじ》とやらにあたる。昭和18年12月、21歳で学徒出陣、沖縄県石垣島警備隊に配属の昭和20年4月15日、撃墜米軍機の生存搭乗員3人の処刑を司令官から同僚ふたりとともに命じられる。命令ではあっても不法行為と、戦後復学中の昭和22年にGHQにより逮捕、米軍捕虜殺害「石垣島事件」のBC級戦犯として死刑判決、関係者の助命嘆願もむなしく、昭和25年4月7日、巣鴨プリズンで絞首刑となった。享年27。

戦後生まれの私はもちろんこの従伯父に会ってはいない。ただ、子供のころから親族の集まりなどで悲しく語られるのは聞いていた。やがて、学徒出陣唯一の国内戦犯として、学徒出陣の悲劇を象徴する存在として、さまざまにメディアに取り上げられるようになった。たとえば森口豁『最後の学徒兵　BC級戦犯・田口泰正の悲劇』（講談社文庫）があり、巣鴨遺書編纂《へんさん》会『世紀の遺書』（講談社）、上坂冬子『巣鴨プリズン13号鉄扉』（新潮文庫）、島尾敏雄『震洋発進』（潮出版社）、あるいは梯久美子『百年の手紙　日本人が遺した言葉』（岩波新書）などにもその名がある。

　従兄との思い出を、時折に父は語った。鉄道駅で米軍機の機銃掃射を受けて、ふたりで列車の床下に逃れた、そんな話もあった。投獄下から父へ宛てた手紙も見た。処刑されたら家族を頼むとあった。ＧＨＱ検閲済みのゴム印が生々しかった。森口さんの手になる田口の人生を追ったドキュメンタリー番組が深夜に放送となった日、父に起こされた。中学生だったか。母と３人で観た。観終わって、家族の夜は静かだった。

　米兵処刑、そのとき私の従伯父はなにを思ったか。軍刀の感触はどんなだったか。絞首刑の縄が首に廻った瞬間のその気持ちは。史的記録としてでなく、血の繋がった若者の生に思いを致せば戦慄が走る。血族がやった、やられた。私だってやるかもしれない、やられるかもしれない、そう思えば戦争もまた自分ごとである。そして、我が従伯父の犠牲となったロバート・タグル・ジュニア兵曹は米テキサス生まれの20歳、タグル青年にも私のような血族子孫がいるのか、どうか。

　あの戦争をリアルに感じる、その最後の世代が戦中派の息子や娘である私たちなのかもしれない。写真はおそらくは戦後復学中、逮捕拘束以前の田口から私の祖母への便りである。

# 63

2020.8.23

# コロナの夏の古本稼業

新米古本屋、間もなく1年半、なんだか忙しい。きっかけはコロナである。コロナ禍にあっても、どうやら本を求める人はいる。いやむしろこんな日々だからこそか。緊急事態宣言に休業要請、手も足も出なくなって急遽ネット通販に乗り出した。いつかはやらなくてはと思っていたのだが、コロナのお陰で待ったなし、あわただしくスタートした。ご注文いただけるようになってほっとひと安心はいいけれど、メールのやり取りに注文品の梱包発送などなど、はじめての日常業務に、コロナ禍半年、やっと慣れたところである。

買い取りも増えた。ウチは積極的な買い取りはやってこなかったのだけれど、これもステイホームの影響か、家の整理をしたらいらない本がとのご相談を常連さんから、あるいは人伝てに、たびたびいただくようになった。実家の整理からやって欲しいと依頼されれば、ダンボールとナイロン紐をお供に押っ取り刀で一日仕事である。

さらには各地の「古本まつり」がある。8月24日から9月22日の青森市は東奥日報新町ビル「アオモリ古書フェア」に、10月6日から12月13日の仙台駅前イービーンズ「秋の古本まつり」

と大物が控え、来年に予定されているおとなり福島県の古本市の仕込み打ち合わせもあれば、さらなる「隠し玉」まであって、その準備もテンヤワンヤな日々なのだが、なにはさておきまずは大量の本のクリーニング、アルコールでカバー本体をきれいに拭いて、天地小口の紙が汚れていれば紙ヤスリ、書き込み傷みも確認して、もちろん値段も付けなくてはならない。そして、棚に並べる、あるいは木箱に詰めて古本市の会場へ送り出す。この木箱もまた本のサイズに合わせて作った特製、本を詰めたまま会場でぱたぱたと組み上げれば本棚となるスグレモノである。

こうして原稿を書いたり新刊を編んだりと古本稼業のほかにも仕事はあって、なかなかすべてに手がまわらない。頼りのスタッフは秋山仁37歳である。ネット通販に買い取り、値付けクリーニングから木箱作りまで八面六臂《ろっぴ》の大活躍、トシ相応ガタの絶えない私には古本屋オープン以来の得がたい相棒、そして書き手でもある。そんな凸凹コンビでコロナ禍に立ち向かっている〈古本あらえみし〉だが、「本」なるものの存在に助けられているのは読者のみならず実は私たちこそ生かされているかと、ふと思わされたりもするコロナの夏である。

# 64

2020.8.30

# 「仙台古本倶楽部」開店へ

古本稼業がなにやら風雲急である。「アオモリ古書フェア」が青森市の東奥日報新町ビルでスタートした。私たち〈古本あらえみし〉も、ジェイルハウスブック（若林区）とイーストリアス（気仙沼市）とともに参加、4トントラックを借りて、ウチだけでダンボールおよそ50箱の古本を送り出した。と思ったら、この秋の隠し玉、仙台駅前イービーンズ3階に「仙台古本倶楽部」オープンである。イービーンズから空きスペースに古本の共同店舗を出さないかとお声がけいただき、前記ジェイルハウスブック、イーストリアスに、福島県の岡田書店と山形県の古書紅花書房、そして私たちと合わせて5軒の古本屋が「仙台古本倶楽部」を名乗ってめでたく出店とあいなった。

通常の「古本まつり」はいわば期間限定のイベントだが、こちらはまずは半年とはいえ常設営業、みんなで新規の古本屋さんを共同経営するようなものである。大型商業施設の常設古本コーナー、ほかの地域にはあるようだが、仙台ではおそらくはじめてではないかと聞いた。それだけに準備も大がかりなのだが、新米の私をよそ目に、みなさんイベントで培ったあの手この手、どこにしまってあったのか立派なブックシェルフやら什器《じゅうき》があれよあれよと集められて、とんかん

とんかん、みごとに本屋さんの体裁が整った。私はといえば筋肉仕事は〈古本あらえみし〉スタッフの秋山仁にまかせて、同業のみなさんの鮮やかな作業ぶりをボーゼンと見守るだけである。

コロナ禍にあって、どこも店舗営業はきびしいにしても、本が求められている気配は確かにある。全国古書籍商組合連合会運営のネットショップ「日本の古本屋」の売り上げも伸びているようだ。ステイホームの影響が大きいとはいえ、東日本大震災の直後もそうだった。危機に直面して、人はなにかを本に頼ってやまない。そんな読者に本を届ける新たなる場が「仙台古本倶楽部」と、そしてここをよすがに私たちもコロナの混乱を乗り切ると思えば、がやがやドタバタの準備によりいっそうの気合いも入る。それぞれが持ち寄ったそれぞれの得意ジャンルの古本たちが、売り場にともに並んだ途端に思いもよらない輝きを放って、その化学反応がまた楽しい。

我ら「仙台古本倶楽部」のオープンは9月1日、あたかも読書の秋である。コロナの年の秋の夜、平穏な日々ふたたびを祈って、憂き世にざわめくこころを本の頁に鎮めるのはいかがだろう。私たちもそれを願いながら、みなさんをお待ちしたい。

# 65

2020.9.6

## 本棚のパワー実感

　この欄になにを書くか、だいたいひと月くらい前には決めている。テーマによってどこかに足を運んだり、調べ物をしたりして、締め切りに合わせて書き上げる。事前に決めたテーマの準備をいつも進めているわけだが、その調子が狂った。今回も「これを書こう」と決めたテーマがあったのだけれど、この3週間、あわただしくテンテコマイで、原稿の準備に手がまわらない。朝から晩まで連日の古本屋稼業、ホコリと汗にまみれてやがては筋肉痛、これが毎日、いやはやなんとも難儀な日々が続いたのである。

　なぜにこうなったかといえば、本欄の読者にご報告を続けた「アオモリ古書フェア」と「仙台古本倶楽部」のためである。結果、今回も古本の話題、なにせテーマが「本」だからいいようなものの、読者のみなさんに「またかよ」と思われはしないかと危惧しつつ、それでもまずは段ボールにしておよそ150箱の古本との格闘に免じてご勘弁を願って、さて、9月1日、仙台駅前イービーンズ3階に「仙台古本倶楽部」がオープンした。仙台市からジェイルハウスブックと古本あらえみし、気仙沼市からイーストリアス、山形県は古書紅花書房、福島県は岡田書店の共同出店、大型商業施設でのこの種の試みは仙台初とご紹介してきたが、東北唯一との声もある。

それぞれがそれぞれの特色を活かした品揃え、20坪に万余の古本がずらりと並んで壮観なのだが、それもそのはず、扱っているのか古本というだけで、見てくれは「駅前デパート」の本屋さん、それもちょっとなつかしめの、昭和のデパートの本屋さんの趣が漂って、中高年のみなさんにはノスタルジックにお楽しみいただけるのではないか、そんな気がする。

いずれその開店準備にへろへろな日々ではあったのだが、なにしろ売り場の本棚に本を並べるのは楽しかった。この作家とこの作家はこんな具合に揃えてみよう、こっちの棚は著者別50音順に、あっちはテーマ別にといろいろと試行錯誤、だんだんと美々しく本が詰まっていく。思い通りにぎっしり並べばなんとも気持ちがよくて、本を持ってしゃがんだり立ち上がったりの背中と腰の痛みもふと忘れる。ジェイルハウスブックの川村貴光さんはこれを「日に日に本棚のパワーが増す」と評した。コロナ禍にも関わらず、おかげさまでたくさんのお客さまでにぎわっている。感染対策に気を配りながら、本棚のパワーよコロナの憂いを吹き飛ばせと祈る。

# 66

2020.9.13

# 怪談のない夏

なにごとも例年通りとはいかないコロナの年である。この夏もさまざまな行事イベントが中止となって、いつもならいまごろはと、なんだか調子が掴めないまま、猛暑にやられてふらふらな日々なのだが、私たちには今年はなんといっても「怪談のない夏」だった。

柳田国男「遠野物語」刊行１００年の２０１０年に〈みちのく怪談プロジェクト〉がスタートした。アンソロジスト・文芸評論家の東雅夫さんの『遠野物語』（新潮文庫など）は日本民俗学の原点であるとともに本邦近代幻想文学のルーツでもあるとの主張に共鳴、私たちが事務局となって関連図書の刊行と〈みちのく怪談〉コンテストにシンポジウムやイベントの開催など盛り沢山に「遠野物語」１００年を祝った。明ければ２０１１年、東日本大震災である。怪談文芸の伝統がはらむ慰霊と鎮魂の文学としての側面がクローズアップされて、結果、その意味を問いながら私たちも被災地で語られる不思議な話を集めた『渚にて　あの日からの〈みちのく怪談〉』（荒蝦夷）を刊行するに至った。東北在住、もしくは縁ある怪談作家たちの手による短編集、被災地で聴き取った怪異譚や自らの経験談もあれば、創作もある。演劇ユニット「コマイぬ」によって朗読劇として舞台化もされた。

この本に参加した作家たち（いまや人気作家の黒木あるじ・郷内心瞳・小田イ輔、日本ファンタジーノベル大賞受賞の勝山海百合などの各氏）が「東北怪談同盟」を結成、毎夏お盆の季節、たとえば本屋さんのイベントスペースで、たとえば町の集会所で〈みちのく怪談会〉と称して怪談を語る会を続けてきた。語るだけでなく来場者にも語ってもらって、そのなかには東日本大震災にまつわる哀切な怪異譚もあった。記録を取ってはいないが、さて10年、公演・講演・シンポジウムを含めれば、このような席、50回にもなろうか。

これが、今年はなかった。唯一の例が東北大学文学部文学研究科現代日本学研究室の茂木謙之介准教授が世話人となった怪異怪談研究会主催「地域文化としての怪異怪談」だった。時節柄のリモート開催で、研究者のみなさんの発表に続いて一柳廣孝横浜国立大学教授と東さん、そして私の3人が「土地と怪談　みちのく怪談10年」と題して語り合った。私には過ぎにし日々を顧みるいい機会となった。地霊を死者を記憶に蘇らせる慰霊と鎮魂の伝統文芸が怪談であると確認しながら、コロナ禍の行末は見通せなくとも、やがて東日本大震災10年のその日がやってくる。

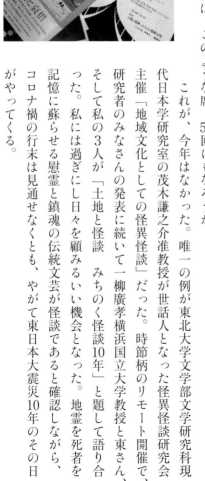

# 67

2020.9.20

# 本が読めない！

本が読めなくて困っている。正確にいえば、本を読むスピードが落ちてしまった。結果、読書量が減っている。いよいよ締め切り迫るちょっと面倒な原稿がある。依頼を受けたのは2か月ほど前、それくらいあれば関係する本をどんと集中して読めるはずと思っていたのだが、さっぱり進まない。テーマからいって、資料として読まなければならないのは古本、それも文庫本が多い。昔の文庫本、いやはや字が小さい。みんなそんなに目がよかったのか、昔の日本人。ちなみに写真は1959年と現在の文庫本なのだが、世紀を超えて私には行が追いきれない、文意がアタマに入らない、夜はそのままウトウトと終わる。原稿の準備がちっともはかどらない。困る。

もちろん問題は目、トシがトシだから老眼はしかたないとして、そこに糖尿病網膜症、レーザー治療を繰り返してコトなきを得てはいるものの、うーむ、なんといえばいいのか「見えにくく」なったのである。視力はさして落ちてはいないのに見えにくい、このフシギな感覚、おそらく同世代、あるいは同病の人たちにはご理解いただけよう。そもそもが、私は目がよかった。メガネには縁のない人生を歩んできた。なのにこのトシに至ってメガネを手放せない毎日、それだけでストレスではある。

ともかく「本が仕事」なのだから、年間およそ200冊は読み続けてきた。これが多いか少ないかとあれば、いずれ仕事、こんなものではなかろうか。速読も得意だった。世にいう「速読法」を習得したわけではない。仕事を続けるうちに自然にそうなった。趣味で愉しむ本は舐めるようにじっくりと、仕事の資料はさささっと（けれど肝は外さない！）、いわば読書のスピードを自在に調節できたのだが、むむむ、これもいまや「ツワモノどもが夢の跡」である。

ま、これがトシというものなのだろうけれど、これからの予定に狂いが生じた。有り余る積ん

読本の山である。個人全集が多い。トシを取ってヒマができたら読破するのを楽しみに、好きな作家の全集を買い揃えてきた。さて、この全集の山、読破できるのか、どうか。トシを取ったらと思っていても、トシを取ればそれだけ肉体機能も衰えるのが道理、若き日のさまざまな楽しみをそのままトシ取っても楽しめると思ったら大間違いだぞと、これはかつての私への忠告だが、さて、みなさんはいかがだろうか。

# 68

2020.9.27

# 電子書籍に初挑戦

この夏、とうとう電子書籍デビューである。といっても〈荒蝦夷〉が電子書籍を出すわけではない。単に読者として電子書籍を読むようになっただけなのだが、この電子書籍というヤツ、いろいろと思うところや引っかかりがあって、手を出してこなかった。引っかかりはたとえば「緊デジ」事件、東日本大震災復興予算の電子書籍普及流用疑惑、かつてこの河北新報でも追求されたからご記憶の読者もおられるか。なんともウサンクサクて、電子書籍そのものを敬遠していた。それをいまさらながら手に取ったには、ワケがある。以前、本欄でも触れた「同人出版」の波がここにも押し寄せているのだ。

出版不況によってなかなか商業出版が手を出せないマニアライクな本を、同好の読者のみに向けて刊行する。ほとんどが一般の流通網に乗らず本屋さんにも並ばずに、ネットなどを通じてマニアの手に渡る。ざっとこれがいま注目の「同人出版」で、私の趣味でいえば海外の古典探偵小説や幻想文学、たとえばプロの翻訳者による本邦初訳作品が静かに刊行されている。その電子書籍バージョンなのだが、手を出さずにいた。自らのマニアにしてオタクな傾向を知っているから、紙の本も山のような積ん読なのに、さらにここに電子書籍かと思ったりもしたわけである。

その禁を破らせたのはA・M・バレイジ短編集『ありふれた幽霊』（HM出版）だった。20世紀初頭、英国伝統の怪談作家である。日本ではアンソロジー収録作はあったものの、バレイジ作品のみの短編集は出ていない。さらに翻訳はジャンルの翻訳者・紹介者としてハヤカワ文庫『幻想と怪奇』全3巻などの編纂で知られ、2017年に没した仁賀克雄さん、その生前の訳稿が電子書籍としてはじめて世に出るとあらば、四の五のいってはいられない。かくて私も電子書籍の軍門に降った。

バレイジの伝説的な古典怪談は堪能したものの、さて、みなもすなる電子書籍なるものはといえば、残念、私は馴染めなかった。なにせ、英ヴィクトリア朝の怪談文芸である。読みながら「これが紙の本ならもっと作品世界に没入できたのに」と思うことしきり、せっかくだからと紙では読めないほかの古典新訳も試してみたが、同じだった。やはり古いモノには古いウツワがよく似合うのか、どうにも気分がノらないのである。とはいえ電子書籍で古典の味を知る新世紀の読者もまたいるハズと思えば、まあ、昭和な読者のただの繰りごとです。古典初訳の電子書籍が出たら、きっとまた読むんだし。

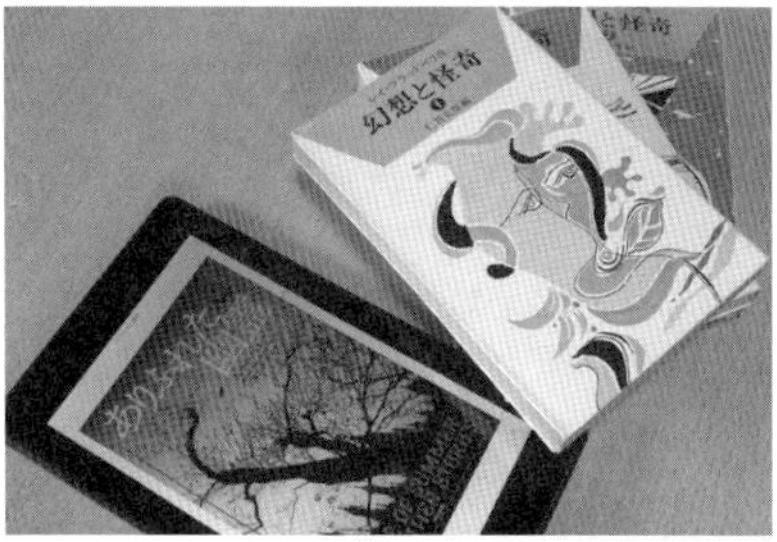

# 69

2020.10.4

# 「クマ祭り」の記憶

　仙台の作家・熊谷達也さんの直木賞受賞作『邂逅の森』（文春文庫）と、そして『相剋の森』（集英社文庫）に『氷結の森』（集英社文庫）の「マタギ3部作」を知るみなさんも多いのではないか。東北の伝統狩猟の狩人「マタギ」の世界を描いて、熊谷さんが取材したのは新潟・山形県境の山深いマタギ村、村上市山熊田だった。熊谷さんに同行、私も4年間、春のクマ狩りに参加した。狩猟法規に則しながら、マタギたちには伝統の「クマ祭り」である。シキタリがあり掟がある、いわば神事だ。クマを沢に追い詰める集団狩猟、私たちはその勢子《せこ》として残雪たっぷりの雪渓に踏み入った。早朝から日暮れまで、マタギたちに這々《ほうほう》の体で追いすがる、なかなか過酷な取材体験だった。

　その日、私は3人のマタギとともに別働隊にいた。本命の沢からとなりの沢にクマが逃げた場合の予備隊である。と、なんとそこにクマが現われた。マタギたちがさっと散り、銃声一発、みごと仕留めた。獲物はその場で解体するのだが、なにせ別働隊、人手がない。日も暮れてきた。「しょうがない、やるか。お前も手伝え」とベテランの爺やのことばに「えっ」とびびった。

クマの手首に刃を入れた爺やに「ほれ、ここに手を突っ込め」と指示されて、覚悟を決めて手を潜らせたのは毛皮と肉の間、脂肪層である。撃ち倒されたばかり、温かい。まるで溶けかかったラードだ。そのままクマの肘に向かってぬるり手をすべり入れる。「こりこりしたところがあるべ。そこを掴んでくいっとまわせ」と、爺や。するりと関節が外れた。なるほど。これで腹が決まってあとは一気呵成に作業を終えた。到着した本隊と解体したクマをふもとの村に担ぎ下ろせばとっぷりと日は暮れて、そして祭りの日、山の神に祈りを捧げてクマ鍋をかこむ。これがあのクマかと、いつもの年よりも味わい深く椀を啜った。春の味がした。

ドキュメンタリー映画『僕は猟師になった』を見た。京都近郊でワナ猟師として生きる千松信也さんの生活記録、こちらは集団ではなく単独狩猟、銃ではなくワナ、それでもイノシシやシカを獲物に家族と暮らす。解体作業の克明な映像に、記憶が甦った。あの山をまた歩きたいが、なまりきってムリか。と思ったら、丸善仙台アエル店で映画の公開に合わせたブックフェア、映画原作（新潮文庫）に熊谷作品など関連本が並ぶ。ちなみに私のおすすめは土門拳賞カメラマン亀山亮さんの写真集『山熊田　YAMAKUMATA』（夕書房）。マタギ村の四季の暮らしを写した頁のなかに、いまは亡きあの爺やの姿がある。

# 70

2020.10.11

## 「手書き」世代の思い出

さて、私はいまこの原稿をパソコンの前でキーボードを操作しながら「書いて」いる。エンピツやペンを握っているわけではない。ふと、不思議になる、こんなの昔は存在しなかったぞ。エンピツとケシゴムと原稿用紙が基本、パソコンなんてＳＦの未来世界の話だった。もしかするとエンピツを手に原稿を「書く」のを覚えたさいごの世代が私たちなのかもしれない。

私が出版の世界に入ったのはいまを去ること35年前、ワープロがやっと普及しはじめていた。ちいさな画面なのに、まだまだ高価で個人ではおいそれと手が出ない。私が勤めていた業界誌の編集部には共用のワープロがあって、それで操作を覚えた。勤めを辞めてフリーとなっても、しばらくは手書きがメインだった。出入りする出版社の編集部の片隅に、出版社名が刷り込まれた特製原稿用紙の束が積んであった。1枚200字詰め、ペラと呼ばれる原稿用紙である。これを自由に使ってよかった。ごっそりと持ち帰り、アパートで夜ひとりエンピツで原稿を書く。ケシゴムかすが机にぼろぼろ溜まる。

レイアウトも自分でやった。写真もデジタルではなく、紙焼きかポジ。紙焼き写真にはトレーシングペーパーをかけて、ポジフィルムはライトボックスやライトテーブルにトレスコープなどの透過光でチェック、拡大縮小トリミングの指示を書き込む。週刊誌の編集部なら、校了前となると深夜まで煌々と白昼の明るさ、そこに印刷所からのバイク便が定期的に飛び込んで来る。到着と同時にみながそれぞれの担当一式をどっと手渡す。大声が飛び交ってまるで戦場のあわただしさ、やがて白々と夜が明ける。これが毎週の繰り返しだった。

パソコンとメールですべてが終わるいまとなってははるか昔の物語である。だが、どこかなつかしくもある。私は確かにそんな騒がしい現場で仕事を知った。愚痴や繰りごとでなく、ノスタルジーでもなく、パソコン普及前夜の前世紀末、私たちはこのように本や雑誌を作っていた。その証言を残すべきなのか、どうか。私たちだけでなく、さまざまな職業の現場から、かつてを知る人たちが退場しようとしている。それぞれの現場の記憶とともに。

もういちどエンピツで原稿を書いてみたくもあるが、ケシゴム不要、思うがままの削除挿入の利便性にここまで慣れ切ってはいまさらムリか。いやいやパソコンの変換機能に頼らずに漢字が書けるかどうかがまずはアヤシい。便利さのワナにはまって今日もキーボードで原稿を「打つ」私である。

# 71

2020.10.18

## ユージン・スミスと日本

ユージン・スミスの児童向け伝記『ユージン・スミス　楽園へのあゆみ』（偕成社）を刊行したのは1993年のことだった。そのころ、私は写真集の編集を手がけていた。その関係で東京都小平市のギャラリーで写真展の企画を担当してユージン・スミスの写真展「MINAMATA」を開催、続いて1990年の東京都平和の日記念写真展「MINAMATA」を監修した。その会場に編集者が現われて、ユージンの伝記を書かないかと持ちかけられた。ユージンの写真のファンではあったものの、伝説の人物だけにこれは難物、資料を集めただけではムリ、時間をかけて取材させてくれるならと引き受けた。

米フォト・ジャーナリストのウィリアム・ユージン・スミスは1918年生まれ、世界最大のニュース週刊誌『LIFE』スタッフとして太平洋戦争に従軍、沖縄戦取材で瀕死の傷を負いながら生還、戦後は「カントリー・ドクター」、「助産婦モード・カレン」、「慈悲の人シュバイツァー」と写真史に残る傑作を次々に世に送り、高度経済成長下の日本企業「日立」のリポート「東洋の巨人」を発表、遺作となったのは公害病「水俣病」を世界に知らしめた『MINAMAT

Ａ』（クレヴィス）だった。１９７８年没。
日本のユージンにスポットをあてた本にしようと、日本滞在中のユージンに接した人たちをたずね歩いた。日立や水俣の助手たち、ユージンを知る石牟礼道子さん、ユージンの妻だったアイリーン・美緒子・スミスさんと日本で暮らしていた息子のケヴィン・スミスさんらに話を聞き、熊本県水俣市への取材を繰り返して被写体となった人たちに思い出を語ってもらい、そして書き上げたのが『ユージン・スミス　楽園へのあゆみ』だった。

児童書ではあったが、ユージンの伝記が日本ではほかになかったため幸いにも好評を得て、児童文学の賞もいただいた。この本、四半世紀をすぎたいまもなんと現役、教科書に載って、受験問題に使われて、累計３万部に近いまでになった。思えば30歳で書いた本である。

そのユージンの生涯が映画となる。タイトルは『ＭＩＮＡＭＡＴＡ』、演じるはジョニー・デップ、予告編も公開となり、来年には日本でも上映の予定とアイリーンさんに聞いた。水俣病の悲劇はいまも続く。映画を機に、水俣病と、そして日本の戦後史に思いを致していただければ。写真は日本の関係者に宛てられたユージンのサインである。

# 72

2020.10.25

# 古本屋の棚に地域性

読書の秋なのに、なかなか本が読めない。読書の季節とあれば売る側はいそがしいのが道理と古本屋になって知った。まずは8月末から9月末の「アオモリ古書フェア」だった。およそダンボール50箱の古本をトラックで送り出した。続いて9月1日には仙台駅前イービーンズ3階に「仙台古本倶楽部」がオープン、こちらも手はじめは50箱ほどだったが、なにせ商業ビルに常設の古本屋、日々の補充追加に追われて、さらに10月6日からは同じくイービーンズの9階で恒例「秋の古本まつり」がスタート、こちらにもどんどん古本を運び込んだ。ダンボールに詰めて紐で括ってえっちらおっちら、それにしても本は重い。腰や背や腕がきしむ読書の秋である。

これだけの古本を並べるには、とにかく本を仕入れなければならない。買い取りである。お客さまにお持ちいただいた本もあれば、出張もある。出張買い取り、まずは読書家の蔵書整理だが、家族依頼のすでに故人の蔵書整理もある。その家にお邪魔して大量の本をクルマに積み込んで持ち帰る。あまりに量が多いと、山なす本を前にして、いまさらながらに「人間にとって本とはなにか」と深遠なる基本に立ち返らされたりもする。

さらに編集者としても発見の日々、運び込んだ本すべてをクリーニングして値付けして、さて、どこに並べようかとジャンルに分類すると、明らかに傾向がある。たとえば〈古本あらえみし〉では東北6県古今の文学者の作品を著者50音順に並べているのだが、特定の作家の本が増える。井上ひさし、藤沢周平、丸谷才一、石川啄木、宮澤賢治、あるいは民俗学なら「遠野物語」関連といったところか。なかには、おや、この作家の本がこんなにとおどろかされたりもして、仙台の本好きがなにを多く読んできたかが瞭然《りょうぜん》と、おそらくこれがたとえば関西の古本屋さんならまったくちがう並びになるはずで、古本屋の品揃えは新刊の本屋さんよりもいっそう地域性を反映するのかと、地域で本を編む私には新鮮な発見、新たな発想の源泉ともなりそうな予感がある。

ところで、買い取った本に我ら〈荒蝦夷〉の本が混じっていたりもする。ああ、買ってくれたんだな、読んでくれたんだなと、いわば里帰りしてきた本を並べるのだが、自ら編んで売って、今度はそれをまた古本として次の読者へ繋ぐ、出版人としてこれは幸せなリサイクル、環境にやさしいなんとエコな出版社であることよ。なにかちがう気もするけれど、読書の秋だ、ま、いいか。

# 73

2020.11.1

# 仙台短編文学賞、締め切り迫る

第4回仙台短編文学賞、締め切りが迫っている。今年は難しい年だった。例年なら選考委員や過去の受賞者を招いてのトークイベントなど、あの手この手で賞の存在をアピールして締め切りを迎えるのだが、なにせコロナ、このご時勢であれば、それがなかなかかなわない。配信でなにかできないかなど、いろいろとプランは浮上したものの、状況の変化を待ってタイミングを逸した。結果、広報的にはほとんど音なしの構えとなってしまったのだが、幸いにも昨年を上まわる勢いで作品が寄せられている。これはほかの文学賞も同じような傾向あるやに聞いている。

要因のひとつはステイホーム、家に籠もらざるを得ない状況下、小説でも書いてみようか、そんな人たちが動いた。もうひとつには、本への関心が高まっている、読まれている。これもやはりステイホーム、ひとりの時間を読書に向けた人たちがいた。さらには、コロナ、人類史的な危機のなかでさまざまに過去を現在を未来を考えさせられて、それを物語に昇華させようと、そんな本能的な衝動もあるか。いずれ結論は11月16日の締め切りを待ってとなるが、東日本大震災を背景に生まれたこの文学賞に寄せられる「コロナの時代」の作品群にご期待いただきたい。

さて、そんな第4回なのだが、実は第3回も満足な結果報告ができていない。発表は3月、授賞式は4月の予定だった。まさにコロナ第一波とぶつかって、関連行事がすべて中止延期となった。10月22日、そのひとつがようやく実現した。やまやしげるさんの第2回仙台短編文学賞プレスアート賞受賞作「風音―ピアノ五重奏曲第二番イの長調―」の演劇公演である。〈仙台シアターラボ〉の野々下孝さんが脚色、この春の公演が決まっていたが、コロナ直撃、宮城野区文化センター〈パトナシアター〉で無観客公演を余儀なくされた。それがやっと同シアターで一般公開となったのである。

写真は公演のアフタートーク、第3回選考委員の作家・柳美里さん（写真中央）と〈せんだいメディアテーク〉の八巻寿文さん（写真右）、私は司会を務めて、満員の客席のやまやさんに第3回大賞受賞「境界の円居」の佐藤厚志さんも巻き込み、仙台短編文学賞と演劇を語った。ちなみに来春は同じこの舞台で「境界の円居」公演が控える。受賞者と選考委員、関係者が同じ会場に久しぶりに集って、さて、第4回の締め切りである。実行委員会一同、みなさんの作品、こころよりお待ちします（写真／佐々木隆二）。

# 74

2020.11.8

# 取材旅行に鍛えられた

コロナ禍にあって、ほんとうに動いていない。今年に入ってから仕事で県外に出たのはわずか4回、充分な感染対策をしていればだいじょうぶといわれても、基礎疾患があれば要注意、糖尿病は重症化のおそれありでは出かけたところで楽しめまいくつろげまい穏やかではいられまい、それならばいまはじっと動かずにと決めた。結果、人生でもっとも移動のない日々をすごしている。

フリーライターといい、編集者といい、旅が仕事のようなところがある。取材の旅である。思い返せばプライベートな旅行や観光にはとことん縁がない。たとえ単独であっても、カメラマン同行で、あるいはチームで出かけても、目的地には会うべき相手がいて取材すべきテーマがあって、終わればとんぼ返りに原稿を書かねばならず、だから国内外どこに行っても名所旧跡に立ち寄るいとまもないままに「え、あそこに行ったのにあれを見なかったの」とみなにおどろかれたりして、どこか忸怩たる思いの残る旅ばかりである。

たとえば、エジプトのカイロ、1泊3日。取材に駆けまわって2泊目は徹夜、そのまま早朝の飛行機で帰国、通訳のカイロ大学の学生が「これではあまりに気の毒」とピラミッドが見えるところまで案内してくれた。夜空にライトアップされたピラミッドを遠く望みながら、あたふたと空港へ。見えたのはおよそ5分ほど、ピラミッドはやはり近くでゆっくり見たいものデス。

取材旅行といってもそんなズッコケ旅なのだが、そこは仕事であらばこそか、通常ならあまりできない経験もした。タリバン政権崩壊直後のアフガニスタンはカブール、夜、私たちの宿舎のそばに武装勢力が2発のロケット砲を撃ち込んだ。緊張した少年兵に機関銃を向けられて肝を冷やしたりもした。メキシコからアメリカへの大平原を、アフリカのサバンナを走り、厳寒のシベリア鉄道に乗り、氷結した間宮海峡を横断した。いやはやである。ちなみに写真は2005年1月、冬の間宮海峡のど真ん中、左から3人目に作家・熊谷達也さん、右から2人目が私である（写真／奥野安彦）。

もういちど行きたいかといわれれば、うーむ、辺境の絶景は記憶に刻んだが、そこに行くまでのしんどさには躊躇《ちゅうちょ》せざるを得ない。糖尿病と高血圧のクスリをどっさり欠かせないいまとなってはなおさらに、だがこれら旅の経験が私を鍛え育ててくれたのもまた確かで、やはり旅の空がなつかしくもある。さて、コロナ終息の日が来たら、どんな旅が私たちを待っているだろう。

# 75

2020.11.15

## 東北文学の名作　映像に

話題の映画『おらおらでひとりいぐも』を観た。原作は若竹千佐子さんの芥川賞受賞作（河出文庫）、既にお読みのみなさんならおわかりかと思うが、東北に生まれ育って関東のどこかに暮らすおばあちゃんのひとり語りの小説をどうやって映像化するのか興味も津々に、おっとこれか、こう来たか、おやまあびっくりやられましたの出来映えで、田中裕子さんのフケ役が絶品、詳しく説明するとネタばらしになりかねないのでここでは控えて、おもしろうてやがて哀しき大傑作とだけご紹介させていただく。

原作との出会いに思い出がある。2017年秋、河出書房新社の旧知の編集者から発売前の文芸誌『文藝』のゲラが届いた。拙著『瓦礫から本を生む』（河出文庫）を担当してくれた彼の手紙に「今年の文藝賞受賞作、東北ゆかりの作品なのでちょっと読んでみませんか」とあった。一読、その〈東北文学〉としての魅力にノックダウン、同年末に単行本が出たところにまたもや彼から「東北の多くの読者にこの作品を届けたいのだが、仙台で著者のトークイベントができないだろうか」と連絡があり、私たちが企画運営を担当する地域共生推進機構連続講座「震災と文学」主宰の東北学院大学とプレスアートの川元茂編集局長に声をかけて、同大サテライトステーションで２０１８年1月30日のトークが決まった途端、あれよあれよと芥川賞候補に。そして、同16日に受賞が決定、結果、なんと仙台のトークが新芥川賞作家初の公の場となってしまった(写真提供は同大)。

ほんとうなら大きな会場でとなるのだが、直前の変更は混乱を招くばかりと予定通りに準備を進めた。50席ほどの会場はあっという間に予約満席、メディアの注目も大きくて、取材も詰めかればトークがそのままラジオで放送されてと、関係者一同、受賞フィーバーのご相伴にあずからせていただき、楽しくもうれしい悲鳴となった。

ベストセラーリストをにぎわせて、高齢化の進む世にこの「おばあちゃん」小説が社会現象とまでなったのは記憶に新しい。岩手県遠野市生まれの若竹さんだけに、私がまず思い浮かべたのは柳田国男『遠野物語』(新潮文庫など)だった。あの『遠野物語』の語り/騙《かた》りの東北文化に思いを馳せて、あるいは井上ひさし作品の遠いこだまを聴きながら、映画館の闇のなかその世界を味わって、さらに未読のみなさんは、この機会に本を手に取ってみられてはいかがだろうか。

# 76

2020.11.22

## 作家たちの震災10年

私たち〈荒蝦夷〉の仕事のひとつに「語りの場」の設定がある。本に関して語るトークイベントだったり、講演会だったり、シンポジウムだったり、そんな場である。著者やゲストを招いての本屋さんや〈古本あらえみし〉でのトークイベント、ホールなどの会場での講演会に大学などのシンポジウム、あるいは東京の出版社から持ちかけられた企画などなどの「語りの場」の企画運営、例年なら毎月のようになにかしらやっているのだが、これまた今年はコロナで中止延期が続出、いつになく静かな、そしてどことなくさびしい日々となった。

たとえば昨年4月の〈古本あらえみし〉のオープンから続けたトークイベントなら赤坂憲雄（学習院大学教授）、いとうせいこう（作家）、岸本佐知子（翻訳家）、永江朗（文芸評論家）、東雅夫（文芸評論家）、黒木あるじ（作家）、小田イ輔（作家）、郷内心瞳（作家）などの各氏に続いて、今年もさまざまなゲストを予定していたのだが、残念、すべてあきらめざるを得なかった。

東北学院大学地域共生推進機構連続講座「震災と文学」は2013年にスタート、私たちが企画運営を担当してこれまでに全50回、東日本大震災と文学をテーマに、講師と内容は同機構編で私たちが刊行した『震災と文学講義録』に詳しいが、やはり今年は対面での講座の中止を余儀なくされた。とはいえ、常連も多い被災地の大学ならではのこの講座、なんとか続けたい。大学側と話し合った結果、動画で配信をとなって、その撮影がはじまったところである。

講師はこの講座常連の熊谷達也さん（作家）、柳美里さん（作家）、和合亮一さん（詩人）なのだが、震災10年である。講義そのままの配信ではなく、それぞれの10年を顧みていまなにを思うのか、それをそれぞれの場所で語っていただいて、90分のドキュメンタリーを製作することとなった。監督は山形の作家、黒木あるじさん。黒木さん、実はかつては映像作家、今回は同じ小説家として、作家たちの10年にカメラを向ける。

まずは撮影第1弾、気仙沼に熊谷さんを追った。作家になる以前、教師として気仙沼に暮らした熊谷さん、東日本大震災を経てその気仙沼をモデルとした仙河海の物語を書き続けた。作品の舞台となった地で、熊谷さんにこの10年を語ってもらって、配信は来春を予定している（写真は撮影中のひとコマ。左が熊谷さん、右に黒木さん。気仙沼港にて）。

あの日から10年を、コロナ禍にどのように伝えるか。さまざまな現場で試行錯誤が続いている。

# 77

2020.11.29

## 「東北文学」世界に届け

報道などでご存じかと思うが、この19日、福島県南相馬市に暮らす作家・柳美里さんの『JR上野駅公園口』（河出文庫）が全米図書賞（翻訳文学部門）を受賞した。コロナ禍にあってしばらくぶりに明るいニュース、よかった。ホントにめでたい。

受賞作はまさに「東北文学」である。昭和8（1933）年、現在の福島県南相馬市に生まれたひとりの男の戦後史を追って、日本の高度経済成長を支えた出稼ぎを描き、送り出した家族がいて、原子力発電所が語られて、バブルとその瓦解《がかい》があり、やがて東日本大震災の「あの日」を迎える。ホームレスとなって東京・上野公園をさまよう男は過ぎ去った激動の日々とさまざまな生と死を記憶に甦らせて、これは私なら父親の世代が経た戦後の物語か。読者は、ことに東北の読者は、ページをめくりながら自らの記憶と地域の歴史を思い起こさずにはいられないはずだ。

さて、今年のベストブックを選ぶ季節である。知らない「ことば」の文学が印象的な一年だった。ひとつは以前この欄でもご紹介した「マヤ文学」だ。メキシコの先住民マヤ族の作家たちによるマヤ語の作品が東北大学の吉田栄人さんの翻訳によって『新しいマヤの文学』全3巻（国書

刊行会）として出版された。そして「バスク文学」。スペインとフランスの国境地帯、バスク民族の作家がバスク語で書いた作品、ベルナルド・アチャガの『アコーディオン弾きの息子』（新潮社）があった。いずれもメキシコ、スペイン、フランスといった国家の枠組みを超えて、極東の島国の読者である私にその地に生きる人たちの声を確かに伝えて、刺激的で新鮮な読書体験となった。

柳さんの作品にもふんだんに「東北語」がある。「標準語」ではない日本語の翻訳がどのようになされたのか、翻訳者モーガン・ジャイルズさんの味わった苦闘に想いを致しながら、さらに「東北語」の文学としては映画化が話題の若竹千佐子さん『おらおらでひとりいぐも』（河出文庫）に連想が跳ねる。「マヤ文学」や「バスク文学」のように「東北文学」が「世界文学」となってもいい。

柳さんの作品を通して、東北に生きる私たちの声が英語圏の読者に伝わる。海外の読者はどのようにこの「東北文学」を、東北の物語を読んでくれるのだろう。東日本大震災から10年を前に、東北の声よ世界の読者に届けと祈る。

# 78

2020.12.6

## 郷土作家　山田野理夫さん

ある作家を思い出させてもらった。山田野理夫さん、1922年、仙台に生まれた小説家であり、詩人であり、歴史家である。

東北帝国大学（現・東北大学）文学部で農業史を学び、同大付属農学研究所員、農林省統計局調査員、宮城県史編纂委員などを経て作家に。専門の養蚕技術の調査指導のために東北各地を旅した経験を作品に生かして、1962年には『南部牛追唄』（潮文社）により第6回日本農民文学賞を受賞している。1970年代には民俗学の知見をベースとした『東北怪談の旅』（自由国民社）や『日本怪談集』に『日本妖怪集』（ともに潮文社）などの怪談作品で一世を風靡、あたかも漫画家・水木しげるさんの「ゲゲゲの鬼太郎」が子どもたちのあいだで大ブーム、漫画なら水木、読み物なら山田、二人は同年生まれで交流もあり、互いに影響を認めていた。

怪談作品のほかに『宮城の民話』（未来社）、『伊達騒動』（新人物往来社）、『奥羽の幕末』（宝文館出版）、『宮澤賢治　その文学と宗教』（潮文社）、『遠野物語の人　わが佐々木喜善伝』（椿書院）、『柳田国男の光と影　佐々木喜善物語』（農山漁村文化協会）など、東北をテーマとした著作が多数ある。編集者としても高木敏雄『人身御供論』（筑摩書房）、稲垣足穂『稲垣足穂全詩集』（宝文館出版）、佐々木喜善『遠野のザシキワラシとオシラサマ』（宝文館出版）や『遠野の昔話』（宝文館出版）などを手がけて、佐々木喜善と宮澤賢治の交流を指摘するなど『遠野物語』の語り手としての喜善の存在の大きさに着目した最初期の論者が山田さんだった。

2012年、神奈川県横浜市で急性心不全により死去。享年89。さまざまに業績を残した山田さんにしても、晩年は好事家のみ名を知る作家となっていた。その生前最後の本は私たち〈荒蝦夷〉の刊行である。怪談作品の名作を集成した『山田野理夫　東北怪談全集』がそれだが、打ち合わせに横浜の山田家に通ったのは最晩年の2010年、さすがに足腰は寄る年波にせよ、お元気ではあった。昔日の仙台や佐々木喜善、藤原相之助、相馬黒光、阿部次郎、桑原武夫、大池唯雄などなどゆかりの文人墨客の思い出を、実においしそうに酒杯を傾けながら話してくださった。

過日、若林図書館の市民講座「文学散歩」で「山田野理夫と妖しき怪談世界」と題してお話させていただいた。折しも再来年2022年は生誕100年、それに向けた企画も動いている。泉下の山田さんを仙台の郷土作家のひとりとして記憶に刻みたい。

# 79

2020.12.13

# 食べるように読む

年の瀬である。今年の読了本リストをじっと見る。さて、今年のベストテン、どの本にしようか、あれ、これどんな本だったっけと読んだ本をまとめてある本棚から抜き出して、ぱらぱらと確かめれば、おぼろだった記憶があざやかによみがえる。読み返して、初読の感覚をよみがえらせて、ようやく評価が定まる。やっぱりコレだよなと納得すればランクイン、読み終えた瞬間はよかったのに、いま思えばそれほどでもないなんて本もあったりして、こちらは残念ながらサヨウナラ、そんな思案投げ首しばしの末に、やっとベストテンが決まる。

これが私の年末の恒例、それも2回ある。ひとつは「仙台オヤジ編集者3人衆ベストテン」、こちらは川元茂プレスアート取締役編集局長と小林直之東北大出版会事務局長との3人衆のノンジャンルベスト、もうひとつは「怪談・幻想文学ベストテン」で、こちらのお仲間は文芸評論家・アンソロジストの東雅夫さん、作家・黒木あるじさん、東北学院大文学部英文科教授で英米文学翻訳家の植松靖夫さんである。年末年始にはそれぞれお目にかけられる、しばしお待ちを。

それにしても、トシのおかげか記憶力の低下が激しい。なんとも頼りなくはあるのだが、商売柄に3度のメシのごとく、息をするごとくに本を読み続ければ「そんなに読んで、内容を覚えていられるのですか」と「内容を忘れてしまうのでは本を読む意味なんてないのでは」と問われたりもする。読んだのにすぐに忘れてしまうのはもったいないとか、それでは読書そのものに意味がないとか、そんな感覚だろうか。

だが、ちょっと待った、人間は忘れる生きものである。そもそもすべてを記憶していたら、とても生きてなんかいられない。そして、忘れたからといって意味がないわけではない。たとえば、食べる。咀嚼《そしゃく》消化して排泄《はいせつ》して終わりである。だからといってあとになにも残らないかといえば、そうではない。その栄養が私たちの肉体を支える。それさえ使い果たせば、さらに栄養を補給するために食べる。美味であればなお満ち足りて、読書もまたそんな行為なのではないか。読んで、楽しんで、忘れて、次の本を読む。この「忘れる」はクセものでもある。かつて読みながら忘れていたはずの一節が、なにかをきっかけにふと口の端によみがえれば、我が記憶の不思議さにおどろかされたりもして、さて、本欄の読者のみなさんは今年どんな本と出会われただろうか。

# 80

2020.12.20

## 危機の時代に補助線を

今年の我が読了本棚を眺めると、評論系の本がいつもより確かに多い。社会評論ならレベッカ・ソルニット『それを、真の名で呼ぶならば　危機の時代と言葉の力』（岩波書店）、カロリン・エムケ『イエスの意味はイエス、それから…』（みすず書房）、サマル・ヤズベク『無の国の門　引き裂かれた祖国シリアへの旅』（白水社）、関口涼子『カタストロフ前夜　パリで3・11を経験すること』（明石書店）、そしてパオロ・ジョルダーノ『コロナの時代の僕ら』（早川書房）がある。文芸評論ならウンベルト・エーコ『文学について』（岩波書店）、スティーブン・グリーンブラット『暴君　シェイクスピアの政治学』（岩波新書）、秋草俊一郎『「世界文学」はつくられる　1827―2020』（東京大学出版会）、高山宏『トランスレーティッド　高山宏の解題新書』（青土社）、山内淳監修『西洋文学にみる異類婚姻譚』（小鳥遊書房）などがあった。

評論、私の守備範囲でいえば特に文芸評論だが、評論誌が売れなくなって次々と廃刊終刊、そのころ、文芸評論家・アンソロジストの東雅夫さんとこんな会話を交わした。個人的な経験からも、たとえば若いころ、文学作品を読んでもどこがいいのかおもしろいのかよくワカラナイ、それでもなんとか理解したくて、作家論や作品論に手を延ばし、そうか、そうだったのか、この作家はこの作品はこのように読めばワカるのかと、そのための補助線が評論だった。その評論誌がなかなか出ない、読まれない、これはマズいのではないか、文芸衰退に繋がるのではないか。幻想文学出版局を率いて評論誌『幻想文学』を30年余も出し続け、2003年に自ら幕を引いた斯界の第一人者の言葉である。

それが息を吹き返したように思える。若手ベテランの論者が斬新に作品や作家を語ってエキサイティングな評論、今年を顧みても勢いがある。社会評論に目を転じれば、こちらは東日本大震災以来、さまざまな視点から「いま」を論じて、そこに政治不安やコロナ禍、文芸にしろ社会にしろ、いま私たちは不安の危機の、そして混乱の時代にある。みながその乱世を理解するための補助線を本に求めているのではないか。

とまれ、なにより評論は読むに刺激的である。論者の意見に「そうか、こんな理解があったのか、なるほど」もあれば「ここは異なる読みもできるんじゃないか」とか、目からウロコ、新たな光をもたらしてくれる、異論反論が世界を拡げる。お堅い評論なんてと食わず嫌いはもったいない、コロナの年の年末年始、手に取ってみられてはいかがだろう。

# 81

2020.12.27

## 年末もやっぱり本まみれ

今年さいごの「こぼれ話」である。例年通りの年末ならば、行く年を顧みて来たる年を語るとなるところだが、どうも今年はそうはいかない。いわずと知れたコロナである。感染拡大である。年末年始恒例の本をテーマのトークイベントもほとんどが中止、イベントどころか忘年会に新年会もことごとくなくなった。北海道内の感染拡大により入居施設が面会禁止とあっては、母の見舞いの帰省も見送り、そこに大雪大寒波である。どこかの知事さんが「ウイルスに年末年始はない」とコメントしたらしいが、確かに。とにもかくにも日々がどうにも不透明、意気が上がらない。

気分モヤモヤではありながら、それでも「仙台オヤジ編集者3人衆おすすめ本ベストテン2020」と「怪談&幻想文学ベストブック2020」のセレクトとリーフレット製作は、関係者一同なかば意地でやり遂げた。前者は第11回、後者は第5回、ことに「オヤジ」はあの2011年の年末にも中断しなかったベストテンであれば、コロナなんかで途絶えさせてなるものか、そんなヤケクソな意地である。第4回を迎えた仙台短編文学賞の選考も進む。こちらも

「こんな年だからこそ」が実行委員会一同の総意、来年3月の発表を目ざす。

さらにこの正月、私たちには新しいチャレンジがある。仙台駅前イービーンズ3階に5軒の古書店（いまは6軒に増えている）が共同出店した「仙台古本倶楽部」の初売りである。古本屋の初売り、なにをしたらいいものやらとみなで相談の結果、景品に「仙台古本倶楽部」オリジナルのトートバッグを製作した。デビュー作品集『空飛ぶくじら』（イースト・プレス）が話題となった仙台在住の漫画家スズキスズヒロさんに描き下ろしていただいたイラストをあしらって、本好きの本屋さん通いに便利最適なこのバッグでたくさん本を買っていただければと、それが関係者一同の願いである。

　というわけで、不透明ながらもやっぱり本まみれの年末で、そして明ければあの日から10年である。節目がコロナとはこれまたなんの因果かと、恨みごとのひとつもこぼしたくなるのは私だけではないだろう。にしても疫病もまた新たな災害であってみれば、あの経験こそがいま私たちを生かしてくれるに違いないと信じて、まずはコロナの年の年末雑感、みなさんとともに来年も頼りの本にまみれたい。どうか、よいお年を。

# 82

2021.1.10

## 3・11を前に年初の願い

さて、あの日から10年の年が明けた。昨年末になって東京のさまざまなメディアから原稿依頼や企画の相談などが相次いで、どうやらコロナ禍の大混乱にあって忘れ去られたかのように見えた東日本大震災、節目を前に「やはり忘れてはいけない」と意識されるようになったのか、どうか。それは、こちら被災地の側も同じだろう。とにかくあちらもこちらもコロナへの対処がいま最大の課題、とはいえ震災犠牲者への慰霊と鎮魂、防災・減災のためにも風化に抗する発信と、なすべきやるべきことども、常に忘れていけないあれやこれやではあるものの、それにしてもやはり節目は意識せざるを得ない。私たち〈荒蝦夷〉として、『震災学』（東北学院大学／荒蝦夷）最新号の刊行をはじめとしてさまざまに節目の新刊が控えて、阪神・淡路大震災との関連で関西の出版社からも企画が舞い込んだりして、我が構えをあらためる新年である。

そんな昨年末、コロナ禍にあって対面での講座の中止を余儀なくされた東北学院大学地域共生推進機構連続講座「震災と文学」配信映像の撮影を終えた。作家・熊谷達也さん、詩人・和合亮一さん、作家・柳美里さんと常連講師3人にこの10年を顧みていただいて、3月の配信を予定している。撮影スタートはすでに本欄でご報告したが、師走には和合さんと柳さんのインタビューの撮影を完了、現在、監督を担当した作家・黒木あるじさんが編集構成に取り組む。

熊谷さんは気仙沼、和合さんは福島、柳さんは南相馬と、それぞれゆかりの場所で取材、インタビュアーは私が務めさせていただいた。熊谷作品は「いしのまき演劇祭」などで活躍する俳優・芝原弘さんが、柳作品は同じく菊池佳南さんが朗読、和合さんには写真にあるように路上で自ら詩を詠んでもらった。いずれもこの10年間、被災地の表現者として出版人として、仕事にプライベートにさまざまに言葉を交わしたみなさんである。さらに黒木さんはじめスタッフにしても、それぞれがあの日あの場所を思い出してか、言葉まなざしも切れ味鋭く、いつにも増して濃密な取材となった。10年とはそんな時間でもあったかと、撮影現場で思いを強くした。

きっとみなさんも、この3月に向けて、家族や友人、同僚や知人と過ぎた日々を思い返すそんな会話を交わす機会が増える。痛みや悲しみを忘れたい、忘れられない人たちも多いだろうけれど、たとえそうであっても、あなたはひとりではない、この地で日々を経験したみなが、それぞれの思いでコロナの時代をいま生きる、その気持ちを伝え、共有する、そんな節目の年であればと、これが年初の願いである。

# 83

2021.1.17

## 危機を生きるために

新年早々からコロナ禍が風雲急、世の中が俄然《がぜん》あわただしい。昨年から引き続く「いまここにある危機」ではあるが、私たちが経験した東日本大震災の激烈とはいえ瞬間の大破壊と比すれば、ウイルスの所業、いかにもじっとりじわじわと、真綿で首を絞められるかのようなカタストロフである。破壊が終われば復興、いかに不透明でも前に足を踏み出せようけれど、コロナ禍はいまだ大破壊の進行中、さまざまに社会が壊れる、その終わりが見通せなくてはコロナからの復興など誰も語れはしない。やはりウイルス蔓延《まんえん》も自然由来の災害、腰を据えて向き合うのみか。

そんなわけで、ふと見渡せば、あれよあれよの間に、いまや世界はディストピアめいて、昨日までの日常がまるで夢まぼろしの日々となった。だが、待てよ、強烈に既視感がある。ひとつには東日本大震災後の記憶、もうひとつはこれまでの文化的体験とでもいえばいいか。たとえば文学、たとえば映画、あるいはさまざまな領域のさまざまな表現が思い浮かぶ。ディストピアかディザスターか、あるいはカタストロフか、それをなんと呼ぶかはさておき、いずれもがかつてどこかで読んだ／見た世界に似ていはしないか。

SFでいえば、古典中の古典、H・G・ウエルズの『宇宙戦争』（創元SF文庫）は幾度も映画になっている、ジョージ・オーウェル『一九八四年』（ハヤカワepi文庫）もあればSFに限らずともメインストリームのいわゆる純文学にも危機のテーマは多い。戦争文学にもその側面はある。我が国に目を転じても小松左京の『復活の日』（角川文庫）に『日本沈没』（光文社）、さらにお家芸のアニメはいうに及ばず、とにかく作品を挙げればそれだけでスペースが足りない、神話や伝説にも限りない、それくらい〈人類の危機〉はさまざまなジャンルで枚挙にいとまなし、

危機の幻視か予行演習か、既視感の正体はおそらくこれだ。

そして、コロナである。現実が想像を呑み込む勢いだが、さまざまな「想定外」を描く作品の存在は逆説じみて、「破滅」や「破壊」を否定する。語る者がいるのだから「想定外」の事態にあっても人間は「破滅」しない、「破壊」されるばかりではない。作品と作者の存在こそが希望となって、やはり文学や芸術は私たちが危機を生き延びるための大切な手だてなのだろう。本が売れていると聞く。危機への処方箋を求めて、ステイホームの暇つぶしだけではない意味がきっとそこにある。読む者にとって本は剣であり盾、私は今日も本を読む。

# 84

2021.1.24

## 26年を経た神戸の「声」

阪神・淡路大震災から26年が過ぎた。毎年1月17日は、折りに触れてあの日のいまごろなにをしていたか、どこにいたかを思い出す。

相棒のカメラマン奥野安彦の早朝の電話に起こされた。「すぐにテレビを見ろ」と奇妙に押し殺した静かな声。画面には神戸の空撮映像、ちょうど倒壊した高速道路が映っていた。息を呑んだ。奥野とはすでに雲仙普賢岳や奥尻島など災害取材をともにしていた。即座に装備を整え、名古屋までしか動いていなかった東海道新幹線に飛び乗った。名古屋から私鉄を乗り継いで大阪着、だがすぐそばの神戸に入れない。公共交通機関はすべて不通、通行可能な道路はことごとく大渋滞、私たちは自転車を調達して夜明けの湾岸道路を神戸に向かった。例年1月17日、ふと時計に目をやれば、あ、あの日のいまごろ新幹線に乗った、名古屋に着いた、自転車を借りた、神戸に入ったと記憶がよみがえる（写真は神戸市長田区の焼け跡。1995年1月19日。奥野安彦撮影）。

阪神・淡路大震災取材、まずは5年間と決めた。あまりに大きな被害に、それくらいは見続けないとなにもわからない、伝えられない。瓦礫の町で出会った被災者たちの生活再建の足取りを追った。その途上で命を落とした人もいた。仙台からも神戸に通った。だんだんと取材ではなくなっていった。神戸の被災者たちとの、あるいは知り合った人たちとの交流が続いて、ただふらりと遊びに行く、呑みに行く。私たちはそんな取材行を『瓦礫の風貌　阪神淡路大震災1995』（リトルモア）と『てつびん物語　阪神・淡路大震災　ある被災者の記録』（偕成社）の2冊の写文集にまとめた。神戸と私のあの日あのときがそこにある。

見た、聞いた。助けた、助けられた。あの人この人の顔が浮かぶ。神戸は私にそんな町である。たとえば島原、たとえば奥尻、通い詰めた被災地それぞれを記憶に刻んだが、あの巨大都市の破壊はとりわけ忘れがたい。そして、2011年、今度はそんな神戸の人たちに私は助けられた。

神戸から本が届いた。牧秀一編『希望を握りしめて　阪神淡路大震災から25年を語りあう』（能美社）と木村崇之・朝日放送テレビ著『スマホで見る阪神淡路大震災　災害映像がつむぐ未来への教訓』（西日本出版社）だ。詳細は本屋さんで手にとっていただきたいが、いずれにもあの日の「声」が、あの日からの「声」がある。26年を経た神戸の「声」である。16年後、私たちは東北からどんな「声」を発信できるか。神戸の記憶をよみがえらせて、そう思わずにはいられない。

# 85

2021.1.31

## 神戸の「いま」は私たちの明日

正月早々、緊急事態宣言で世が混乱する直前に〈荒蝦夷〉最初の来訪者は神戸からやって来た。神戸新聞編集局報道部の末永陽子記者である。阪神・淡路大震災から26年の神戸と東日本大震災10年の東北を結ぶ取材を受けた。取材者として通い詰めた阪神・淡路大震災、そして自ら体験した東日本大震災について話した。同紙1月17日朝刊、まさに「その日」の朝に神戸のみなさんの目に触れる記事の取材、通常とはちょっと違った緊張感があった。

末永さんと、こんな会話があった。末永さんは41歳、長崎県生まれ、阪神・淡路大震災発災は中学3年生、テレビ画面の映像に「映画みたい」とおどろいた。関西の大学に進学、神戸には縁もゆかりもなかったが、神戸新聞に入社した。阪神・淡路大震災被災地の新聞社だとの意識はなかった。入社して、大震災の記憶に直面した。毎年1月の特集記事取材はもちろん、日常的な取材の場でも「あのころ」の話題がふと出たりする。知ろうとして尋ねて「いやぁ、あんたにはわからんよ」と拒まれたりもした。もどかしくはあるが、被災地・神戸の新聞記者として震災の記憶の記録を続けたいと思っている。

聞けば、神戸新聞でも阪神・淡路大震災取材を経験した現役記者はほとんど残っていない。若手記者への勉強会などもあるようだが、なにせ四半世紀である。アズ・タイム・ゴーズ・バイ、人間だれしも、それが組織であっても、時の流れには逆らえない。逆らって記憶を記録に残そうとするにはエネルギーがいる、知恵がいる。そしてその記録が未来のこの地に暮らす人たちがさらにめぐり来る災厄に直面した日、かならず力になると信じて、これが風化への対抗であり継承伝承の意味だとするならば、神戸のいまは私たちの明日にほかなるまい。

私たちの「あの日」もいまや「ひと昔」の今年である。別に報道機関に限らず、まわりに「あのころ」を知らない人たちが増えていはしないか。生まれていなかった子供たち、幼くて記憶にない子供たち、よそからやって来た人たち。まずはそんな人たちに伝える。それがいつかだれかの命を守る、これこそいわれるところの〈被災者責任〉なのかもしれない。大切なのは伝える想像力に、受け取る想像力か。福永さんの記事が掲載された神戸新聞が届いた夜、私の神戸の記憶のよすがに、26年前の猛火に焼け溶けて変形した洋酒のボトルを久しぶりでながめながら、そんなことを思った。

# 86

2021.2.7

## 我が「節目」の予感

どうなることやらと思っていた。東日本大震災10年である。風化が叫ばれるなか、さらにコロナ禍である。それどころじゃないとばかりに忘却に歯止めがかからなくなるのではないか、被災地はともかく全国的にはなにごともなかったかのような10年目になるのではないか、そんな危惧を持つ同業者もいた。だが、昨年末あたりから、全国のさまざまなメディアからのアプローチが続いている。取材の申し込みもあれば原稿の依頼もある。共同企画を持ちかけられたりもしている。私たちに可能な限りやれるだけはやろうと、四苦八苦の日々である。「節目」と捉えられるのに抵抗はないでもないけれど、これもまた世のならい、どころかコロナ禍の混乱の最中ではあれ、逆にいまを発信の機会としなければ、それこそ風化にあらがえない。そんな思いがある。

取材をする、原稿を書くのは私にとって仕事である。取材相手に会ってインタビューをして、原稿にする。だが、東日本大震災を契機に、取材される側ともなった。過去に全国各地の災害報道を経験して、東日本大震災では被災地の出版人として働き、自らの本も出した、そんなちょっと特異な立場であれば、おまけにいままで取材をしてきた側であれば、ここで取材を拒めるわけもない。

結果、逆に取材される側に立つ困惑と抵抗はさておいて、日本国内のみならず海外のメディアの取材も腹を括《くく》ってすべて受けた。そのひとりが英タイムズ紙東京支局長のリチャード・ロイド・パリーさんだった。パリーさんは足繁《しげ》く東北被災地に通って2018年に『津波の霊たち 3・11 死と生の物語』（ハヤカワ書房NF）を刊行、英ラスボーンズ・フォリオ文学賞と日本記者クラブ賞特別賞を受賞した。この本の原点となったのは「ロンドン・レビュー・オブ・ブックス」2014年2月号に発表の「ゴースト・オブ・ザ・ツナミ」で、いずれにも取材を受けた私たちのことばがある。

その『津波の霊たち』が文庫になった。海外のジャーナリストがあの日々をどのように伝えたのか、そして私たちはそれにどのように応じたのか。ここにあのころの私たちがいる。ページをめくりながら、この10年を思い返しながら、職業として取材をする／受ける、そして伝えることの意味をあらためて問いなおして、きっとそこからこれからの10年になすべき仕事が見えてくる、それを考えるのがもしかすると我が「節目」なのかもしれないと、いま予感している。

# 87

2021.2.14

# 未来の読者に向けて

知らない本を知り、知ってはいたけれど見たことのなかった本を見る。古本屋をやってみて、これがなんとも刺激的で楽しい。入荷入手して「へぇ、こんな本があったのか」とためつすがめつ、あるいは「おっ、これは噂に聞いたあの本」とわくわくドキドキ、そしてそれをまた次へと手渡す。知識や歴史の仲介者といえば聞こえがいいか。東日本大震災10年を前にしたこの年末年始、歴史的な震災関連資料を〈古本あらえみし〉から仙台と東京の災害研究者の許へ届けた。

まずは『銘細改板　江戸大地震出火場所附』（太平安心堂蔵版）。これは安政大地震（1855年）の出火状況を図示した江戸時代のかわら版、さらに関東大震災なら『帝都大惨害画報』（東邦堂）、『週刊朝日　第二震災号』（東京朝日新聞社・大阪朝日新聞社）、『大震災写真画報第三集（週刊朝日臨時増刊）』（大阪朝日新聞社）、『関東大震災画報』（東京日日新聞社）、『大正大震災誌』（報知新聞編集局編）、『歴史写真　関東大震大火記念号　第一巻』（歴史写真会）、『歴史写真関東大震大火記念号　第二巻』（歴史写真会）、『思ひ出の大震災記念（絵はがき8枚組）』（松本幸盛堂）などなど、そして私たち〈荒蝦夷〉も復刻した『風俗画報臨時増刊　大海嘯被害録』

（東陽堂支店）や『アサヒグラフ臨時増刊　三陸震災画報』（東京朝日新聞社）と、江戸時代の木版から昭和初期の印刷物までおよそ80年間の列島災害の記録である。

いろいろなところから私たちの許に集まってきたものである。かつての私なら資料として手許に残しておきたかったかもしれないけれど、古本屋のオヤジとしては納まるべきところに納まって、ほっとひと安心、散逸することなく場所を得て、きっと次なる災害を考えるための資料として有効に活用されるに違いない。

昔日の紙に触れ、過去の活字に目を走らせて思うところもあった。かわら版とて江戸のジャーナリズム、いずれもがいかに災害が報道されてきたかの記録である。たとえば１００年を過ぎて、きっとこの河北新報も、あるいは私たちが編んだ本にしても未来の震災研究者にとってかけがえのない歴史資料となるだろう。とすれば、私たちはいま現在の読者だけでなく、未来の読者に向けても記録を刻んでいるのか。過去の記録を未来へと手渡して、さらに私たち自らの記録を後世に伝える。そう思えば、日々の仕事のあわただしさわずらわしさも捨てたものではないかもしれないと、自分を納得させる10年目である。

88

2021.2.21

# 震災と「感情史」

本屋さんで「感情史」の本を目にするようになった。最初は「感情の歴史」とはなんのことやら手にも取らなかったのだが、思うところあって3冊ほど読んだ。バーバラ・H・ローゼンワインとリッカルド・クリスティアーニ『感情史とは何か』(岩波書店)、ヤン・プランパー『感情史の始まり』(みすず書房)、ウーテ・フレーフェルト『歴史の中の感情』(東京外国語大学出版会)である。欧米の歴史学の新潮流「感情史」なるもの、ざっくりとではあれ理解できた。

それがたとえ我が〈感情〉であっても、喜怒哀楽や漠とした気持ちを相手に正確に伝えるのは至難のワザ、理路整然と説明なぞできたりはしない。だけどなにかモヤモヤと、確かに〈感情〉は私の裡にある。これはいったいなんなのか。たとえば人間の「怒り」とはなにか。古代から現在まで、文学や絵画にさまざまな「怒り」がある。そこから「怒り」とはなにかを読み解く。だが、同じく「怒り」と表現されても、古代ギリシアのAさんと現在の私の「怒り」の感情は同じものなのか、どうか。あるいは私の趣味の怪奇幻想文学、英ヴィクトリア朝のコワいお話、19世紀の読者Bさんの「コワい」と、現在の私の「コワい」は果たして同じ「コワい」なのか。さらにそこに最新の脳科学やら神経生理学の知見が絡まる。外からの刺激に我が脳ミソが喜怒哀楽を判じて、涙を流したり笑ったりと、人間の知覚や人体のシステムも大きく感情に関わる。そんな視点から新たな歴史像が見えてくる。一読、うーむ、なるほど。

これらの本に手を伸ばした「思うところ」とは、東日本大震災10年だった。風化を止めなければならない、伝承はどうあるべきか。それではなにを伝えれば風化にあらがえるのか。この10年、さまざまなデータやエビデンスが私たちの前に提出されて、あの震災の正体が見えてきた。もちろんそれも大切なのだけれど、顧みてなにが私の内面を支えてくれたかといえば、本であり、文学だった。美術や音楽や演劇や映画に支えられた人たちも多いだろう。

文化芸術が掻き立てる〈感情〉が私たちを支えた。私たちが持ち得たそんなさまざまな被災の〈感情〉を次代へ伝えるのもまた災害への備えになるとすれば、それを歴史にどうやって刻むのか。学術的な文脈で「感情の避難所」の語句に出会って、連想が跳ねた。本こそが、私の避難所だったか。この10年、あなたの「感情の避難所」はなんだったろうか。

# 89

2021.2.28

## 30年前の出会いから結実

作家・志賀泉さんと知り合ったのは、あれは30年も前になるだろうか。志賀さんはまだ「作家」になってはいなかった。東京都小平市にあった本屋さん松明堂に勤めていた。私はその地下のギャラリーで写真展をプロデュースしていた。松明堂の松本昭社長とひょんなことで知り合って、地下にギャラリーを新設するから、写真集の編集をやっているのなら、お前、写真展を企画しろとお声がけいただき、好き勝手やりたい放題にやらせていただいた。松本さんはあの清張さんの息子さんだった。この松明堂で志賀さんを知った。志賀さんは本屋さんで働きながら作家を目ざしていた。私はといえば『日本のミイラ仏をたずねて』(晶文社。「新編」は天夢人より)の取材中だったから、志賀さんと一緒に出羽三山に即身仏めぐりの旅をしたりもした。

志賀さんが『指の音楽』(筑摩書房)で第20回太宰治賞を受賞、小説家としてデビューしたのは2004年、私は既に仙台に拠点を移して『別冊東北学』(作品社)を編集していた。志賀さんは転職、私は仙台、頻繁にではなくともなにかあると連絡を取り合っていた。福島県小高町(現南相馬市)生まれの志賀さんに、おばあさんの思い出を『別冊東北学』に寄稿してもらったりもした。東日本大震災後は直に顔を合わせる機会はなかったが、やがて志賀さんは東京電力第一原子力発電所事故により大きな被害を受けたふるさと小高に通って作品集『無情の神が舞い降りる』（筑摩書房）を発表、映像記録にも取り組むなどさまざまに風の便りは伝わっていた。

偶然の再会は2017年、小高に移住した作家・柳美里さんの本屋さん「フルハウス」のオープニングイベント、この日、我らチーム〈荒蝦夷〉は来場者150人あまりにウェルカム芋煮をふるまった。来客の列に、志賀さんがいた。なにせ小高生まれである。その場にいるに不思議はない。再会をよろこんで「実家はどこなの」と訊けば、なんと「フルハウス」のすぐそばだった。

昨年、志賀さんが小高を舞台にした短編4作の原稿を手に仙台にやって来た。その短編集『百年の孤舟』が、あの日から10年を機に私たち〈荒蝦夷〉から間もなく刊行である。原発事故に破壊されたふるさとを哀切でありながら鬼気迫る筆致で描いて、作家の怒りと悲しさが胸に迫る。30年前の出会いがこのような本に実を結ぶとは、あのころの志賀さんも私も予想だにしていなかった。ゲラに目を通して、運命、そんな言葉が脳裡《のうり》をよぎった。手に取ってやっていただければ。

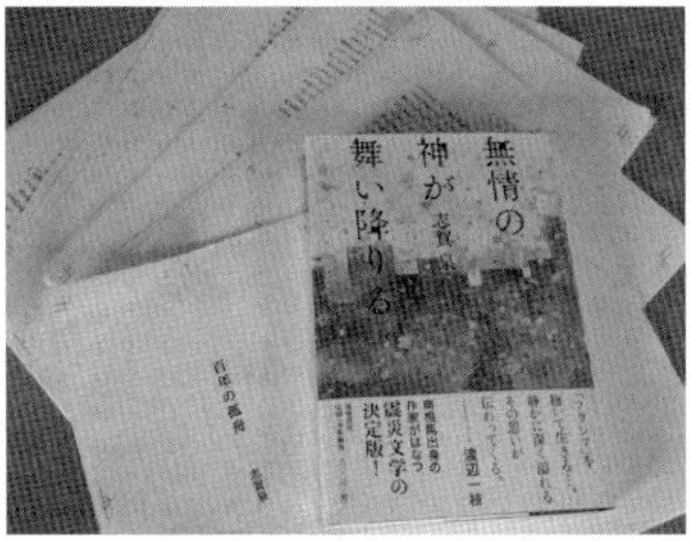

# 90

2021.3.7

## 震災10年の短編文学賞

第4回仙台短編文学賞の各賞が決定した。全国各地はもとよりパラグアイやイタリアなど海外からも374編（内東北6県は180編）が寄せられ、そのなかから大賞は森川樹さん「海、とても」、仙台市長賞は本郷久美さん「蛍」、河北新報社賞は時田日向さん「骨」、プレスアート賞は東風谷香歩さん「月にかける」、学籍者対象の東北学院大学賞は茂木大地さん「雑踏を奏でる」、同奨励賞は川上新さん「正解」と決まった。

例年の繰り返しとなるが、仙台短編文学賞は「仙台、もしくは東北に関連したジャンル不問の短編小説対象の文学賞」であって、決して「震災文学」の賞ではない。だが、第2回選考委員の作家・熊谷達也さんが「十字架を背負った文学賞」と評した通り、やはり「被災地発信の文学賞」だけに、東日本大震災に関わる作品が多い。ことに今回は震災10年、実行委員会事務局の立場から見ても、例年よりもいわゆる「震災文学」的な作品が多かった印象がある。

第4回選考委員のいとうせいこうさんの講評に「東日本大震災をテーマにした短編に、これほどの味わい深さのバリエーションがあるとは思っても見なかった」とあり、その「個々の人間それぞれの事情や価値観」の多様性に触れている。選考を終えて「色々と心動かされる作品が多くて、正直驚きました。レベル高いです」とも洩らした。あの『想像ラジオ』（河出文庫）の作者の評である。

実行委員会一同、受賞のみなさんとさまざまな手続きのためにお目にかかった。それぞれが被災地と縁あるみなさん、そのそれぞれの震災への、故郷への思いあふれる作品である。ふるさとを離れて思うあの震災のあの日々への思いを綴り、あるいは幼くして体験したあの日々をいまなんとか理解しようと苦闘する若者たちのすがたがある。やはり、10年である。

世に10年を「節目」と「ひと区切り」と見なす言葉がある。そして、単なる通過点にすぎないではないかなど、それに対する反発もある。意識的にしろ無意識にではあれ、これで終わりにしたい／しようと、そんな意図の透ける言葉には私もまた抵抗したくなるけれど、それにしてもやはり10年を私たちは生きたのである。この3月はその意味を静かに噛み締めたい。これら作品がそのようすがと、そして次の10年を生き抜くよすがとなればと祈る。受賞作は本河北新報紙上、『Ｋａｐｐｏ 仙台闊歩』（プレスアート）、『震災学』（東北学院大学／荒蝦夷）に順次掲載される。

# 91

2021.3.14

## もうひとつの「あの日」の記録

トップ記事は〈首相、外国人から献金　１０４万円受領　全額返却意向　辞任は否定〉とある。その下に〈普天間固定化「問題ない」　メア氏、国務長官に進言〉と〈NY株１万２０００ドル割れ〉が続く。連載「お直しのゲンバ」は最終回、宝飾品の青葉区「いかい工房」が紹介されている。３面に移れば、この日、市内13中学校で行なわれた卒業式のレポートに、小惑星探査機はやぶさプロジェクトマネジャー川口淳一郎さんのインタビューがあり、霊感商法事件の被害が拡大して、ニュージーランド地震の被災ペット保護のニュースもある。６面「仙台圏イベント情報」には「早春の太白山へ上ろう！」や「梅田川を歩こう！」と、来る春への期待があふれる。

思わずじっくりと見たのは２０１１年３月11日の河北新報夕刊である。古本屋をやっているといろいろな「紙」が集まってくる。そんななかに誰かが保存していた東日本大震災関係の古新聞の束があった。整理していると、この夕刊がまじっていた。

聞けば、刷り上がった夕刊が販売店などに届くのは午後２時くらい、配達の準備を整えて各家庭に配られる、コンビニに並ぶ。午後２時。あたりまえながらそのわずか46分後の記録は紙面のどこにもない。どころか、そもそも配られたのか、売られたのか。あの大混乱を思い返せば、それすらもわからない。

紙面を見て、不思議な気持ちになった。SF小説でいえば、パラレル・ワールドに迷い込んだごとくに、歴史に「イフ」はないとはよくいうが、もしもあの地震と津波がなかったならばあったはずの、いつも通りの仙台の日常がこの紙の上だけに残る。消え去った日常の幻が、不思議で、そしてどこかなつかしくいとおしい。中学校の卒業式の写真、女の子が満面によろこびを湛えて卒業証書を受け取る。キャプションに「午前10時10分ごろ」とある。あの4時間半前の歓喜が切ない。紙の上の日常が、私たちの知らない異世界で続いていてくれればと、そんな夢を見た。

と、ここまで書き進めたのは3月10日。朝刊掲載の盛岡総局長の今野忠憲さんの「巻き戻したい」と題した「デスク日誌」に目が止まった。夕刊配達の準備中に津波の犠牲となった若林区の販売所のご主人・中島英一さんの思い出が記されていた。中島さんが配達できなかった夕刊を見ながら、そして配達されないまま海に流された新聞を思いながら、10年を噛み締めた。

この新聞は私たちの許から、とある震災研究者に引き取られていった。「あの日」のひとつの記録として。

# 92

2021.3.21

## 16年後に思い巡らせ

私たち〈荒蝦夷〉が企画コーディネートを担当する東北学院大学地域連携センター連続講座「震災と文学」が、今年はコロナ禍にあって対面開講を断念、動画配信で実施となった経緯はこの欄でご報告してきた。この3月11日からその映像が同大ユーチューブチャンネル(https://youtube.com/user/tgkoho)で公開されている。熊谷達也さん「仙河海を歩く」、和合亮一さん「福島を詠み続けて」、柳美里さん「小高を生きる」の3パートなのだが、単に講義を流すだけでは味気ないと、山形在住の作家・黒木あるじ監督(専業作家となる以前は映像作家として活躍)の指揮により、ドキュメンタリーにまとめた。

熊谷さんは作品の舞台となった気仙沼市で収録、和合さんには福島市内の路上で詩の朗読をお願いした。柳さんのインタビューは南相馬市小高区で経営する本屋さん〈フルハウス〉と演劇アトリエ〈LaMaMaODAKA〉で撮影、別撮りの朗読は演劇ユニット〈コマイぬ〉の芝原弘さんと菊池佳南さんが担当、製作開始は昨年11月、3パート合わせて本編2時間近い映像作品が完成した。被災地に暮らしながら文学で震災と対峙した作家たちが10年の日々の移ろいを語る声に自らの記憶を重ね合わせて、10年の意味を考えさせられる撮影だった。

そして、神戸は阪神・淡路大震災から26年である。3月13日には丸善仙台アエル店で、神戸から牧秀一さんと木戸崇之さんを迎えて、私が司会を務めたトークイベント「神戸から仙台、そしてこれから」があった（写真提供／能美舎）。牧さんは阪神・淡路大震災以来、NPO法人「よろず相談室」を率いて被災者支援に取り組み、その四半世紀のあゆみを『希望を握りしめて　阪神淡路大震災から25年を語りあう』（能美舎）としてまとめたばかり、大阪・朝日放送の木戸さんは『スマホで見る阪神淡路大震災　災害映像でつむぐ未来への教訓』（西日本出版社）を上梓している。この2冊、タイトルだけは本欄で以前ご紹介したが、前者は牧さんの回想と神戸の被災者が25年を振り返った聞き書きを収録、後者は紙の本と地域のテレビ局が保存するニュース映像アーカイブを繋いで、どちらにも神戸の声がある。

10年の東北の声と、26年の神戸の声が共鳴する。26年後の神戸からの声に耳を傾けながら16年後の仙台にあらためて思いをめぐらせて、さて、これから私たちはなにをなすべきか、伝えるべきなのか。生きながらえられれば、そのころ私は74歳になっているはずだ。

# 93

2021.3.28

## 「おらほの新聞」の底力

この連載の3月14日掲載の第91回、10年前の3月11日の河北新報夕刊をご紹介したエッセーに、いつになくみなさんから反響をいただいた。SNSなどにはじまり、お便りもあった。あの日の紙面に掲載されていた中学校の卒業式に関するご父兄からのお便りと、あの日の夕刊配達を目撃した読者からのお便りである。どれも地域の新聞への思いある文面だった。このエッセーを読んでいただいているみなさんなのだから当たり前かもしれないが、やはり河北新報が「おらほの新聞」だからこその反響ではあるかと、そう思った。

さて、全国各地それぞれに「おらほの新聞」はある。北海道に生まれ育った私には、もちろん北海道新聞、通称「道新」がそれだ。高校卒業まで、同級生に道新記者の息子がいた。東京で仕事をしていたころから、道新の知人に頼まれて書評などを寄稿したり、いろいろとイベントなどもともにした。私たち〈荒蝦夷〉の刊行書籍第1弾『X橋付近　高城高ハードボイルド傑作選』の作者・高城高さんは仙台生まれにして道新のベテランOBだった。そんなこんなで北海道を離れてからも道新との縁は続いていたのだが、その道新に定期的にエッセーを書くようになったのはいまから7年前だった。

東日本大震災の被災地に私がいる、なにか書かせろ、そんなところだったのだろう。毎年3月毎週1回掲載で、東北被災地の例年の「いま」を道新の読者に伝えた。と、反響があった。家族・親類・縁者から、あるいはずっとご無沙汰だった高校の同級生から、音信不通だった郷里の友人から、互いの安否確認の連絡やら「読んだぞ」メールが届く。そうか、道新に原稿を書けば、ふるさとのみんなに手紙のごとくに届くのかと「おらほの新聞」の底力を知らされた。

企画スタート当初から、担当者と「10年まで」と決めていた。今年がその10年、道新の読者を前に「震災10年」を語る機会がさいごにあった。北海道新聞苫小牧政経文化懇話会の席である。旧知の中川大介同社苫小牧支社報道部長が声をかけてくれたのだが、残念、そこに宮城県の新型コロナ緊急事態宣言である。渡道を断念して仙台からリモートでお話させていただいた。

例年の被災地レポート、まずはこれで一段落となってちょっとさびしくはあるが、東北の声を伝える場を新たに考える契機と捉えて、これからも我が「おらほの新聞」道新との縁は切れそうにない。ふるさとのあの人この人の顔が浮かぶ10年の仙台である。

# 94

2021.4.4

## 待望の仙台「本の本」

どうやら「本の本」といったジャンルの本がある。「本に関する本」とか「本にまつわる本」だが、編集者など出版人の回想録、ブックデザインを娯しむための本、出版社や雑誌の歴史を追ったノンフィクションや研究書、出版流通や新刊本屋さんの現場リポート、出版産業の問題を指摘する経済ビジネス書などなど、枚挙に暇がない。私とて出版人のハシクレであるからして、これらの本、それなりに架蔵している。〈古本あらえみし〉にだって「本の本」のコーナーがある。

だが、そんな書架を眺めてちょっと複雑な気分になったりもする。そもそもこのテの本、以前はあまり見かけなかった。古典名作ガイドや読みどころを紹介する本の内容に関する本や、あるいは稀覯《きこう》本の世界や蒐集家の内幕をのぞかせる古書に関する本などはあった。けれどもナマの本そのものの実情や魅力を語る本はこれほどにはなかった。背景にあるのは、おそらくは深刻な出版不況にほかなるまい。

私見では、これら「本の本」の嚆矢は2001年のノンフィクション作家・佐野眞一さん『だれが「本」を殺すのか』（新潮文庫）にある。出版不況が叫ばれるなか、本をめぐるさまざまな現場にその深層を探って出版人と読書人に大きな衝撃を与えた。以来すでに20年、出版不況はいよいよ泥沼に、それと踵を接するように本そのものの価値と魅力を語る「本の本」が増えた。本の価値や魅力が共有されていれば世に要請されなかった本たちではないかと思えて、気分は複雑である。

けれども、視点を変えればそれもまた善しではある。空前の危機に瀕しているのは産業としての出版であって、存在としての本そのものではない。そんな時代だからこそ、基本に立ち返って本そのものの持つ意味と意義に思いを致す、そしてそれを次代へと、新しい読者へと伝える。迂遠に思えたとしても、これこそが出版不況への唯一の処方箋なのではないか。いかに迂遠とはいえ、なにせ大切に扱えば紙の本の寿命はひとりの人間のそれを超えるのだから。

さて、仙台の「本の本」である。新刊『仙台本屋時間』（ビブランタン）が出た。ブックカフェ「火星の庭」の前野久美子さんが製作総指揮、新刊も古本もまとめての仙台本屋さんガイド、佐伯一麦さん、柳美里さん、友部正人さんらが本屋さんの魅力を語り、私も寄稿させていただいた。本の魅力への入り口は、まず町にある。本書がその手引きとなればと、それが関係者一同の願いである。

# 95

2021.4.11

# コロナ下に届いた吉報

予定が立てられない。立ててもその通りには行かず、中止など変更を余儀なくされて、仕切り直しの混乱が続く。いうまでもなく、コロナである。感染拡大を思えばさまざまな措置もやむなしではあるのだが、なにせ来週はいったいどうなるのか一寸先がわからない。淡々と業務を続けながら、状況に則して判断するしかないのだが、これがなかなか疲れる、難しくもある。

仙台短編文学賞実行委員会は第4回授賞式の延期を決めた。中止ではなく、延期である。昨年の第3回授章式は国の緊急事態宣言により中止、本年の第4回と授章式合同開催を予定していた。感染状況をにらんでリモートの準備も進めていた。そこに県の緊急事態宣言と「まん延防止等重点措置」、会場の仙台文学館も休館とあっては、4月実施はあきらめざるを得ない、かといって昨年に続けて中止とすれば、来年は足かけ3年間の合同開催、これは避けたい。延期を決めて6月を目ざしてあらためての準備に取りかかったが、果たしてそのころ、コロナは、そして世は、どうなっているものやら。

思えばこの繰り返しが続いている。出版業界も大混乱、昨年春の国の緊急事態宣言以来の刊行予定の乱れだって、いまだ尾を引いている。なんとか正常に復したかと思いきや、感染再拡大に再々拡大と、混乱はなかなか収まらない。私たち〈荒蝦夷〉でいえば、戦前宮城県が生んだ日本探偵小説界のレジェンド佐左木俊郎の『佐左木俊郎探偵小説選』全2巻である。東京の論創社からの刊行で、編者を竹中英俊北海道大学出版会相談役と私が務めたこの作品集、生誕120年を記念して第1巻はなんとか昨年夏に出せたものの、第2巻は今年3月にずれ込んだ。120年記念が121年になってしまったわけで、いやはやである。

だが、吉報もあった。カバーに仙台在住の漫画家スズキスズヒロさんが昨年の仙台文学館企画展「作家・編集者　佐左木俊郎」展のために描いた佐左木のイラストを使わせていただいたのだが、そのスズキさんが作品集『空飛ぶくじら』（イースト・プレス）で第24回文化庁メディア芸術祭マンガ部門新人賞を受賞されたのである。宮城県が生んだ伝説の作家再評価の作品集のカバーを、同じ宮城県の新進気鋭の漫画家のイラストが飾って、こちらはまたなんともいえずよろこばしい春とはなった。本屋さんで見かけられたら、ステイホームのお供に、ぜひ。

# 96

2021.4.18

## 仙台舞台の奇作怪作

商売柄もあるのだが、東北、特に宮城県や仙台市を舞台にした小説や映画に興味を引かれる。なにか本のネタにならないかなとか売れないかなとか、下ゴコロもあるにはあるけれど、B級C級に奇作怪作が好みだったりするものだから、なかなか仕事には繋がらない。そこに描かれた東北をひとり楽しんで終わりである。最近もそんな本と映画に出会った。

犯罪実話『のたうつ憲兵　首なし胴体捜査68日』(東京ライフ社)である。著者の小坂慶助は太平洋戦争戦前から戦中にかけて腕利き憲兵(軍隊内警察組織の捜査員)として活躍、戦後、作家となって自らの体験を次々に実話読み物として発表、本書は昭和32(1957)年、東京ライフ社刊なのだが、この舞台が仙台なのである。昭和12(1937)年秋、仙台歩兵第4連隊で発生した怪事件、基地内の井戸から女性の胴体のみの遺体が発見される。無惨なバラバラ殺人に、当時人口約11万の仙台は騒然、ライバル関係の宮城県警と仙台憲兵隊が互に負けてはならじとしのぎを削るも捜査は難航、東京から腕利きで知られた小坂憲兵曹長が派遣される。あたかも日中戦争下、第4連隊主力は中国に動員中、捜査網もそれを追って大陸へと伸びる。

なにせリアルなのは、そのころの仙台の描写、あ、これはあそこ、ここはあのあたりと町名などもそのままに、仙台空襲以前の町の世情風俗に興趣が尽きない。そもそもが歩兵第4連隊は現在の榴岡公園内にあり、仙台市歴史民俗資料館の建物が連隊兵舎だった。あそこでこんな事件があって、こんな人たちが捜査したのか、市民はメディア（もちろん河北新報も登場します）はどのように事件を受け止めたのか、そして東北帝国大学法医学教室の動きはと、なにせ実際にそれに関わった本人による記録だけに、やたらディテールが細かいのがいい。古地図を片手に楽しめそうだ。

この小坂憲兵の回想録、好評だったと見えて『憲兵とバラバラ死美人』となんともミもフタもないタイトルで映画化、出版と同年に公開された。どうやら仙台ロケではなさそうなモノクロ映画、小坂役に中山昭二といえば、我らの世代なら『ウルトラセブン』はウルトラ警備隊のキリヤマ隊長である。ほかに天知茂や細川俊夫と昭和おじさんにはなつかしい顔が出演している。原作本はさすがに入手困難だが（私もぼろぼろの古本で読んだ）、映画はＤＶＤで鑑賞可能、コロナの憂《う》き世を離れて、かつての仙台に思いを馳せてみるのはいかがだろうか。

# 97

2021.4.25

# 新刊書店と古本屋がタッグ

古本がぎっしり詰まったダンボールをトラックから運んでは下ろす。それを台車で運び込み、取り出した本を高い棚から低い棚まで、踏み台に伸び上がり床にしゃがみ込んでは並べる。毎日これを延々と繰り返せば、背中から足腰まで筋肉痛である。それでも本がきれいに詰まればなんともうれしくて、ちょっと誇らしくもある。サンモール一番町の金港堂本店2階で古本市の準備中の、写真はそのひとコマである。

宮城県古書籍商組合有志の10軒の古本屋が、仙台の本好きなら誰もが知る今年で創業111年を迎えた金港堂とタッグを組んでの古本市がスタートした（5月23日まで）。新刊書店と古本屋の共同企画、全国各地でさまざまに取り組まれているが、仙台ではこれが初といっていいだろう。10軒が手を組んで金港堂に運び込んだ古本、およそ4万冊、ずらりと並べば本好きにはたまらない壮観と、ここは自画自賛させていただいて、参加古本屋をご紹介すれば市内からは私たち〈古本あらえみし〉に〈book cafe火星の庭〉にジェイルハウスブックに阿武隈書房に〈書本&cafe magellan〉、丸森からスローバブックス、石巻から一坪書店文庫に〈ゆずりは書房〉、大崎からテンガロン古書店、気仙沼からはイーストリアスの10軒がより抜きの古本を持ち寄った。

それぞれが趣向を凝らした品揃え、私たち〈古本あらえみし〉は宮城と仙台の郷土本・郷土資料をメインテーマとした。あたかも春5月、新入生や新社会人、そして異動転入の季節である。実は東日本大震災前、仙台の出版3社（荒蝦夷・河北新報出版センター・プレスアート）が共同で例年のこの季節「仙台と出会う人へ、仙台をもっと知りたい人へ」と題した「新仙台人」に向けてのブックフェアを企画していた。いわばその古本バージョンを私たちは目ざしたわけである。

にしても、コロナ禍、感染予防に気を配りながら、だが、報道などでご存じか、ステイホーム需要で本は売れている。家にこもってじっくり読書もいいと、ただそれだけではなさそうな気配もある。思い返せば、震災後も本は売れた。カタストロフに直面して人は本になにを求めるか。本を編む、本を売る側にしても、ここは考えさせられるところではある。

さて、金港堂の2階といえば、年季の入った本好きならご承知の通り、いまはイベントスペースとはいえ、かつては本屋さんの売り場だった。しばらくぶりでここで本を手に取ってみていただければ、そしてその本がコロナの世を照らす一灯となればと、関係者一同、願ってやまない。

# 98

2021.5.2

# 歓喜の文学賞受賞

それなりの文学賞の候補者となると「受賞待ち」がある。選考会の日、その結果を知らせる電話(まあ、いまはスマホだが)を担当編集者はじめ関係者が酒場などに揃って待つわけだが、結果が出るのをいまかいまかと、その緊張感たるやなんともはや。結果がよければそのまま祝いの席に、あるいは残念会に、いずれ酒杯が次々と干される。コロナのご時世、そんな「受賞待ち」もなかなか難しくなってはいるが、この4月末、しばらくぶりにあの緊張感だけは味わえた。

私たち〈荒蝦夷〉の『真田啓介ミステリ論集　古典探偵小説の愉しみ』全2巻(フェアプレイの文学/悪人たちの肖像)が、第74回日本推理作家協会賞(研究・評論部門)受賞である。同協会から事前に「午後3時から選考会、午後5時くらいまでには結果が出るので、連絡の取れる場所にいてください」と通知があって、真田さんとふたり、私の仕事場でまったり待っていたのだが、なかなか電話が鳴らない。午後4時をすぎたあたりからだんだん緊張が高まって、沈黙が続く。午後5時をかなりすぎて真田さんがトイレに立った途端に受賞の知らせ。間もなくネットで結果が公式発表されるや、真田さんと仕事をともにしたことのある東京の編集者仲間などからお

祝いの電話も次々と、やれやれとほっとひと息、よかったよかった。いわゆる「地方出版社」刊行書籍の同賞受賞はおそらく初めてとあって、その意味でも私たちにはうれしい結果となったのはいいのだが、好評のため現在のところ在庫品切れ中、入手困難解消までしばしお待ちを。

ともあれ「賞」なるもの、受賞者がいちばんめでたいのはもちろんだが、それが文学賞であれば、担当編集者はもちろん営業スタッフなど出版社の面々から本屋さん、そしてなにより読者のみなさんまで、よろこびの輪が広がる。本を書くのも編むのも、基本は孤独な作業である。それが大きな渦になる瞬間は、これぞ出版人冥利ともいえようか。

思えば昨年から柳美里さんの全米図書賞翻訳部門賞、スズキスズヒロさんの文化庁メディア芸術祭マンガ部門新人賞、そして真田さんと、私たちのまわりで受賞のよろこびが続いている。さらに昨年度第3回仙台短編文学賞大賞「境界の円居」の佐藤厚志さんは『象の皮膚』（新潮社）により本年度三島由紀夫賞候補である。春の仙台に、吉報よ、続け。

# 99

2021.5.9

# 静かな知恵の宝庫

今日もまた、本とはなにか、本屋とはなにか。考えさせられる日々を過ごしている。

サンモール一番町の金港堂で好評裡に開催中の古本市のスタートは本欄ですでにご報告した。宮城県古書籍商組合加盟10古書店総がかりで4万冊の古本をどっさり運び込んだのだが、その準備が大変だった。壁面作り付けの本棚と平台、なにせもともとが本屋さんだけに、詰めても詰めても終わらない。本をいかに並べるか詰めるか、そこに特化して工夫を凝らした建物と、目からウロコである。3階の事務所から降りてきた金港堂の藤原直社長に「いやあ、スゴいですね」と息を切らして話しかけると「そりゃあそうさ、だってウチは本屋だ、どれだけ本を並べられるか、そのために設計された建物なんだから」と莞爾《かんじ》と破顔。確かに。おそれいりました。

なにせ創業111年、現在の建物になってからも半世紀は経っているのでは。私にしても40年前からおなじみの本屋さんである。壁も床もどっしりと重厚に、3階と4階は事務所や倉庫、バックヤードも本屋さんならではの小技があちこちと、拝借した特注品の木製平台がまたなんとも昭和の本屋さんの空気を引き立てて、昔ながらの風情がなつかしくもおだやかな売り場となった。

このおだやかさには売り場の静けさもひと役である。幸いご好評をいただいて、いつも常にお客さまがいる。にしては静かなのだ。アーケードのコマーシャルソングや雑踏も頑丈な窓ガラスにさえぎられてやさしげに、売り場は古本を来場のみなさんが品定めするさわさわとした紙音ばかり、こんなに人がいるのに本屋さんとはかくも静かだったかと、レジにすわりながらあらためて思わせられた。

全国各地の緊急事態宣言、新刊にせよ古本にせよ、本屋への休業要請への議論がある。金港堂古本市にしても検温器を設置、手指消毒のアルコールを入り口に、レジにはビニールシートである。本屋の休業要請への反対意見に、まずはこの静けさがある。本屋さんは飲食したり声高に騒ぐ場所ではない。ひとりひとりが本のページをめくり、自らに要か否かに思いを馳せて、いわば自らの内面と静かに対峙する場所であり、とすれば、コロナ禍にあって、いや、剣呑な日々にあってこそ大切な平穏の場、混乱と危機を乗り越えるための知恵の宝庫であり砦なのではないか、と。

古本市の会場でそんな思いにふけった私の黄金週間である。金港堂古本市、23日まで。よろしければ、お運びを。

# 100

2021.5.16

# 古本好きは国を超えて

思わず映画館の暗闇でにやにやしてしまった。公開中の映画『ブックセラーズ』である。タイトルそのまま米国「本を売る人」のドキュメンタリー、それもただの本ではなく古本である。といってもこれまたただの古本ではなく、びっくり仰天の稀覯本がスクリーンに次々と、なんとも眼福なのだが、にやにやさせられたのは登場する彼の地の古本屋さんたちの生活と意見だった。もちろん世界に稀覯本を探し求める名だたるブックハンターのみなさんを「古本屋さん」などと気軽にご紹介できたものではないが、にしてもやはり古い本を扱う商売人には違いない。

ブックフェアの会場に向かうため、台車に積んだぎっしり箱詰めの本の山をがらがらと、その箱をクルマにどうやって載せようかとアタマを悩ませ、会場に着いたら今度は古本をずらりきれいに並べる、その繰り返し。荷物の重みに足腰が痛む、古本屋の仕事は体力勝負、生まれ変わったら絶対に古本屋なんかやらないなどとぼやいて見せながら、だがなぜかその顔は晴れやかに楽しげだったりもして、みんなどこかで聞いたセリフであり、見た顔なのである。

たとえば仙台市サンモール一番町金港堂古本市や駅前イービーンズ9階「古本まつり」の会場、

はたまた宮城県古書籍商組合の各種会合である。いやはや、古本の山との格闘は海の向こうもこちらも同じか、それでも国籍人種の差異を超えて古本屋は本が好き、スクリーンの顔に私の知る同業のあの人この人、まさに我らが町のブックセラーズたちのイメージがダブって、そしてみんなどこか世の流れからズレていたりもして、そんな「にやにや」である。ふと我に帰れば、〈古本あらえみし〉オープン２年とはいえ、もしかすると私もそんな顔になっているのかと、思わずぎくりとさせられたりもしたけれど。

ところで、古本が結ぶ不思議な縁を描いた名著として名高いヘーレン・ハンフ『チャリング・クロス街84番地』の増補版が中公文庫の新刊である。大西洋を挟んで米作家と英古本屋の20年にわたる交流の実録、第２次世界大戦後、手紙で注文した古本が海を越えて郵便で届く。顔を合わせずとも、そこに本を通じた魂の触れ合いが生まれて、やはり古本は不思議である。こちらも映画化されて、米作家を演じたのはアン・バンクロフト、古本屋は本年度アカデミー主演男優賞のアンソニー・ホプキンス。映画『チャーリング・クロス街84番地』は１９８６年の作品だが、ＤＶＤが出ている。古本趣味のあなたなら、映画と原作、どちらもご覧になって損はないはずだ。

# 101

2021.5.23

## ハードボイルドの源泉

ハードボイルドは死語なのか。昭和おじさんの昔々は小説にしても映画にしても、カッコいい男たちの物語だったのだが、いまやマッチョなタフガイがどこかむさ苦しく暴力的に、そしてなにやら説教くさく活躍する、そんなイメージとなってしまっているように思えるのはひが目か。映画でいえばなつかしやハンフリー・ボガートだったり、あるいはアラン・ドロンの暗黒街モノ、コミックなら『ゴルゴ13』といったイメージだが、そのエッセンスはいうところのノワールに流れ込んでいるにしても、やはりかつてとはどこか違っている。

それではまずはハードボイルドとはなんだったのかといえば、その源泉は文学にある。『日はまた昇る』（新潮文庫など）や『武器よさらば』（新潮文庫など）の米作家アーネスト・ヘミングウェイが確立したスタイルとされて、そのヘミングウェイがいかにして作家となったのかを追った小笠原亜衣さんの新刊評論『アヴァンギャルド・ヘミングウェイ　パリ前衛の刻印』（小鳥遊書房）がおもしろかった。

１９２０年代を「パリのアメリカ人」として生きたヘミングウェイが、さまざまなジャンルの前衛芸術家と交流を繰り返しながら自らの表現を模索する。ヘミングウェイのそのハードボルド・スタイルについて本書は「感傷を廃した現実直視の内容と、修飾語を廃し短文・単文で多く構成される男性的文体」と紹介する。いまでは古めかしくも感じられるハードボイルドが100年前には文章表現の前衛にあったわけである。続けて「ダシール・ハメットに代表されるハードボイルド探偵小説に影響を与えた」とある通り、このスタイルは米ハードボイルド・ミステリの隆盛を生み、それがやがて日本にも流れ込んで、若き日の昭和おじさんたちを熱狂させた。

その日本ハードボイルド史を概観するシリーズがはじまった。『日本ハードボイルド全集』全7巻（創元推理文庫）である。第1回配本は直木賞作家・生島治郎の作品群、あまりのなつかしさにイッキ読みだったのだが、実はこのジャンルの日本におけるルーツは仙台にある。第1巻巻末の北上次郎さんによる解説にも触れられた高城高さん「X橋付近」がそれだ。米軍駐留下の仙台の闇を描いた1955年のこの作品こそが日本ハードボイルド・ミステリの誕生を告げた。第1次世界大戦終結のパリから第2次大戦後の仙台へ、私たち〈荒蝦夷〉も過去に高城さんの短編集を刊行したが、今回の全集にもその作品が収録されるやに聞く。仙台の読書人は注目である。

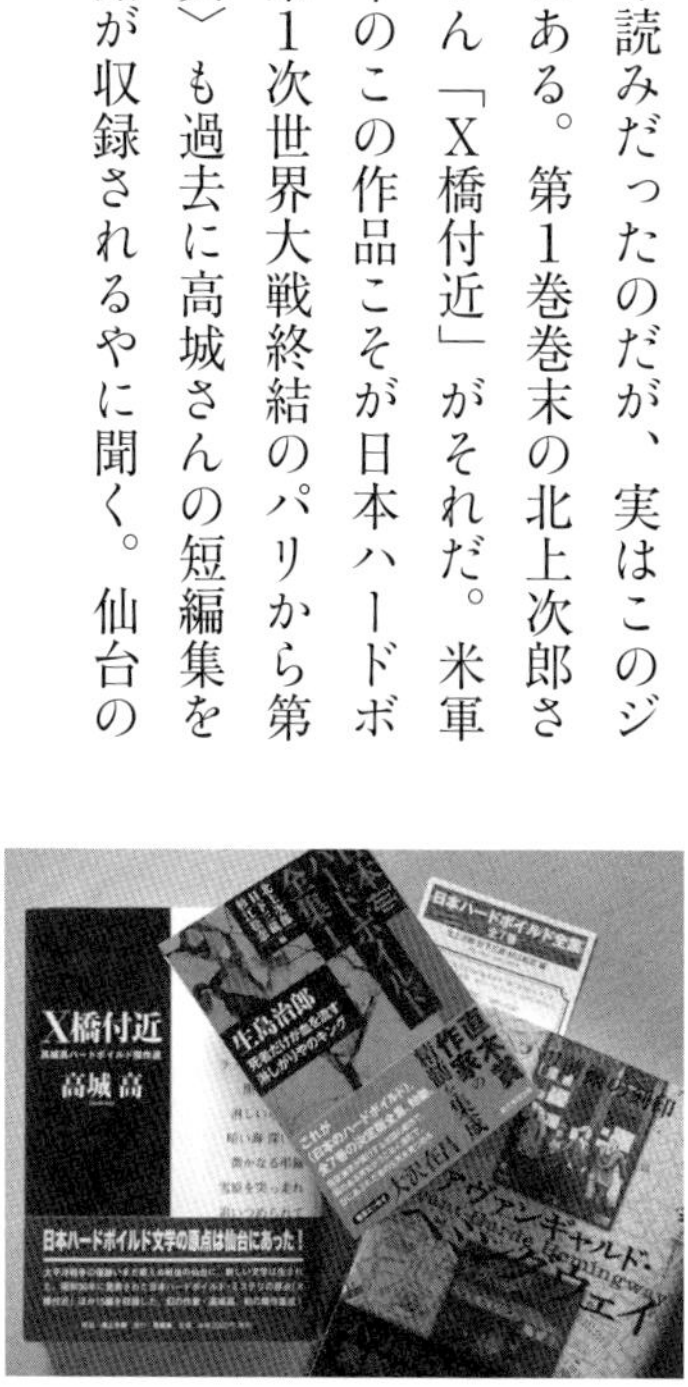

# 102

2021.5.30

# 原文で小説を読みたい

本まみれの我が人生でこれだけはやっておけばよかったと慚愧《ざんき》の念に堪えないのは、英語を学び損なった。もちろん学校では教わった、海外取材もさんざんやったから、英会話教室に通ったりもして、カタコトの英語くらいはなんとかなる。だが、本が読めない。カタコトでテキトーな意思疎通と、論理的に起承転結を理解するのはどうやら根本的な違いがある。たとえば、英米作家の翻訳小説を読む。おもしろい。この作家の本をもっと読みたい。だが、ほかに翻訳がない。くやしいけれど、作品が次に翻訳されるのを待つしかない。我が架蔵の原書カバーアート集などを眺めながら切歯扼腕《せっしゃくわん》、ああ、もっと勉強しておけば。

だが、考えてみれば、英米文学だけが好きなわけではない。ロシア文学もフランス文学も東欧北欧文学だって、ラテンアメリカ文学だっておもしろい。アジアの文学もある。いったい世界にはどれくらいの言語があるのか、そのそれぞれの文学、すべて読めるはずもない。となれば、各言語の翻訳者のみなさんに頼るしかないのだが、それにしてもどれかひとつくらいは読めるようになってみたい。

そんな思いに駆られたのは、たとえば田口俊樹さん『日々翻訳ざんげ　エンタメ翻訳この四十年』（本の雑誌社）を読んでベテラン翻訳家の軽妙な回想エッセーを、ああ、これも読んだあれも読んだと楽しんで、続いて佐藤＝ロスペアグ・ナナさん編による論集『翻訳と文学』（みすず書房）によって、ヨコの文章をタテにするだけではない、その言語の持つ文化や思考にまで通じる深みに触れたりしたからではあるのだが、決定打は柴田元幸さん編のシリーズ『英文精読教室』（研究社）だった。全6巻中第1巻「物語を楽しむ」と第2巻「他人になってみる」が出ているが、怪奇幻想からSF、あるいは現代文学まで名作揃いの原文が左ページに、柴田さん訳が右ページに、そこに読みどころ勘どころの注釈満載で、これが滅法《めっぽう》おもしろい。

さて、この全6巻を読めば私も原文すらすらとなんて、そんなに簡単なわけはないけれど、これをきっかけにもういちどやってみるかと、原書をすらすら読めるようになったら読書がもっと楽しくなるに違いないと、間もなく還暦を前にして思ったりして、いや、待てよ、積ん読がさらに増えるだけに終わらなければいいけれど。

# 103

2021.6.6

# 即身仏巡礼の旅

5月30日付けの本紙社会面を見て「おお！」と声が出た。見出しを拾えば〈即身仏6体　巡礼の旅へ　白装束で寺院巡り　あやかった食事も　コロナ下「衆生救済」の精神体感　山形・庄内初の旅行企画来月スタート〉との記事が目に飛び込んで、いよいよこのようなツアー企画が実現するのかと、思わずの「おお！」である。

ご存じかと思うが「即身仏」とは、民衆救済を願ってきびしい断食修行の末に地下に埋もれてミイラとなった僧侶の聖骸、出羽三山の奥の院とされる湯殿山を聖域とする信仰のかたちとして知られる。出羽三山信仰の即身仏だけではないものの、全国に存在が確認できる即身仏は山形・宮城・福島・新潟・茨城・長野・岐阜・京都に18体、もちろん山形が最多で8体が現存する。そのうち庄内の6体をたずねるバスツアーが実現するのである。めでたい。

私と即身仏さんたちとのおつきあいのスタートは1992年、取材で出会った湯殿山注連寺（鶴岡市）の鉄門海上人即身仏に魅せられて5年がかりで全国の即身仏をめぐり、それぞれのドラマを『日本のミイラ仏をたずねて』（晶文社）にまとめた。早稲田大学の故・安藤更正教授率いる学術調査団が活躍した１９６０年代には即身仏の話題がちょっとしたブームとなったものの、１９９０年代にはそれもすっかり忘れ去られて世は「そういえばそんなのあったよね」といったところ、なにせいまから30年も昔のインターネット普及以前、各種書籍や関係資料も入手困難、図書館や古書店で情報収集の末、あそこにあるここにもあると知ってわくわくいそいそ旅に出た。

とはいえ即身仏といえば、山岳信仰の所産である。人里離れた山中のお寺に秘仏として静かに安置される即身仏もあれば、交通が不便だったり公開も限られていたりして、なかなか簡単に参拝できないケースもある。「巡礼ツアーがあればいいのにね」と幾度も関係者に話題になりながらなかなか実現せず、そこにこのツアーである。コロナ禍であってみれば感染対策は欠かせないにしろ、まずは民衆救済を願って即身仏となった宗教者たちの聖骸、いまだからこその感もある。

さて、拙著、ほかに類のない即身仏入門書として２０１８年に『新編　日本のミイラ仏をたずねて』（天夢人）として復刊されている。解説は宗教学者の山折哲雄さんにお願いした。即身仏巡礼の旅のお供に、お手に取っていただければ。

# 104

2021.6.13

# オンライン授賞式

コロナ禍、あちらもリモートこちらもリモートである。やむを得ないとはいえ、どうにもイズイ。便利ではある。なによりこのテクノロジーがなければ、パンデミックの世はどうなっていたことか。それを思えばなんともありがたい。けれども昭和おじさんにとっては子どものころ映画やアニメで見かけた未来社会のテレビ電話じみて、そのスゴさには感じ入りながらどこか曖昧模糊に隔靴掻痒、お尻のあたりがムズムズと落ち着かない。

なんて愚痴ってみても、こちらのことばなどウイルスには通じない。最初は抵抗がありはしたが、はるか仙台から東京の出版社の会議に参加したり、京都の取材相手にインタビュー、シンポジウムや講演会では目の前にいない聴衆に語りかける、いつしかそれが日常となった。パンデミックに馴らされて、だがしかし、パソコンの画面から相手の顔が消えると、やっぱり直に会いたかったとふと思ったり、そんなみなさんも多いのではないだろうか。コロナの世、便利にして難儀ではある。

さて、第4回仙台短編文学賞授賞式である。やはりコロナ禍によって延期となった昨年の第3

回と合同授章式とすべく準備を進めてきた。そこに各地で打ち続く緊急事態宣言、通常通りは無理にしても、たとえばリモートとリアルを組み合わせるのもアリではないかなどと実行委員会はギリギリまで議論を続けたが、東北ばかりか関東や関西から関係者に集まってもらうのは到底やはり不可能と、各受賞者や選考委員（第3回は柳美里さん、第4回はいとうせいこうさん）をリモートで結んでオンライン授賞式となった。

去る6月5日、会場の仙台文学館に集まったのは私たち実行委員会メンバーと技術スタッフのみ、選考委員と各賞プレゼンター（郡和子仙台市長・一力雅彦河北新報社社長・今野勝彦プレスアート社長・大西晴樹東北学院大学学長）が賞状を読み上げ、選考理由を語る。そして、各受賞者の受賞のことばと続いたが、すべてステージのスクリーン上のやりとり、めでたくはありながらも一同揃って祝福を交わせないよろこびの席はちょっとさびしくもある。コロナのバカめ。

にしても、まずは実施できてよかった。受賞者のみなさん、おめでとうございました。関係各位諸機関のみなさん、ありがとうございました。第5回の選考委員は芥川賞作家の玄侑宗久さん、実行委員会一同、来年こそはと願ってやまない。

# 105

2021.6.20

# 古本市を楽しむ

仙台駅前イービーンズ9階恒例「古本まつり」への我ら〈古本あらえみし〉の参加、今回で5回目になる。2019年4月にオープン、宮城県古書籍商組合のお仲間に入れてもらった。と、直後のある日、若林区の古本屋さん〈ジェイルハウスブック〉の川村光貴さん（写真）がいきなり「イービーンズの古本まつりに出てみないか」である。不意を突かれてちょっと泡を食ったが、なるほどおもしろい、即答で「やります」と、以来年に2回、ばたばたあたふたとやらせていただいている。

不意を突かれながらおもしろいと思ったのには、自らの記憶と経験がある。イービーンズ「古本まつり」は、客としていつも楽しみにしていた。デパートの古本市でいえば、なつかしや「丸光」や「十字屋」に「エスパル」の古本市もあった。記憶にめずらしいのは南町通り沿いのオフィスビル、その会議室みたいなところでもやっていた。東京で暮らせば、あれは確か新宿小田急の古本市にもよく行けば、ほかにもいろいろな古本市があった。というわけで、あちらこちらの古本市、古本好きとしてさんざん世話になった、楽しませてもらった。その記憶と経験である。

なのに、2年前に古本屋となって、あのデパートの古本市に私たちも参加できる、そこになぜか思いが及んでいなかった。ジェイルさんのことばに「あっ、デパートの古本市に客としてではなく古本屋として参加していいんだ、参加できるんだ、そうか、オレたち古本屋なんだ！」と、新米古本屋、不意を突かれてもちろん大よろこびの「やります」即答だった。

だが、やってみればこれは大変、品物を準備してどかんと会場に運び込んできれいに並べてとなかなかの筋肉仕事、出版社として本を作っておきながら、本の重さがうらめしい。それでもやっと初日を迎えて、詰めかけたお客さまが目を輝かせて古本の山と格闘する図にかつての自分を見てうれしくなり、ここぞと思って並べた古本をそんなお客さまに買っていただければなおさらそれもうれしくて、筋肉痛もなんのその、今度は古本屋として古本市を楽しむ私がいる。すっかりクセになって、常設の仙台古本倶楽部や金港堂古本市にも参加、青森の古本市にまで遠征してしまった。いやはや、ジェイルさんのひと声がきっかけで、うれしい悲鳴である。

宮城はもちろん、東北各県や関東の古本屋21軒が参加して開催中のイービーンズ9階「古本まつり」は7月11日まで。みなさんにお楽しみいただければ。

# 106

2021.6.27

# 書評は時代映す鏡

本欄をはじめとした新聞各紙の毎週の書評欄を楽しみにしておられる本好きのみなさんも多いのではないか。なにせ日々たくさん出る本、なにを読めばいいのかのガイドにもなれば、あるいは「お、こんな本が出たのか」と知る機会ともなる。これは読まねばとチェックして本屋さんに走る。書評にはまずは「新しい本が出ましたよ、こんな本ですよ」と伝えるそんな新刊ニュース的な役割がある。かつて読売新聞の読書委員として書評を担当したが、そのルールは「刊行から3か月以内の本を取り上げる」だった。このあたりが「新刊」と見なされる目安といっていい。

となると書評記事そのものの賞味期限は、寿命はどうなるか。取り上げた本が「新刊」を過ぎると、書評記事もまた役割を終えるのか。書評を新刊ニュースとしてのみ受け取れば、その通りかもしれないけれど、書評もまた時代を映す鏡とすれば自ずと意味合いも違ってくる。こんな本が出て、このように読まれた、ある時代の記録としての書評である。戸川安宣さんの『ぼくのミステリ・コンパス』（亀鳴屋《かめなくや》）を読んで、そんなことを考えさせられた。

戸川さんといえば創元推理文庫で知られる東京創元社の社長などを務められた斯界《しかい》のレジェン

ド、私たち〈荒蝦夷〉もいろいろとお世話になっているが、その戸川さんが朝日新聞に1978年から1992年まで書き続けた新刊ミステリの書評や時評をまとめた本書、私には高校生から30歳くらいまでの記事である。それこそ過去の新刊ニュースなのに、これがやたらおもしろい。紹介される本、あれもこれも読んでいる。本によってはどこで買ってどこで読んだか、さまざまな記憶が、あのころの世相までがよみがえる。こうなると、書評がそのまま我らが時代の記録である。

多くの書評欄にはエッセーやコラムなどで旧作名作や文庫を紹介するコーナーもある。こちらもさまざまな切り口から本を語って時代に迫る。そんな連載が、たとえば読売新聞社文化部編なら『本棚から読む平成史』（河出書房新社）や『キリンが小説を読んだら　サバンナからはじめる現代文学60』（書肆侃侃房）にまとめられ（後者には私も寄稿させていただいた）、あるいは西日本新聞社編『九州の100冊』（忘羊社）のように本を通して地域の歴史を語る企画もある。いわばこれら書評集は本を証言者とした時代の見取り図、さて、コロナ禍の「新刊」とそれを語って、たとえば10年後、そこにはどんな「我らの時代」があるのだろう。

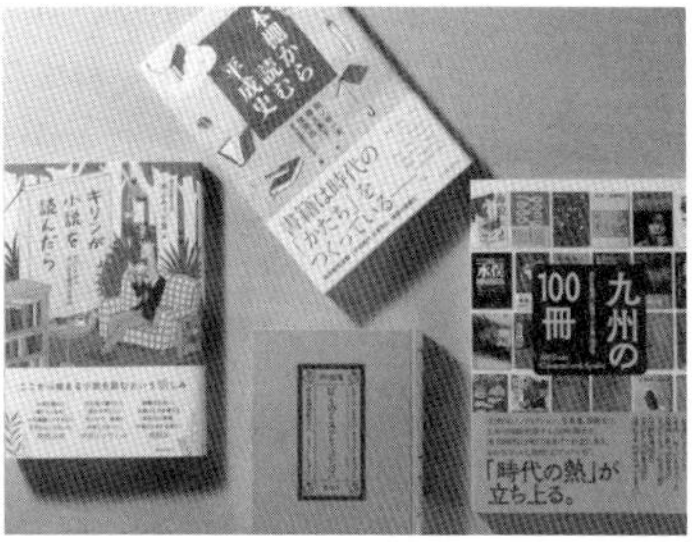

# 107

2021.7.4

## ライバルの名探偵にわくわく

海外の古典探偵小説がお好きならご存じかと思うが「シャーロック・ホームズのライバルたち」と呼ばれるジャンル（?）がある。誰もが知るコナン・ドイルの名探偵ホームズの登場は19世紀末のイギリス、たちまち大人気となる。となれば、そこは世の常、次なるホームズを目ざして続々と新たな名探偵たちが誕生して、それが「ライバルたち」とざっくりご紹介できようか。それぞれ個性的な名探偵が快刀乱麻に謎を解く一群の本格探偵小説、それも短編がメインなのが共通項といっていい。モノの本によればまずはイギリスでこのタイトルの本が出て、日本では創元推理文庫の〈シャーロック・ホームズのライヴァルたち〉シリーズ全14冊とハヤカワミステリ文庫の同題全3巻が出たのが1970年代から1980年代にかけて、前者は名探偵ひとりずつの短編集、後者は名探偵たちの代表作を集めたアンソロジーだった。

私はといえば、両文庫の「ライバルたち」を新刊同時代で読んだクチなのだが、子ども向けのホームズに夢中になって、次いで大人向けの全集を読んで、ほかにもないものかと古典探偵小説のアンソロジーなどを漁っていたところにこれらシリーズである。わくわくと読んだものだが、この感覚、同世代のミステリ好きのみなさんならおぼえておられるのでは。
いま、その「ライバルたち」が熱い。それぞれの名探偵の「全訳」や「完訳」を謳った新刊が相次いでいるのだ。バロネス・オルツィ『隅の老人【完全版】』にジャック・フットレル『思考機械【完全版】』全2巻にR・オースティン・フリーマン『ソーンダイク博士短篇全集』全3巻、そしてアーサー・モリスン『マーチン・ヒューイット【完全版】』である（ソーンダイク博士のみ国書刊行会。ほかは作品社）。名探偵たちのこれまで未訳で読めなかった作品も含めた全短編の完訳とあって、ボリュームもスゴければお値段もそれなりに、だがどれを読んでもこれが楽しいのである。

なによりあの名探偵たちの初訳未読の短編収録とあってはそれだけでわくわくが止まらない。名探偵の活躍にあこがれ胸ときめかせた少年のココロがよみがえってなんとも贅沢な読書体験、こうなったらほかの名探偵の「完全版」や「全短編」もと期待するのは私だけではあるまい。さらに、これをいまに続く名探偵物語のルーツと思えば、ノスタルジーだけではない興味も湧く。これら名探偵たちなかりせば、古畑任三郎もいなかったのかもしれないのだから。

# 108

2021.7.11

## 映画と本　どっちが先？

詳しくはまたあらためてご報告したいが、いま、スペインの小説家の本を編集している。もちろんスペイン語が読めるわけではなくて、そこは翻訳者におまかせするとして、作者はアルトゥーロ・ペレス＝レベルテ、ジョニー・デップの映画『ナインスゲート』の原作者である。

ある作家の本を出すとなれば、過去に出た作品も読まねばならない。未読の映画原作『呪のデュマ倶楽部』（集英社）を手に取る。アレクサンドル・デュマ『三銃士』（岩波文庫など）の手稿と中世の魔道書の謎をめぐって、主人公はブックハンター、ヨーロッパの古書業界の内幕も興味津々に、古本屋のおやじにはエキサイティングなビブリオミステリーだった。映画の監督は鬼才ロマン・ポランスキー、原作を大胆に脚色して、こちらもまた楽しめたのだが、同じ作者の本を編集しているとはいえ、別作品の映画まで観なくていいのだけれど、やはり気になる。原作と映画、どこが同じでどこが違うのか、そこからその作家の持ち味が見えてきたりもするから、ゲラを前にＤＶＤから目が離せない。ま、楽しい作業ではあるのだが。

公開中の『ゴジラvsコング』を観た。実は東宝映画『キングコング対ゴジラ』は私が生まれてはじめて映画館で観た映画（初公開じゃなくてなつかしや「東宝チャンピオンまつり」のリバイバルだったけど）とあって、これは見逃せない。映画館の暗闇でちょっと前に読んだ成田亨『特撮と怪獣　わが造形美術（増補改訂版）』（リットーミュージック）を思い出した。『ゴジラ』の撮影現場に入って『ウルトラマン』や『ウルトラセブン』の怪獣宇宙人のデザインを手がけた青森をルーツとする美術家（２００２年没）のいわば自叙伝、特撮怪獣映画を作り上げたかつての日本の映画人たちなら、銀幕狭しと暴れまわるハリウッド・ゴジラを見て、なにを思ったか。

　本好きには映画好きもまた多くいる。映画を観て、本を読む。本を読んで映画を観る。その相互作用が想像力をバチバチ刺激して、まさに「読んでから見るか、見てから読むか」とこれまたなつかしの角川映画のキャッチコピーそのままである。

　さて、そんな「読む」映画の本、最近では岡田秀則監修『昭和の映画絵看板　看板絵師たちのアートワーク』（トゥーヴァージンズ）とリー・メラー『ビハインド・ザ・ホラー　ホラー映画になった恐怖と真実のストーリー』（青土社）がなんともおもしろかった。読むあなたにも観るあなたにも、おススメです。

# 109

2021.7.18

# さよなら　ジュンク堂

悲しい。あの「ひじかたホイホイ」棚が消える。ジュンク堂書店仙台TR店にある、なぜかいつも私好みの本が並ぶ棚である。「これ、誰が読むの」的なマニアな海外文学などがずらりこれ見よがしに面陳されている。「お、こんな本が」とレジにいそいそと急げば「ふふふ、絶対に買ってくれると思ってました」と、店員さんがにんまり。私が出没するあたりにそのテの本を並べておけば間違いなく買うはずと、すっかり好みがバレている。これを称して「ひじかたホイホイ」である。私にとっては仕掛けられたワナなのだが、いかにも楽しませてもらっていた。

報道などでご存じかと思うが、その仙台のジュンク堂がまさに今日のこの日、さいごの営業である。神戸市を創業の地とするジュンク堂、仙台進出は１９９７年、かつては駅前イービーンズと仙台ロフトにもあったけれど、２０１４年からはTR店のみとなっていたが、それもいよいよ今日を限りに、ジュンク堂が仙台から消える。あのグリーンのエプロンも、ジュンク堂のブックカバーも消える。そして「ひじかたホイホイ」も消える。

仙台駅前の本屋さん、ずいぶんと減った。高山書店がありアイエ書店があり、仙台書店に協同書店もあった。なにより伝説の八重洲書房があった。思えば仙台のみならず、どこの町でも本屋さんは駅前のにぎわいのひとつの要だった。それも夢かマボロシか、どころかいまや「書店ゼロ自治体」の急増が問題となるご時世である。なにしろ最大の原因は世にいう出版不況、1995年をピークに本の売り上げは下落を続け、業界いずこも青息吐息、なぜにこんなことにと活字離れだネット普及だと論者さまざまに喧しい。だが、現実はご覧の通りである。

日曜日のこの欄をお読みのみなさんなら本好きのはず、ちょっとご想像いただきたい、町から本屋さんが消えてしまったら、と。ネットで買えるその利便性と引き換えに、町の余裕と潤いを手放していいものか、どうか。さらにいえば本屋さんも地域経済の一角、いまいちど基本に立ち返り、南米の大河アマゾンから広瀬川の岸辺に目を転じて、本はお近くの本屋さんで、ぜひ。

さて、さいごの日、仙台ジュンク堂に勤務しながら『象の皮膚』（新潮社）で本年度三島由紀夫賞候補となった佐藤厚志さん（写真右）セレクトの本が並ぶコーナーをおススメしたい。作家の勤める本屋さんで本を買えば、それはそれでちょっと粋なお別れか。ありがとう、さようなら。

# 110

2021.7.25

## 遊び心が楽しいおまけ

最近、おまけが楽しい。おまけ、付録、特典、それも本の。

女性雑誌のオシャレなバッグのような付録ではない。ちょっとマニアックな本のおまけである。たとえば出版社に直で予約すると本と一緒に送られてくる。購入して帯の申し込み券を出版社に送る、あるいは全集なら全巻購入後に申し込み券を一括して送れば、もれなくだったり抽選だったりいろいろだけれど、手に入る。なにかといえば、多くは全集や短編集の未収録作品の小冊子リーフレット、挿画のポストカード、著者のサイン、特製マグカップなんてのもあった。いずれもマニアのココロをくすぐるなかなか凝った限定品、私なぞは思い切り釣られてしまう。

いつごろからはじまったのかといえば、まあ、雑誌や本の付録そのものは昔からあるにせよ、マニアをターゲットとしたこのテのおまけは国書刊行会あたりからか。私が「おお」と思ったのは同社『日影丈吉全集』特典付録だった亡き著者の生前インタビューCD、以来、マニアなおまけが楽しみになった。特典でしか読めない作品の小冊子やリーフレットも読者にはごちそうである。たとえば、アーサー・モリスン『マーチン・ヒューイット【完全版】』（作品社）や椿實

『メーゾン・ベルビウ地帯』（幻遊書房）がそんなおまけだった。いま楽しみなのは『定本　夢野久作全集』（国書刊行会）全10巻と幻戯書房『橘外男単行本未収録作品』全3冊の完結記念特典、全冊完結も楽しみだけれど、おまけが届くのもまたちょいと子どもじみてワクワクと、まあこれも読書の楽しみのウチと自らを納得させながら、それにしてもマニア泣かせの企画にして作る側と受け取る側の遊びゴコロの交歓がなんとも楽しい。

で、私たち〈荒蝦夷〉も、そんなおまけを作ってみたくなった。新刊の『杉村顕道作品集　伊達政宗の手紙』である。好評既刊『杉村顕道怪談全集　彩雨亭鬼談』に続く作品集第2弾、仙台が生んだ怪談文芸の匠・杉村顕道（1904〜1999）の探偵小説・捕物帳・ユーモア小説を発掘した。その特典付録が『女学校物語』（昭和22年／野村書房）に収録された本作品集未収録の自伝的短編「青春記」掲載の小冊子である。

スタッフ一同せっせと限定100部を手作り、ご予約いただいたみなさんにお送りしたほか〈古本あらえみし〉で本書を直接お買い上げのみなさんにプレゼントしている。おまけ、作ってみればこれまた楽しくて、クセになりそうである。ご興味あれば、ぜひ。

# 111

2021.8.1

## 目の故障と芥川賞

目を患っている。左目、眼底出血、ほとんどなにも見えない。全治およそひと月と医師にいわれているが、なにせ目を使わずにいられない商売とあって、隻眼生活、なかなかしんどい。日常生活にも難ありで、これはいかんとガーゼの眼帯をしてみたが、いかにもイズい。「そうだ、アイパッチはどうだ!」と、黒革のアイパッチを手に入れた。革紐でぐるりと縛る、アレである。

これがどうにも具合がいい。眼窩《がんか》をぴったりフタするかたちで目を圧迫しない、アタマのうしろで革紐をきゅっと結べばしっかりズレない。いったいいつごろから使われているものか、思えば仙台といえば伊達政宗公もあれはいわばアイパッチ、私が好きなウエスタンならジョン・ウエイン演ずる酔いどれガンマンのルースター・コグバーンもアイパッチだった。海賊は井上ひさし『ひょっこりひょうたん島』(ちくま文庫)のトラヒゲ、アニメは松本零士『宇宙海賊キャプテンハーロック』(秋田書店)と、こちらは私は存じ上げないけれど諫山創『進撃の巨人』(講談社)にもアイパッチの人物が登場するとか。実在人物では強面で知られた往年のイスラエル国防相モシェ・ダヤンもいた。まだまだ挙げられそうだが、いずれにしてもそれなりの歴史ある「道具」

には違いない。なるほど、スグレモノである。我が眼底出血、実は宿痾《しゃくあ》となりつつある。ここまでひどいのは初めてだが、軽い出血も含めればこの2年で3回目、となるとこれからもお世話になるか、アイパッチ。大切にしなきゃいけませんね。

それにしても本が読めない。右目だけだとどうしてもスピードが落ちる。さらには右目ばかりを酷使するのもいかがなものかと、積ん読の山がどんどん高くなる。そんな渦中の芥川賞・直木賞だった。仙台市生まれでドイツ在住の石沢麻依さん『貝に続く場所にて』（講談社）、盛岡市在住くどうれいんさん『氷柱の声』（講談社）、青森県八戸市生まれの呉勝浩さん『おれたちの歌をうたえ』（文藝春秋）と、東北に縁ある作家の3作がノミネート、これは読まねばと手ぐすね引いていたのだが、そこに目の故障である。結果は石沢さんがみごと新芥川賞作家、本紙掲載の受賞インタビューに執筆のきっかけのひとつが仙台短編文学賞とあった。同賞実行委員会のひとりとして、これはうれしい。アイパッチが外れたら、まっさきに読みます。

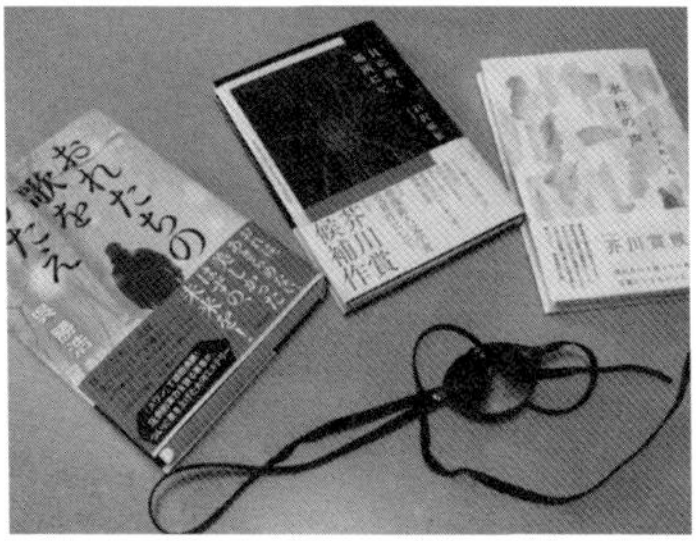


おっと、その仙台短編文学賞、第5回の作品受付がはじまっている。第5回選考委員は芥川賞作家にして福島県三春町福聚寺住職の玄侑宗久さん。こちらもご注目いただきたい。

# 112

2021.8.8

# 幽霊ホテルへようこそ

メキシコ国境を越えてアメリカ西部まで3週間あまりの旅に出たのは四半世紀も前、ある雑誌の取材だった。カメラマンのクルマでグランド・キャニオンを走り抜け、ネイティブ・アメリカンの保留地を行く。取材の性格上、今日はどこで泊まりとなるやら、その日の宿が決められない。とっぷり暮れて暗闇の砂漠のロードサイドのモーテルの電飾にほっとしたり、深夜にようやく次の町に入ったり、ちゃっちゃとネットで宿の予約など思いも寄らないいまは昔の旅である。

ちょっと大きな町でいかにもクラシックなホテルに投宿した。なつかしのウエスタンの舞台にぴったりな外観、だけど古ぼけているわけではなく、きれいに保存されている。建物内もムード満点、聞けばウエスタン・ムービー黄金時代、ロケ隊が常宿としていたとか。室客のドアに「ジョン・ウェインここに泊まる」なんて銘板があったりして、海外取材もずいぶん行ってあの国この国さまざまな宿に泊まったが、ウエスタン好きの私にはこのホテルは格別だった。

3年前、ある本のページでこのホテルに再会した。本のタイトルはといえば、なんと『絶対に出る　世界の幽霊屋敷』（ロバート・グレンビル／日経ナショナルジオグラフィック社）である。

幽霊伝説がいまに残る世界の建物を、かの『ナショナル・ジオグラフィック』がマジメに、そして稚気満々に紹介、カメラマンの思い入れたっぷりの写真も楽しい。そう、あのホテル、幽霊が出るホテルとしてそのスジでは有名だったのだ。あるアウトローの死にまつわる伝説とあってはさもありなんだが、知らずに泊まったからか、幸い私は幽霊には出くわさなかった。残念。

このテの本、好きである。我が書架を見やればピーター・アンダーウッド『英国幽霊案内』（メディアファクトリー）とかシャーン・エヴァンズ『フォト・ストーリー　英国の幽霊伝説　ナショナル・トラストの建物と怪奇現象』（原書房）とか、新刊ならブライアン・インズ『世界の幽霊出現録』（日経ナショナルジオグラフィック社）なんてのもある。由来や伝説を語り、いま現在の視点からの分析や蘊蓄《うんちく》があり、そして写真図版もたっぷりの、コワ楽しい本たちである。

幽霊に会ってみたいあなたには絶好のガイドブックだが、幽霊なんかに会いたくないあなたにこそ、ぜひ。だって、海外旅行でおしゃれでクラシックなシャトーみたいなホテルに泊まって、深夜、ベッドの横になにかの影がなんてのがイヤだったら、事前の幽霊ホテル情報、要チェックじゃないですか。

# 113

2021.8.15

# 東北が生んだ怪異譚

夏は怪談である。

近年、宮城県はもとより、東北の怪談作家たちが活躍している。本欄でもかつてご紹介した山形の〈怪談大将〉黒木あるじさんを筆頭に、宮城からは郷内心瞳さん、小田イ輔さん、鷲羽大介さんと、2010年の〈遠野物語100年〉を機に私たち〈荒蝦夷〉とともに「みちのく怪談プロジェクト」を立ち上げた〈東北怪談同盟〉のメンバーである。それぞれ作品が映画になったりドラマになったり、いまや人気者である。

この夏の郷内さん新刊は『拝み屋念珠怪談　緋色の女』(角川ホラー文庫)に『拝み屋備忘録　怪談火だるま乙女』(竹書房怪談文庫)に『拝み屋奇譚　災い百物語』(アプレミディ)と、なんと3冊連続刊行(タイトルの通り郷内さんは本職の「拝み屋」さんです)、黒木さんが編者を務めて東北の怪談作家が集結した『奥羽怪談』(竹書房怪談文庫)には黒木・小田・鷲羽3氏をはじめ、平谷美樹(岩手)、高田公太(青森)、葛西俊和(青森)、津村しおり(青森)、鶴乃大助(青森)、大谷雪菜(福島)、斉木京(福島)の精鋭が作品を寄せて読みごたえ満点である。

怪談といえば幽霊譚だけでなく妖怪たちも忘れてはいけない。こちらは〈東北怪談同盟〉とイベントなどをともにする〈みちのく妖怪チーム〉がいる。宮城県の児童文学者、佐々木ひとみさん、野泉マヤさん、堀米薫さんである。大ヒットの児童書シリーズ『みちのく妖怪ツアー』の〈古民家ステイ編〉と〈ワークショップ編〉に続く〈オンラインゲーム編〉がこの夏の新刊（いずれも新日本出版社）、今年も夏休みの子どもたちがみちのくの妖怪たちの魔の手に落ちる。仙台文学館では「みちのく妖怪ツアー」展開催中（22日まで）。好評と聞く。

いずれもが東北の作家たちによる東北の怪異譚、歴史民俗や民話伝説に材を採ったお話も多く、土地柄背景にもなじみがあって、東北の読者ならではの深読みもできれば、こんな話があったのか、こんな妖怪がいたのかと、親子で楽しむのもいい。そのカゲにある東北の地域性や、あたかも亡き人の帰る季節の生と死に、そしてこの世の不思議に思いをめぐらせるのもいい。コワくて楽しくてどこかなつかしい、そんなこの世ならざるモノたちの存在に思いを馳せる夏はいかがだろうか。『遠野物語』を生んだ我ら東北、その夏なのだから。

# 114

2021.8.22

# 語り継がれる妖精たち

さて、妖精である。ヨーロッパ伝説の「フェアリー」である。姿かたちは人間なのに羽根があって小さくて、いたずら好きでチャーミング、幻想文学などではちょっとコワい存在だったりもする。そんな妖精に関する新刊が相次いでいる。タイトルを挙げれば、アーサー・コナン・ドイル『妖精の到来　コティングリー村の事件』、ナイトランド・クォータリー増刊『妖精が現れる！コティングリー事件から現代の妖精物語へ』（以上、アトリエサード）、井村君江・浜野志保編著『コティングリー妖精事件　イギリス妖精写真の新事実』（青弓社）といった具合だ。

共通するテーマは「コティングリー事件」。１９１７年、英コティングリー村に暮らす少女ふたりが父親のカメラを持ち出して、近くの森で写真を撮った。と、なんとその写真にふたりとたわむれる妖精たちが写っていた。この写真は世の耳目を集めて、「シャーロック・ホームズ」原作者のドイルをはじめ知識人・文化人を巻き込んで侃々諤々《かんかんがくがく》の真贋論争、いまに語り継がれる事件となる。

さて、その写真、うーむ、現代の目からすると、いやあ、これはちょっとのデキである（前出の本にも紹介されてます）。だが、写真技術もカメラもいまだ一般的ではない１００年余りの昔であってみれば、大騒ぎになったのもわからないではない。ちなみにドイルは写真をホンモノと見なしたが、事件から66年も経っておばあちゃんになった少女のひとりが「実はあれはイタズラだった」と告白したので事件は一件落着した。こうなると、少女たちこそがイタズラ好きの妖精そのものか（もっとも一枚だけはこれはイタズラじゃないと主張していたらしい）。事件の顛末は１９９７年の映画『フェアリーテイル』に詳しい。名優ピーター・オトゥールがドイルを演じている。

いまだにコティングリーの妖精は世の興味を惹き続ける。なんといってもこれらの写真、偽物ではあれなんだか奇妙に幻想的で魅力的、もはや一種の芸術写真か。そしてさらに人間にとって妖精とは、神話伝説とはなにか、科学技術（この場合は写真技術）はそこにどのように影響を及ぼすのかなどいろいろと考えさせられる。ご紹介した本に訳者・編者・論者として関わる井村君江さん（明星大名誉教授・うつのみや妖精美術館名誉館長・福島県金山町妖精美術館館長）は、英文学者・比較文学者として日本における「妖精学」の第一人者、コロナが落ち着いたら美術館に行ってみよう。ところで、ザシキワラシって、もしかしてフェアリーの仲間でしたっけ？

# 115

2021.8.29

## 「コワい」とはなにか

8月も終わりである。本欄の読者のみなさんにおわかりいただけていたかどうか、この8月は夏らしくちょっとコワかったり不思議だったりする話題（幽霊屋敷に怪談に妖精！）を続けてみた。我ら〈荒蝦夷〉もいままでさんざん東北の怪談をテーマとした本を出してきたから、余程そんな話が好きなのだろうと思われているかもしれないが、実は個人的にはそうでもない。たとえば幽霊だが、どうやら私は信じてはいない。いや、この世にたくさんの不思議があるのはわかるのだが、それがほんとうに幽霊なのかといわれれば、うーむと唸らざるを得なかったりする。なのに、もしくはだからこそ、怪談文学や怪奇幻想文学が好きなのである。文学として愉しむにはいいが、リアルには「?」といったところか。

そして、それに関する評論や解説の本も好きである。人はなぜコワいのかコワがるのか、そもそも「コワい」とはなんなのか、そんな本たちである。本棚からタイトルを拾えば一柳廣孝『怪異の表象空間　メディア・オカルト・サブカルチャー』（国書刊行会）、茂木謙之介編著・一柳廣孝監修『怪異とは誰か』（青弓社）、小山聡子・松本健太郎編『幽霊の歴史文化学』（思文閣）、高

岡弘幸『幽霊　近世都市が生み出した化物』（吉川弘文館）、木越治・勝又基編『怪異を読む・書く』（国書刊行会）、木場貴俊『怪異をつくる　日本近世怪異文化史』（文学通信）など、ちょっとオドロオドロしくも、イメージはおわかりいただけようか。

最近の収穫に駒ヶ嶺朋子さん『怪談に学ぶ脳神経内科』（中外医学社）があった。獨協医科大学の現役脳神経内科医にして詩人の著者が、医学の専門知識を駆使して怪談文芸の古典に迫る。俎上に上がるのは『雨月物語』に『伊勢物語』に『今昔物語』、東北に縁あるは佐々木喜善『奥州のザシキワラシの話』と仙台が誇る只野真葛《まくず》の『奥州波奈志』（荒蝦夷から勝山海百合さん現代語訳『奥州ばなし』が出てます！）、そしてそれらに関連ありとされるのが脳卒中・脳炎・認知症・末梢神経障害・片頭痛・睡眠麻痺などなどと、いやはや、一読なるほどである。

医学者か解説した怪異の本とあれば、無味乾燥な分析が続くのではと懸念されるかもしれないが、そこは現代詩手帖賞受賞の詩人でもあるという著者、医学と文学をみごとに繋いで専門的でありながら読んでおもしろい（なにせ帯の推薦文があの荒俣宏さんです！）。コワいにはワケがあるのである。コワいのが好きなあなたにも、苦手なあなたにもおススメです。

ちなみに、私、コワい本は好きなのに、映画ならホラーやスプラッターはとにかく苦手、まったく見ない。なぜかって？　だって、コワいじゃないですか。

# 116

2021.9.5

# 思い込め本を編む

私たち〈荒蝦夷〉はもちろん出版社なのだけれど、実はヨソの本も作っている。どういうことかといえば、企画編集、場合によっては印刷の手配まで私たちが受け持って、けれども本としては他社の出版物として本屋さんに並ぶわけである。編集プロダクション的な仕事といっていいかもしれないが、もともとがフリーの編集者だったので、それをそのまま会社として引き継いでやっているだけ、だいたい東京から仙台に拠点を移した20年前、東京の仕事仲間に「東北の仕事があったら、よろしく」と、そこからはじまったともいえる。

それではどんな本を作ってきたのか。たとえば熊谷達也さんなら『荒蝦夷』の平凡社単行本と集英社文庫本、伊坂幸太郎さん『仙台ぐらし』（集英社文庫）、高城高さん『高城高全集』全4巻は創元推理文庫だった。高城さんは「函館水上警察」シリーズなど東京創元社単行本とその文庫も編集した。写真集ならこのところ動乱の続くアフガニスタンをテーマとした長倉洋海さん『獅子よ瞑《ねむ》れ　アフガン1980－2002』（河出書房新社）、あるいはガイドブックなら『五木寛之の古寺巡礼』東北ガイド編（講談社）やJR東日本デスティネーションキャンペーン『北の旅学やまがた』（小学館）があれば、『週刊にっぽん川紀行』（学研）や『週刊神社紀行』（学研）など「週刊百科」もずいぶんやった。そして東日本大震災は『鎮魂と再生　東日本大震災・東北からの声１００』（藤原書店）に『その時、ラジオだけが聴こえていた　ＩＢＣ岩手放送３・11震災の記録』（竹書房）や赤坂憲雄さんと山折哲雄さん『反欲望の時代へ　大震災の惨禍を越えて』（東海大学出版会）などがある。

取り留めもなく雑多な本たちである。なにが専門なんだ得意なんだと問われても「うーん、本です」としかいいようがないのだが、実は編集者としてはこれは恵まれている。作ったことのない本を編む、新しいジャンルに挑戦できる。たとえば文庫なんて作ったコトがなくても、文庫のプロたちの手を借りればノウハウがわかる。文芸の手法を知りたければここぞとばかりに文芸編集者に教えを請うてなるほどと納得しきりに、どうやら本作りがとにかく好きなのだ。もちろんこれは私だけではない。たくさんの編集者がそれぞれの発想と技術と思いを込めて本を編んでいる。本屋さんで本を手に取ったら、そんな舞台裏の編集者の存在にもちょっとだけ思いを致していただければ。本は人が作るものなのだから。

# 117

2021.9.12

## ラジオでも本まみれ

毎月最終月曜日、ラジオで本の話題をお届けしている。NHK仙台放送局ラジオ第一放送『ゴジだっちゃ！』である。「本のほそ道」のコーナー・タイトル（以前は「注目！宮城本」だったのだけれど、同番組がこの春から岩手・福島でも放送されるようになったので、このタイトルになりました）で、東北に関する新刊をご紹介している。『ゴジだっちゃ！』の放送スタートは2012年4月だから、いったいどれくらいの本をご紹介してきただろう。

どうして私なんぞがラジオでお喋りするようになったのか。まずは同局アナウンサーで『ゴジだっちゃ！』パーソナリティーの杉尾宗紀さんである（写真前列中央）。杉尾さんといえば2011年3月11日夜のラジオの声としてご記憶のみなさんも多いかと思うが、杉尾さんとのおつきあいはそれ以前から、ある本の企画をともにしていた。私がかつて雲仙普賢岳噴火や奥尻島津波、阪神・淡路大震災の取材をしていた関係で、東日本大震災をテーマとした番組に杉尾さんから声がかかるようになって、2011年秋にはスタジオで杉尾さんとふたり、各地からの被災レポートにじっと聴き入った。仙台発の『ラジオ深夜便』で作家・黒木あるじさんと被災地の不思議な話を語りながら、杉尾さんの作品の朗読に耳を傾けた3月10日深夜のスタジオもあった。
そんなこんなの末の『ゴジだっちゃ！』だった。たまたまならまだしも、月イチ生放送に尻込む私に「だいじょぶだよ、いつも一杯やりながら話している調子でイケるから」と、杉尾さんにそそのかされて、最初のうちこそキンチョーしたものの、やがて杉尾さんとスタッフのみなさん（スタジオには『ペペロンチーノ』や『おかえりモネ』に出演の〈コマイぬ〉菊池佳南さんも！写真前列右です）のリードよろしきを得て、現在まで図々しくもお喋りさせていただいている。

柳美里さんや若竹千佐子さんなど、東北ゆかりの作家のみなさんをゲストをお招きしたりもした。

いずれ慣れぬお役目とはいいながら、話題は宮城に、あるいは東北に縁ある本である。次回はなにを取り上げようかと本屋さんで常に気を配って「お、こんな本が」と、その発見が本業にも繋がる。それになにより、誰とどこで話すにしても、本の話はいつも楽しい。古本屋の常連さんに「ラジオで話してた本、おもしろかったよ」と、新刊本屋さんで「あの本、評判いいですよ」といわれればなおうれしい。相も変わらずの本まみれの日々だが、よろしかったらお聴きあれ。

# 118

2021.9.19

# ユージン・スミスの足跡

公害病「水俣病」の悲劇を世界に伝えた米写真家ユージン・スミスをジョニー・デップが演じる映画『MINAMATA―ミナマタ―』が話題だ。ユージンの児童向け伝記『ユージン・スミス　楽園へのあゆみ』（偕成社）を出している関係で、ひと足早く公開前の試写を観た。美波さん演じるユージンのパートナー、アイリーン・美緒子・スミスさんをはじめ、私の知った人たちが役者さんによってスクリーンに浮かぶのを見るのはなにか不思議な感覚だった。

ユージンが亡くなったのは1978年、私のユージン伝の刊行は1993年（初刊は佑学社、2006年より偕成社から）だから、没後15年が経っていたが、日本では彼の人生を伝える本がなかった。そのころ私はフリーライターのかたわら編集者としてドキュメンタリーをメインとした写真集を編み、写真展を企画していた。ユージンの写真展も二度ほど手がけた。その縁で児童書の出版社から声がかかった。1年がかりで書き上げて、児童文学の賞までいただいたこの本、初刊以来およそ30年、なんといまも版を重ねて、学校教科書に採用されたりもしている。

ユージンの足跡を追って関係者にインタビューを繰り返し、初刊「あとがき」を見ると、いずれも故人となった『苦海浄土』（講談社文庫）の作家・石牟礼道子さん、医学者として患者さんたちを支えた原田正純さん、闘争の最前線にあった川本輝夫さん（映画では真田広之さんが演じている）など30人近いみなさんにお話を聞き、お世話になっている。ほかにも鬼籍に入られた人たちは多いが、国家と企業を相手に激烈な闘争を繰り広げながら、いやむしろだからこそか、取材におとずれた若造にあくまでみなさんおだやかだった。これは取材の対象がユージンだったからかもしれない。「ああ、ユージンさんねぇ」となつかしむようにみなさんが思い出を語ってくれたのがあざやかに記憶にある。

アイリーンさんとのおつきあいは続いている。水俣の環境破壊の経験から福島の事態をどのように捉えるべきなのか、私たち〈荒蝦夷〉が企画編集を担当する東北学院大学『震災学』にご登場いただいたり、同大地域共生推進機構連続講座「震災と文学」の講師にお招きもした。映画の公開に合わせて写真集『ＭＩＮＡＭＡＴＡ』（クレヴィス）が30年ぶりに復刊、石井妙子さんのノンフィクション『魂を撮ろう　ユージン・スミスとアイリーンの水俣』（文藝春秋）も刊行となった。過去の物語としてではなく、いまに続く不条理の連鎖を考えるためにこそ、ぜひ。

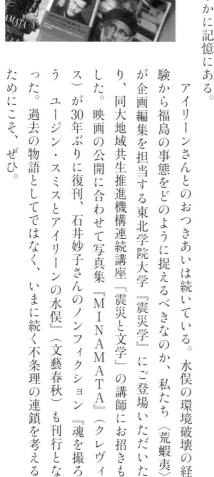

# 119

2021.9.26

## 書痴の醍醐味

　作家・熊谷達也さんが本欄を読んでくれているらしい。電話で「よくネタが尽きないねぇ」とあきれられた。熊谷さんといえば、かつて同じこの河北新報でエッセーを毎週連載（現在は河北新報出版センター『いつもの明日』にまとめられている）しておられたから、目新しいネタを探し続ける大変さをご存じのことばか。だが、である。熊谷さん以外にも同じことばをかけられたことがあるのだが、実ははばかりながら不肖ワタクシ、本欄のネタに困った記憶がない。なぜなのか、考えた。

　まずは、なにせテーマが「出版」である。広くは「本」といっていい。出版を生業として、本を編み、自らも原稿を書いては本を出している。だけではなく、古本屋のおやじでもある。となると、本欄のテーマ、私の生活そのものではないか。日々の暮らしに目を凝らし、まわりをぐるりと見まわせば、ありとあらゆる本にまつわる話題が転がっている。もうひとつは週イチのリズムにあるようだ。東京で15年も週刊誌の仕事をした。連載もやった。私の体内時計に組み込まれていたその週イチのサイクルがいまさらながら覚醒したか、なんだかリズムに乗れるのである。

さて、今週はなにをと思ったら、我が家の私室に事務所の仕事場に、もちろん古本屋の書架のあいだに、あるいは書庫や倉庫にぎっしり詰まった軽々と万余を超える本を見渡せば、読んだ記憶や編んだ記憶や書いた記憶が走馬灯、果てはその本の著者や仲間たちとの思い出がよみがえって、よし、次はこの話題と決まる。結果、2か月くらいはテーマを溜めてあるのだから、私もエラいものである、と、ここは自分を褒めておこう。

にしても「本」である。読み続けて間もなく還暦、テーマを考えていて、ふと記憶によみがえる本があったりする。普段はまったく意識もしていなければ思い出すこともない。なのに、ああ、そういえばあの本がと、ほんとうになんの前触れもなく遥か昔に読んだ本がふわり浮かぶ。これ、不思議な感覚なのだが、内容などまったくおぼえていないにも関わらず、突如あるシーンが鮮明に脳裡に浮かんだりして、どうやらその本、思わず知らずいつの間にやら我が血肉となっていたらしい。これぞ「本」の底力と読書の効用を感じる瞬間であり、これこそが書痴の醍醐味と幸せな気分でまわりに目をやれば、どこまでも続く整理中の古本の山に囲まれてゴキゲンの写真は頼りの従業員アキヤマくんである。古本好きの天国はわかるけど、もうちょっとキレイにしようぜ、アキヤマくん。

# 120

2021.10.3

## だから本が好き

ところで、どうして私はこんなに本が好きなのか。いまさらなにをといわれそうだが、事務所で、古本屋で、あるいは本だらけの私室で、そんな思いに駆られる瞬間がある。なにせ限られた人生、この万巻の本の山、すべてを読めるわけもない。なのに、気になる本なら新刊も古本も、まずは買ってしまう。だって仕事だから、いつか資料として使うかもしれないから、それがとりあえずの理由なのだけれど、実のところこれは口実と、どこかで自覚している。もちろん読みたい、読む気満々、にしても1日24時間、本だけ読んでいるわけにはいかない。視力の衰えなど、年齢的な問題もある。なのにせっせと本を買い集めて、ますます積ん読の山を高くする。謎だ。

結局は好きだからとしかいいようがない。これはきっと本に限らず、音楽が好き、映画が好き、アートが好きと、なにか夢中になれるものがあるみなさんなら同意いただけるのでは。理に叶ったワケなど、合理的なワケなどない。それでもなにしろ大好きで、私の場合なら、既読であれ未読であれただ「本」なるブツがそこにありさえすればシアワセなのである。ビョーキなのか。フェチかもしれない。いやいや、これ、私の仕事ですから、誤解なきよう。

というわけで「本」の本、それもひたすら「本」そのものを、あるいはその存在の謎を語る本が好きである。ビブリオマニアと書痴がテーマの古典アンソロジーなら生田耕作編訳『愛書狂』（平凡社ライブラリー）に紀田順一郎編『書物愛　日本篇／海外篇』（創元ライブラリ）があるが、〈狂〉や〈愛〉ではちとコワい。ウンベルト・エーコとジャン＝クロード・カリエール『もうすぐ絶滅するという紙の書物について』（CCCメディアハウス）もあった。近いところでは工作舎50周年記念書物随想録『最後に残るのは本』（工作舎）があり、柳美里『窓のある書店から』（ハルキ文庫）に管啓次郎『本は読めないものだから心配するな』（ちくま文庫）もよかった。注目の新刊ホルヘ・ルイス・ボルヘスとオスバルド・フェラーリ『記憶の図書館　ボルヘス対話集成』（国書刊行会）は、これから読むのが楽しみだ。

本好きのワケは、実はなんとなくわかっている。私の知らない世界がそこにある、こんなにある。本の山こそ我が「テラ・インコグニタ（未踏の大地）」にほかならない。たとえステイホームにあっても世界の広さを目の前に、次なる世界を幻視する。私には本はそのための器なのだ。

ところで、みなさんはどうして本が好きなのですか。

# 121

2021.10.10

## 泉鏡花と東北

福島県会津若松市の福島県立博物館へ行った。詩人・和合亮一さんがホストのトークイベント「詩人のいる博物館」にゲストとしてお呼びがかかったのだ。福島県の妖怪譚・怪異譚を紹介する夏の特別展「あはひの国、あやかしの国」開催（9月26日終了）に合わせて「あはひの話『遠野物語』から2021年まで」と題したトークである。和合さんには原稿をお願いしたり、東北学院大学地域共生推進機構連続講座「震災と文学」の講師をお願いしたりとさまざまにおつきあいが続いて、私たちが2010年の『遠野物語』刊行100年にスタートした「みちのく怪談プロジェクト」や、黒木あるじさんや郷内心瞳さんと取り組んできた「被災地の不思議な話」にまつわる活動などもよくご存じで、そこでこのトークとなったわけである。

にしても、福島県立博物館といえば会津若松のお城の、かつては城内だった場所にある。トークで触れた本があった。岩波書店『新編　泉鏡花集』第10巻「東北」である。鏡花は好きな作家、我が書架にも全集や選集がなぜかダブって並んでいる。そのなかの1冊なのだが、この全集は鏡花作品を舞台となった土地ごとにまとめている。その「東北」編をみれば、福島が多い。「柳小

島」は猪苗代湖、「黒髪」と「飯坂ゆき」は飯坂温泉、随筆「怪力」は会津、そして巻頭の「白羽箭」はまさに会津若松の城跡が舞台、さらに直接的に舞台とはなっていないためここには収録されてはいないが、世に名作として知られる『天守物語』（岩波文庫など）も、猪苗代城から「朱の盤」など会津の妖怪がずらりの怪異譚であれば、まさにその土地で鏡花の話がしたかったのである。とりわけ「白羽箭」は、会津の旅が鏡花発想の源、主人公の詩人のモデルは『荒城の月』の土井晩翠とあっては、晩翠賞詩人の和合さんとこの場所でぜひとも話さないわけにはいかないではないか。

この鏡花集「東北」編、ほかにも岩手や宮城がテーマの作品が収録されている。東北本線の旅をモチーフにした「銀鼎」と松島が舞台の「続銀鼎」、平泉中尊寺なら「七宝の柱」、青森「十和田湖」に宮城は白石の故事伝承に材を取った随筆「甲冑堂」、そして盟友・柳田国男の『遠野物語』を評した「遠野の奇聞」と、鏡花がイメージした明治・大正から昭和初期の「東北」を知るに、まずは最適といっていい。

東北に生まれ、東北に暮らした作家たちの作品から東北を知る。だけでなく、東北を旅した文豪の作品からそのイメージを探れば、それもまた私たちには自らの土地を知るに繋がる。そんな読書はいかがだろうか。

122

2021.10.17

# 古本趣味の世界に遊ぶ

商売柄で「本」に関する本はよく読む。もちろん好きなジャンルなのだが、読んでいるとどうしても職業意識が出てしまう。編集者が書いた本なら「ふむふむナルホド、そのテがあったか、いやいやここはオレならこうしたな」となる。本屋さんの書いた本なら「いま本屋さんではこんなコトが起きているのか、知り合いの本屋さんに訊いてみよう」と、こちらもまた日常業務の意識が抜けない。結果、おもしろいのだが、どこか気楽に読めない。まあ、仕事だからね。

存分に楽しめたのは「古本」の本だった。タイトルを挙げればキリがないが、いずれも探書の苦楽蘊蓄を語り、そこから見えてくる世に隠れた作家や編集者の存在に目を凝らし、出版史の水脈をたどって、古本趣味を極めたツワモノたちや古本業界のベテランたちの古本談義を読むのはひたすら楽しかった。仕事を離れて趣味の世界に遊ばせてくれた。

最近のそんな「古本」の本といえば、まずはショーン・バイセル『ブックセラーズ・ダイアリー　スコットランド最大の古書店の一年』(白水社)は、古本屋をまるごと「買って」経営者となった著者の愉快な日記、海を越えた「古本あるある」が楽しい。そして『東京古書組合百年史』（東京都古書籍商業協同組合）も出た。編纂委員を務めた旧知の西荻窪・盛林堂書房の小野純一さんから「読んでおもしろい100年史にしたから、ゼッタイ読んでね」と念押しされた通り、『神田神保町書肆街考』（筑摩書房）の鹿島茂さんによる寄稿「古本屋はいかにして生き続けたか」にはじまって神保町をはじめとした東京の古本屋さんの歴史を知るに空前絶後の大冊、かつて東京に暮らして古本屋めぐりを日課としていた私にはなつかしくもある。さらに橋本倫史さん『東京の古本屋』（本の雑誌社）は、コロナ禍とオリンピックに揺れ動く東京の古本屋さん10軒の密着ルポ、盛林堂の小野さんも登場している。

だが、である。3年前に〈古本あらえみし〉をオープンした途端、今度は古本趣味の読者としてだけではなく、なにせ商売、またもや職業意識に搦《から》めとられて、伸びやかにのんきにばかりは「古本」の本を楽しめなくなってしまった。いやはや。いつかは古本屋なんて古本好きもいるかもしれないが、これは古本屋だけではなかろうけれど、趣味を仕事にすると、趣味が趣味ではなくなります。ま、古本の山に埋もれた生活は、とにもかくにも楽しいけれど。「古本屋は、金はないが楽しいらしい。楽しいなら続けられるよね」とは、前出「百年史」編集後記の一節である。

# 123

2021.10.24

# 本屋さんの記憶

北海道ニセコ町、同江別市、宮城県仙台市、東京都国分寺市、同杉並区、同小金井市、そしてふたたび仙台へ。いままで私が暮らしたところを並べるとこうなるのだが、なにせ本好き、それぞれにそれぞれの本屋さんの記憶がある。たとえば、生まれ落ちたるニセコの町に本屋さんはなかった。あったのは小学校の校門前の文具屋さん、その片隅に本を並べていた。大きな黒犬を飼っていて、ガラス戸をがらがらと入ると吠えかかられるのがコワかった。

あるいは、高校卒業まで暮らした江別市大麻は大都市サッポロ郊外のいわゆる「団地」だった。どこもかしこも新築のニュータウン、計画的に配置された商業地区の本屋さんもピッカピカではあったのだが、いま思えばみな個人経営の「町の本屋さん」だった。高校に進むとサッポロには大きなナショナルチェーンの本屋さんとニュータウンにはなかった古本屋さん、一気に視界が広がった。そして社会に出て出版を業とすれば「本の町」神田神保町はそのまま生活の場である。

かつての遠い日、あの日はこの日はと記憶を探ればそこにいつも本屋さんがある。この本はあの本屋さんで、この本はあそこの古本屋さんでと、そのたたずまいばかりか新刊のインクや古本の枯れた紙のにおいまでが記憶にまざまざと、果てはその本を手にした過去の己がすがたまでもが脳裡に浮かんで、いまもそんな思い出の本屋さんにいる夢を見て、はっと目覚める夜がある。本欄の読者なら、おそらくそんな記憶の本屋さん、ひとつやふたつではないはずだ

　こんな思いに駆られたのは、仙台の新刊本屋さんといえば金港堂の藤原直さん（宮城県書店商業組合理事長／サンモール一番町商店街振興組合理事長）、東北大北門前の古本屋さん昭文堂の齋藤鄭《あつし》さん（宮城県古書籍商組合顧問）、そして仙台市広瀬図書館長の菊池雅人さんをまじえの、仙台本屋さん事情回顧座談会の司会を担当したためである。金港堂と昭文堂はいずれも明治から

続く仙台伝統の本屋さん、みなさんのお話を聞きながら、私の個人的な「仙台本屋史」の記憶もよみがえり、いまは幻のあの本屋さんこの本屋さんの面影にしばし思いを致した（座談会「街角に本屋さんがあった」はプレスアート『Ｋａｐｐｏ 仙台闊歩』11月号に掲載）。

　本好きに取って「本屋さんの記憶」は人生の記憶そのものか。あなたの記憶の本屋さんはどこにあるか、いまもあるか。読書の秋である。

# 124

2021.10.31

## 目ってほんとに大切

目ってほんとに大切だと痛感させられた3か月だった。

糖尿病網膜症である。眼底出血により左眼がまったく見えなくなったのは7月初旬、ワクチン接種やらほかにもいろいろあってなかなか手術が受けられず、眼帯生活が続いた。隻眼の日々、難儀ではあった。まずは距離感が掴めない。目の前のモノを取ろうとして、タッチパネルやキーボードを操作しようとして、手が届かずにすかっと空を掴む。段差の高低を見誤って、階段を踏み外す。なにより本が読めない。右眼ばかりだとどうしても読書のスピードが落ちる、酷使すると文字がかすむ。果ては頭痛にめまいである。こうなると仕事にだって差し支える。たとえばこの連載の確認のため校正刷りをチェックするわけだが、いつも以上に誤字脱字を見過ごして、やれやれである。

頼りは眼帯である。最初に手に入れたガーゼタイプはいわば眼に貼るキズ絆創膏《ばんそうこう》スタイル、具合はいいのだがちょっといかにもではある。思案の末、黒革のアイパッチを購入した。伊達政宗公のアレである。ジョン・ウエイン演ずる酔いどれ保安官ルースター・コグバーンの、もしくはキャプテン・ハーロックのアレである。そこに作家いとうせいこうさんが「いいのがある！」とガーゼタイプながら無地ではなくカラフルでポップな色柄の舶来品を送ってくれた。これら眼帯をその日の気分で使いわけてみれば、対する相手に変化があった。普通のガーゼタイプは「ケガでもしたのかな、気の毒に」となる。黒革だとどこかコワモテ、ぎょっとされる。カラフルタイプはおやっとおもしろそうにニコニコと、ナルホド眼帯ではあれ目は口ほどにモノをいいである。

とはいえやはり生活の不自由ばかりか、もしもこのまま治らなかったらどうしよう、右眼も出血したらどうしようとさまざまに不安の尽きない3か月、眼帯の使いわけに気を紛らわせるくらいしかなかったのが正直なところである。やっと入院手術が終わって左眼の視力が徐々に回復すれば、おお、見えるとは、読めるとは、こんなにありがたいことだったのか！

退院してさっそく本屋さんへ。本の雑誌社『本の雑誌』10月号に目が止まった。特集「定年後は本当に本が読めるのか!?」の頁を繰れば、案の定、視力の低下や眼のトラブルの話題がそこここに、老いの悩みはいずこも同じらしい。人生さいごまで好きな本を読み続けたい読書家のみなさん、目の健康にはくれぐれもご注意を。いや、ほんと。

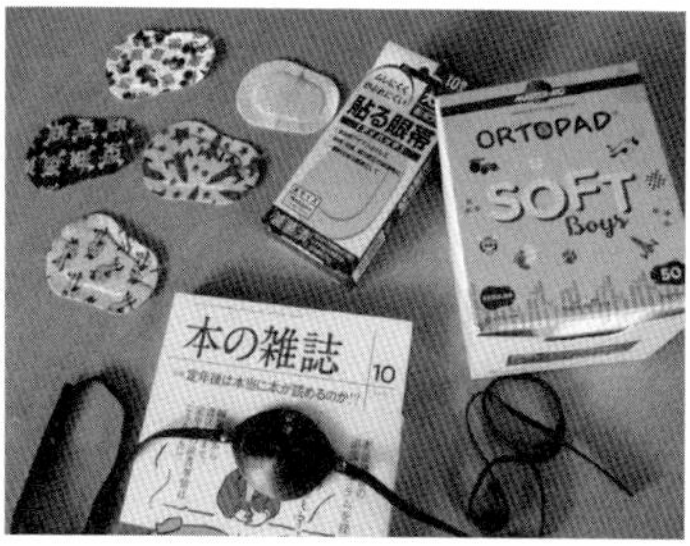

# 125

2021.11.7

# ヨソさまの本棚

仙台駅前イービーンズ9階「杜のイベント広場」恒例の「古本まつり」開催中である。今回は東北一円と関東から20もの古本屋さんが参集、おかげさまで連日のにぎわいだが、いつもながら準備はなかなか大変、古本をせっせと運んで見栄えよく陳列するだけで3日がかり、参加古本屋総出で台車をガラガラどすんばたんとなかなかの壮観の末、オープン前夜、準備完了の会場をぶらぶらすれば、お、こんな本があった、なるほどこうやって並べればいいのか、このテもあったかと、我ら新米〈古本あらえみし〉、脱帽である。にしても、ヨソの本棚を眺めるのは楽しい。その古本屋さんがどんなジャンルを得意としているのか、どんな本が好きなのか、さらには本の存在をどのように捉えているのかとさまざまに考えさせられ、想像連想させられて、わくわくする。

雑誌『BRUTUS』（マガジンハウス）の「村上春樹」特集号が話題となっている。「読む。」編と「聞く。見る。集める。食べる。飲む。」編と2号連続のムラカミ・ワールド大特集なのだが、私が興味を惹かれたのはもちろん「読む。」編、とりわけ「村上さんが手放すことのできない51冊の本について　村上春樹の私的読書案内。」のコーナーである。あまたの蔵書から自らセレクトした本たちがコメントとともに紹介されている。熱烈なハルキストではないものの、あの村上さんが手放せない本たちである。「なるほど」も「やっぱり」もあれば「えっ、この本が」もある。なんとも楽しめる雑誌企画だった。

あの人この人はどんな本を読んでいるのか、どんな本が好きなのか。職業意識もあるにはあるが「本棚を見ればその人がわかる」といわれるように、蔵書はいわばその人の精神の縮図、相手が本好きであればあるほど、その人の読んできた本を見れば、その精神がどんな本で作られているかがわかる。好みが似ていればきっと互いに気が合って、本はそんなコミュニケーションにも繋がる。というわけでヨソさまの本棚を眺めるのが好きなのだが、どうやらこれ、私だけではなさそうだ。本の雑誌編集部編『絶景本棚』（本の雑誌社／既刊2冊）や赤澤かおり『本棚の本』（アノニマ・スタジオ）など、あの人この人の本棚を紹介する本が出ている。写真を眺めるだけで楽しい。ジョン・オコーネル『デヴィッド・ボウイの人生を変えた100冊』（亜紀書房）もよかった。たとえ未読の本であろうとも、本好きにとって、まこと本とはフシギな存在である。

# 126

2021.11.14

# 授賞式に行く

しばらくぶりの東京である。なにせこの2年ばかり、世はコロナ禍、あれもこれもリモートで、移動しなくてもなんとかなるとはいいながら、私としてはこれほど東北から、仙台から出なかったのははじめてか。だが、今回ばかりはなんとしても出かけたかった。第74回日本推理作家協会賞の贈呈式である。我ら〈荒蝦夷〉が昨年6月に刊行の『真田啓介ミステリ論集　古典探偵小説の愉しみ』全2巻（フェアプレイの文学／悪人たちの肖像）が昨年度の同賞研究・評論部門をめでたく受賞、その授賞式である。もちろん最大の殊勲者は受賞した真田さんだが、このような文学賞の受賞は出版社の勲章でもあるわけで、真田さんとともにいそいそと新幹線に乗り込んだ。

このテの文学賞の授賞式、仕事柄、いろいろと顔を出す。なにせ仙台からだからあれもこれもとはいかず、日常業務で縁のある出版社の文学賞がほとんどとなる。旧知の作家のみなさんや各社の同業者が集まって、その席で年にいちどのごあいさつもできれば旧交を温める場ともなり、さらには新たな仕事が生まれたりもする。とはいってもそれもコロナ禍以前の話、この2年は授章式そのものが延期や中止、あるいはリモートとなって、どこかさびしい思いをしていた。

今回も直前までリモートもアリかとどこか半信半疑、だが、折よくも緊急事態宣言が解除となって、それでもやはりいつもとは具合が違っていた。江戸川乱歩賞贈呈式との同時開催、それも公開である。例年ならばホテルの会場に関係者が集まって、終われればそのまま祝賀パーティ、さらには2次会に3次会と祝いの席が続くわけだが、今年の会場は池袋駅近くの豊島区立芸術文化劇場、抽選による一般入場者の見守るなか、贈呈式に続いてトーク・イベントである。客席も制限されるなど徹底した感染対策下に、祝賀パーティなどは中止となった。

それでもいつもながらユーモアあふれる京極夏彦さん（日本推理作家協会理事長。写真左から3人目。写真提供は同協会）の語りにリードされて終始なごやかな式典となった。真田さん（写真いちばん右です）はちょっと緊張されていたようだけれど、こちらもいつもながらにジェントルに淡々と、客席からそのすがたを見ながら、受賞作を世に送り出した編集者としてのよろこびも私にはまたあった。祝杯を酌み交わす場面がなかったのは残念にしても、イベントとしてはこれもいいのではないかと思わされた池袋の夜である。真田さん、おめでとうございました。やったね！

# 127

2021.11.21

# 古本屋をハシゴする

古本屋さんはハシゴが基本だった。高校卒業まですごした北海道サッポロなら、狸小路のアーケードをてくてく行けばざっと6軒の古本屋さんがあった。新刊本屋さんもあったから、新刊と古本を次々に眺めながらハシゴした。東北学院大学に進んで仙台に来れば、東北大北門前一番町に軒を連ねた古本屋さんをぶらぶらと、東京に出ればなにはなくとも神田神保町である。古本を探してハシゴはしごで日が暮れる。

世界に冠たる古書の聖地・神保町はさておき、どこもめっきり古本屋さんは減って、ひとつの通りや区画に集中してハシゴを楽しむ景色はなくなった。東北大北門前にもいまや「昭文堂書店」のみであれば、ハシゴなど望むべくもない。だが、ちょっと範囲は広がってしまったものの、この秋、仙台の町中に1軒の古本屋さんがオープンする。「阿武隈書房仙台店」である（青葉区本町、エフエム仙台のお向かいです）。「仙台店」とある通り、福島県いわき市「阿武隈書房」のいわば2号店である。

経営する有賀史人さん（写真中央）は44歳。名取市に生まれて筑波大学在学中に古本屋さんでアルバイト、そのまま神田神保町で経験を積み、縁あっていわき「阿武隈書房」オープン、もともとが宮城の人とあれば、今回の仙台進出、古めかしくは「故郷に錦」である。私より若くはあっても古本屋さんの大先輩、宮城県古書籍商組合の会合や昨年の金港堂古本市、そして開催中のイービーンズ「古本まつり」などさまざまに顔を合わせ、お世話になっている。広々としたスペースに新調の什器の木の香り、スタッフとともにオープンの準備に追われる有賀さんをたずねれば「誰かの本棚をのぞいているような、雑然としていながらどこか楽しい陳列にしたいんですよ」と語る。

たとえば仙台駅を起点に我ら〈古本あらえみし〉から「阿武隈書房」をのぞいて「火星の庭」へ、ちょっと足を延ばせば「昭文堂書店」もある。1月5日まではイービーンズ「古本まつり」もやっていれば新刊本屋さんもあるのだから、仙台駅をぐるりと本屋さんのハシゴができるはずだ。さらに昔ながらのレコード屋さんや映画館が復活すればなによりだが、そこまでは望めなくとも、かつての町歩きの楽しさが少しでもよみがえればと、これは昭和のおじさんの見果てぬ夢か。「阿武隈書房」オープンは11月26日、しばらくは木曜から日曜までの営業となる。

# 128

2021.11.28

## 小さな出版社

新米古本屋〈古本あらえみし〉でありながら、我ら〈荒蝦夷〉は本来はご存じの通り出版社である。だから「古本屋の本」だけでなく「出版社の本」も、それも大出版社や歴史ある出版社のそれではなくて、ウチと同じく零細出版社の本をよく読む。けれどもこれも「古本屋の本」と同じく、どうしても「むむむ」や「ややや」と職業意識がはたらくのが我が因果ではある。

このテの零細なる「出版社の本」が目に止まるようになったのは、おそらくは10年ほど前、いわゆる「ひとり出版社」ブームがきっかけか。編集製作から営業販売まで文字通りひとりで手がける小出版社である。ひとりもふたりも3人も、零細は大同小異だが、やはり「ひとり出版社」は絶妙なネーミング、ちなみにウチはアルバイト・ボランティア諸氏諸嬢に支えられての「ふたり出版社」、共同経営者は本紙夕刊連載「あの木に会いに行く」の千葉由香である。

昨今のそんな「ひとり出版社」の嚆矢は、夏葉社の島田潤一郎さんだろう。島田さんとはイベントの打ち上げや雑誌の小出版社座談会などでご一緒している。夏葉社設立の経緯はその著書『あしたから出版社』（ちくま文庫）や『古くてあたらしい仕事』（新潮社）に詳しい。あるいは西山雅子編『"ひとり出版社"という働きかた』（河出書房新社）とか永江朗『小さな出版社のつくり方』（猿江商會）なんて本もある。いずれにも小さいからこその苦楽が綴られて、いやはやみんながんばっている。どこもラクばかりではなさそうだが、私たちは孤独ではないと、逆に励まされたりもする。

全国の小出版社、実はヨコの繋がりが結構ある。ブックフェアやイベントなど、全国各地で顔を合わせる。我ら〈古本あらえみし〉にも「あらえみしの仲間たち」コーナーがあって、各社の本を期間限定で並べている。ボーダーインク（沖縄）、寿郎社（北海道）、苦楽堂（兵庫）、堀之内出版（東京）と続いて、現在は書肆侃侃房（福岡）の本が。あまり新刊本屋さんで見かけない個性的な本たちばかり、お手に取ってご覧いただければ。

ところで、事業スタートから21年の我ら〈荒蝦夷〉は、これら小出版社の群れにあっていまや古顔、なにせ「起こす」より「続ける」のが難しいと、永江さんの新刊『小さな出版社のつづけ方』（猿江商會）で取り上げていただいた。そろそろ本屋さんに並ぶか。見かけられたら、ぜひ。

# 129

2021.12.5

## 130年前の教科書「里帰り」

古本屋にはいろいろと集まる。買い取った本を整理していたら、和綴じのずいぶんと古びた冊子の束があった。なにやらんと紐解いてみれば、明治時代の小学校教科書だった。どんな教科かタイトルは『日本読本』とあって、国語算数から地理歴史に文化生活までさまざまな知識がぎっしりと、ちょっとした総合学習である。奥付を見れば、明治21（1888）年から22（1889）年にかけての初版発行、いまからおよそ130年余り前の教科書全9冊なのだが、保存状態もいい。おやっと思ったのはその発行所だ。「金港堂書籍会社」とあって、東京と大阪の住所、それと並んで「大売捌　宮城県仙台市国分町　金港堂」がある。さしずめいまなら東京本社に大阪支社、仙台営業所といったところか。これはきっと現在の一番町の「金港堂」だ、ルーツは確か教科書だったはずと、さっそく藤原直社長に「こんなの見つけましたよ」と一報した。

今年で創業111年の金港堂、スタートは教科書出版の東京・金港堂書籍会社の東北における営業所だった。そこから独立して現在の本屋さんの金港堂となったのは明治43（1910）年だから、この教科書は本屋さんとしての独立以前、金港堂書籍会社の営業所だったころに売った本となる。頁を繰れば、なかなか興味深い。たとえば1週間は7日、1か月は大の月と小の月があって31日か30日、12か月が1年となって365日なんてところからはじまる。西暦採用が明治5（1872）年であってみればさもありなんの一節だ。日本と世界の歴史があって、国内各地の産業や文化の紹介があって、自然や地理が解説されて、文明開化20年の大人たちが子供たちになにを伝えようとしたのかが偲ばれる。奥付にある著者の新保磐次は幕末の新潟生まれの文学者、金港堂書籍会社の編集者としてたくさんの教科書を編んだ。

金港堂4代目にして現社長の藤原さん、この教科書を手に「昔の本、ウチにもほとんどないんだよ。いやあ、よくぞまあこんなにきれいに残っていたね」と目を細めた。独立以前とはいえ、130年前に金港堂が売った本を手にする4代目、なんだかちょっとしたタイムトラベルを見る思いだった。

かくして『日本読本』全9冊は、無事に金港堂に引き取られて行った。いわば130年の「里帰り」、一見すればただの古ぼけた小冊子でしかなかったとしても、そこに世紀を超えた人の営みが刻まれて、紙の本はいいとあらためて思い知らされたわけだが、それにしてもやっぱり古本屋っておもしろい。

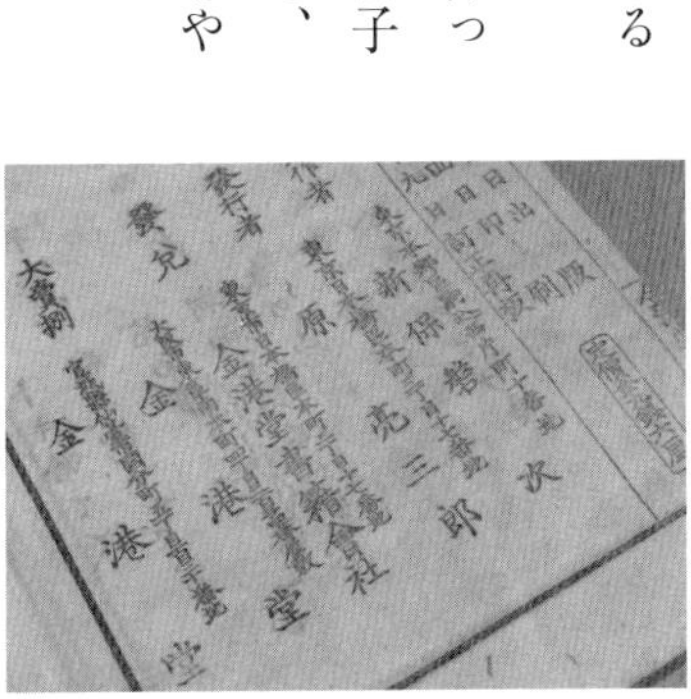

# 130

2021.12.12

# 今年のベストブック

今年もベストテンの季節だ。例年の本のベストテン、私が関わっているのはまずは川元茂プレスアート取締役地域メディア局長と小林直之東北大学出版会事務局長との「仙台オヤジ編集者3人衆おすすめ本ベストテン」があり、文芸評論家・アンソロジストの東雅夫さん、作家の黒木あるじさん、東北学院大学教授で英米文学翻訳家の植松靖夫さんとやっている「怪談・幻想文学ベストテン」がある。さらに『Kappo 仙台闊歩』（プレスアート）のベストスリーが、『BRUTUS』（マガジンハウス）の「東日本大震災10年」の年末に読むべきベストスリー選定もあって、読了本リストを見ながら思案投げ首である。

いつもなのだけれど、年末になってこのリストを眺めていると「ああ、そうか」と思わせられる。今年はこんな年だったんだな、今年の私はこんな本が読みたい気分だったんだな、と。なにせ仕事だから常に本を読んでいる。おまけに趣味まで本だから、読まない日はないといっていい。こうなると、読みたい本を選んでいるわけではなくて、読まなければならない本から趣味の本まで濫読《らんどく》雑読、3冊くらい同時進行で読んでいたりもする。だから、ある傾向の本を意識して読んでいるわけではないのだが、リストを見るとフシギと世情や我がココロのありさまが透ける。

ざっと見て多かったのはやはり伝染病に関わる文学作品である。好みもあって、古典が目を惹く。ジャック・ロンドン『赤死病』（白水社）とかカレル・チャペック『白い病』（岩波文庫）とか、アンソロジーでは『疫病短編小説集』（平凡社ライブラリー）や『文豪たちのスペイン風邪』（皓星社）なんてのもあった。さらにヴァージニア・ウルフ『病むことについて』（みすず書房）など、とにかくビョーキに関連した本が多いのは、なにせ今年は2度の入院手術、その個人的事情もあったに違いない。あとはいつになくＳＦを読んでいる。これは昨今のＳＦブームの影響か。

さらに「古本の本」に「本の本」は商売柄で、海外の古典探偵小説に幻想文学はご存じの通り私の大好物である。
読了本リストといっても、細かく感想などメモしているわけではない。読み終えた順にズラズラとタイトルを記録しているだけである。それでもそこからさまざまに見えるものがあって、このリスト、あたかも我が日記のように読めないでもない。だが、過去のリストを眺めれば「あれ、こんなの読んだっけ」なんてまったく記憶ナシ、あまりの記憶力減退にトシを感じさせられたりもするのだが。さて、今年のあなたのベストブックはなんだったろうか。

# 131

2021.12.19

## 入院して思ったこと

入院中はどうして本が読めないのか。この秋から2度にわたった私の入院手術の顛末《てんまつ》をお喋りしていたら、そんな話になった。相手はやはり入院手術を余儀なくされた女性である。なにせ活字中毒、ちょっと出かけるにも本が手放せない。だからもちろん入院の手荷物にも本を詰めた。ところが読めなかった。なぜなのか。

「なにか気をまぎらわせるモノが欲しくなるかもって持ち込むんだけど、入院したら検査とかで結構いそがしかったり」

「それに、不安感やらなにやらで気もそぞろ、本を読んだってアタマに入らない」

「終わっても、なんだか気持ちがざわざわするしね」

私にしても入院したと思ったら広い病院あちらでこちらで検査が続き、果ては全身麻酔のための気管挿管のさまたげになるとグラグラの虫歯まで抜かれてしまった（2本！）。無事に手術が終わってはっと麻酔から覚めれば、腕には点滴の針が2本、鼻に酸素のチューブ、指先にパルスオキシメーター、胸に心電図測定器、そして股間からは導尿カテーテルと、チューブやコードでがんじがらめの絶対安静、寝返りも禁止では本など読めるわけがない、読む気になんかなりゃしない。それがどんな本であろうと「こっちはそれどころじゃないんだ！」である。入院手術といったって病気もさまざま症状もさまざま、もしかするとのんびり本を読める場合だってあるかもしれないけれど、むむむ、残念、私たちはそうではなかった。いやはや。もちろん本に罪はない。

2度目の入院手術から2週間、落ち着いて本を読めるよろこびを歯はないけど噛み締めながら、もしかしたらとふっと思った。その衰えを含めた肉体の変化によって、これからの本の好みや読みが違ってくるのではないか、世界への目線が変わるのではないか。「病気のもたらす精神的変化がいかに大きいか、健康の光の衰えとともに姿をあらわす未発見の国々がいかに驚くばかりか」（ヴァージニア・ウルフ『病むことについて』みすず書房）であるとして、ここで私にとっての本の意味が次のステージに移るのならば、それを新たな愉しみとしてしまうのが我が本好きの業である。

それにしても還暦を前に、ここのところ医療関係のみなさんにいろいろとお世話になっている。ありがとうございます。さて、来年は歯の治療だな。

# 132

2021.12.26

## 「ことばの華」はいかが

今年のベストテンが話題となる年末になって、伊坂幸太郎さん編の2冊のアンソロジーがちくま文庫から出た。『小説の惑星　ノーザンブルーベリー篇』と同じく『オーシャンラズベリー篇』である。伊坂さんが選んだ古典から現代の作品まで時代もジャンルも超えた全19篇が収録されて、眉村卓に続いて井伏鱒二、横光利一に続いて筒井康隆と、たとえ既読の作であってもその意外な配列が新鮮に読ませてくれる。伊坂さんらしい「奇妙な味」のアンソロジー、普通なら「上・下」とか「1・2」となるところを「ノーザンブルーベリー」と「オーシャンラズベリー」としたのは「思い付き」で「深い意味」はないとは、これもまた伊坂さんらしい。

アンソロジーは「詞華集」と訳されたりする。文字通りに取れば「ことばの華を集めた」本といったところか。ひとりの作家の短編集ではなく、あるテーマに、もしくはある編者の目線に添った作品を集めた短編集である。問われるのは編者たるアンソロジストの腕前だが、いまアンソロジストとして読者の信頼を集めるのは東雅夫さんだ。伝説の幻想文学出版局『幻想文学』編集長、現在は文芸評論家にしてアンソロジスト、その編んだアンソロジーや作家別短編集は100

冊を超える。東さんの今年のアンソロジーには『文豪怪談ライバルズ!』シリーズの『刀』と『鬼』が(ちくま文庫)。それぞれテーマに添った古典から現代作家の怪異譚集である。

作家・評論家の小森収さんの手になる海外短編ミステリの大アンソロジー『短編ミステリの二百年』全6巻(創元推理文庫)も完結した。なによりおどろきは浩瀚なその解説、全6巻を続けて読めば短編ミステリ史を概観できる大著とあれば、ビギナーに善しマニアに佳し、さらに海外文学なら沼野充義・恭子編訳『ヌマヌマ　はまったら抜けだせない現代ロシア小説傑作選』(河出書房新社)が、同じく沼野充義・藤井省三編の『囚われて』(名古屋外国語大学出版会『悪魔にもらった眼鏡』に続く「世界文学の小宇宙」第2弾)があり、ちょっと変わりダネでは米映画監督ジョン・ランディス編の幽霊屋敷アンソロジー『怖い家』(エクスナレッジ)もよかった。

どうも私の趣味に傾いたモノばかりご紹介したが、アンソロジストのタクトにまかせて、次はどんな作品がどんな意外な世界を眼前にしてくれるか、読み手の思惑を軽々と超えるのがアンソロジーの魅力であれば、混迷の年の瀬にそんな「ことばの華」を手にしてみてはいかがだろう。

# 133

2022.1.9

# 未知の国を本で旅する

いやはやなんともなコロナ禍3年目がはじまった。私の場合、コロナだけでなく自らの健康の風雲急も重なって、ホントに移動や旅と縁遠くなっている。「動かざること山のごとし」なんて気取ったところで、なにせしんどいじっと我慢の日々なのだが、いつしかこの不動の暮らしにも馴れて、今度は逆にちょっと動くのも億劫《おっくう》に、いかんいかん、これではココロもカラダもナマってしまいそうだ、なんとかしなくちゃと、頼るはもちろん本である、それも文学作品である。

なんて思ったのは、年末年始のベストテン企画のために読了リストをためつすがめつ、もとより外国文学好きではありながらも、ここのところ「知らない国や地域の本をずいぶん読んでいるぞオレは」と気付かされたからである。たとえば「地域」の本なら、かつて本欄でもご紹介したマヤ文学、あるいはバスク文学やウェールズ文学がある。これらはある国の文学というよりも、国家のワクに収まり切らない独自の言語や文化を基盤にしたいわば「地域文学」である。どこか我ら「東北文学」を想起させられたりもして、目が離せない。

そして、南米と東欧の文学。どちらも私の旅したことのない未知の国々である。南米ラテンアメリカ文学は30年ほど前に日本でもまとまって紹介されてちょっとしたブームになった。私もずいぶんハマったが、以来、あまり意識して読んではこなかった。ところが最近になって相次いで読んだ一連の本がなんともおもしろくて興味が再燃している。タイトルを挙げればシルビナ・オカンポの『復讐の女／招かれた女たち』（幻戯書房）と『蛇口　オカンポ短篇選』（東宣出版）や、エドガルド・コサリンスキイ『オデッサの花嫁』（インスクリプト）である。東欧文学も然り、新しく出会った作家・作品に魅了されて、こちらならミルチャ・カルタレスク『ノスタルジア』（作品社）にミロラド・パヴィッチ『十六の夢の物語』（松籟社）がよかった。

なぜだろうと考えて、コロナである。満たされない未知の国や地域へのあこがれが、私にこれらの本を手に取らせているのではないか。足を踏み入れたことのない南米と東欧、そこにどんな世界や生活があってどんな人たちが生きるのか。同じコロナ禍、そこでなにが起ころうとしているのか。想像が跳ねて、飛ぶ。コロナが終わったら、旅へ。いつになるやらわからないが、まずは健康第一、なにせ今年は還暦である。いやだからさ、ホントに行けなくても行きたいって夢さえあればコロナに負けない、そんな気がするのさ。今年がよい年でありますように。

# 134

2022.1.16

# 「書痴」はホメことば

新春の本屋さん、目に飛び込んできた新刊があった。タイトルは『書痴まんが』である（山田英生編・ちくま文庫）。「本」をテーマとする漫画を集めたアンソロジー、珍談奇譚やしっとりほっこり物語までずらり本尽くしの16篇、もちろん古書や古本屋がテーマの作品も多い。同編者・同趣向の既刊『ビブリオ漫画文庫』（これまたちくま文庫）も手に入れて、お正月からすっかり楽しませてもらったのだが、気になったのはタイトルの「書痴」だ。本欄の読者のみなさんならご存じのコトバだろうけれど、はてさて世間的にはどうなのか。「書痴って知ってますか」と問いかけて、誰もが知っているコトバなのか、どこまで一般的に通じるのか。

このコトバ、それではさてホントの意味はと辞書に語意を探れば「読書ばかりしていて、世の中のことにうとい人」とか、果ては「読書ばかりして、他を顧みない人を悪くいうことば」である。「書物の蒐集に熱中している人。ビブリオマニア」なんていくらか穏健なのもあるにはあれど、そもそもがなにせ「痴」だ。ドストエフスキーの『白痴』（新潮文庫など）やその映画化の黒澤明監督『白痴』もあれば、坂口安吾の『白痴』（新潮文庫など）に谷崎潤一郎『痴人の愛』

（新潮文庫など）と、文学史にくっきりと刻まれた「痴」もあるけれど、やはり辞書を引けば「音痴・愚痴・痴情・痴話・痴態・情痴・痴漢・痴女」と、どうもイメージがよろしくない。さらには運動音痴や痴話喧嘩では、旗色ますますいいとはいえまい。むしろ、さんざんだ。そこに「書痴」なのだから、世の本好き、ギャフンである。

だが、ここまで読んで「あれっ」と思われた読者もおられるのでは。「書痴」はホメことばじゃなかったの、と。そうなのである。「書痴」は「ザ・キング・オブ・本好き」の称号みたいなもの、本好きは「書痴だねぇ」といわれれば「いやいや、それほどでも」なんて謙遜してみせながらヨロコぶのである。「書痴」だけに処置ナシといったところだが、ちょっと待てよ、もしかしてそう思っているのは私だけか、普通は「書痴」と呼ばれたら気を悪くしたり怒ったりするものなのか。

不安になって我ら『古典探偵小説の愉しみ』で日本推理作家協会賞研究・評論部門受賞の真田啓介さんにあわてて電話したらきっぱり「ホメことばです」とココロ強い。ほっとひと安心で仏文学者・評論家にして稀代の「書痴」でもあった生田耕作編訳の『書痴談義』（白水社）を手に取れば、いいんだなまた、この本が。同好の「書痴」のみなさん、どうやら我ら胸を張っていいようです。

# 135

2022.1.23

# 本好きは紙好き？

なんだか落ち着かない年末年始だった。猛スピードのコロナ第6波にトンガ大噴火による津波の来襲、かと思えばなにやら不穏な事件も相次いで世情騒然、そんななか昨年から引き続いた駅前イービーンズ「古本まつり」が初売りもにぎやかに正月5日に終了、その撤収もあわただしく、かと思えば例年の懲りない年刊ベストブック企画も同時進行、小林直之東北大学出版会事務局長と川元茂プレスアート取締役地域メディア局長との「仙台オヤジ編集者ベストテン」に、東北学院大学教授・英米文学翻訳家の植松靖夫さんにアンソロジスト・文芸評論家の東雅夫さん、そして作家・黒木あるじさんとの「怪談・幻想文学ベストブック」である。両リーフレットの製作は我ら〈荒蝦夷〉が担当、これまたいつもながらにいそがしい。リーフレットは市内の主な本屋さんで配布中、さらに〈荒蝦夷〉ホームページからダウンロードも可なので、よろしかったらご覧あれ。

そんな日々でも本は読む。積ん読の山からふと手に取って、新しい年のはじまりにちょっとゆったりとした気分にさせてくれたのが池田寿『紙の日本史』（勉誠出版）だった。サブタイトル

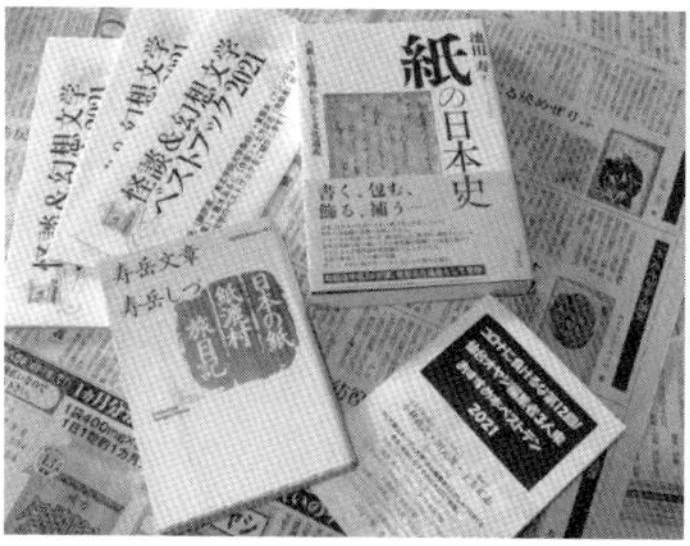


に「古典と絵巻物が伝える文化遺産」とある通り、古典籍や絵巻物から紙に関する記述や描写を紹介、日本人が紙をどのように扱って、いかに接してきたかを解き明かす。本ではなく、紙である。古来の紙漉《す》きの現場を探って「書く・包む・飾る・着る・結ぶ」など機能用途ごとに紙の果たした役割を探り、呼び名や色合いまでを語る。興味深かったのは「漉き返し」だ。使い終わった紙を集めて、それを原料にさらに紙を漉く。平安時代からその記録があるとか。これをいわばいまでいう再生紙と見なせば、はるかな過去と現在が地続きに、まさに紙から見る日本史である。

もちろんここで語られているのは和紙だけれど、洋の東西、いずれにせよ紙は世になくてはならない。本だっていわば紙の束、本好きの多くはもしかしたら本能のどこかで紙好きなのかもしれない。その手触りや色合いや匂いまでもが紙の魅力であるとすれば、このテの本好き、電子書籍になかなか馴染めないのも道理ではあるなと思いながら、ああ、そういえばあの本はどこにと本の山から寿岳文章・しづのエッセー集『日本の紙・紙漉村旅日記』（講談社文芸文庫）を掘り出して頁をめくる。ペーパーレスが刻々と進化する世にあって、それでもやはり私は本は紙で読みたい。紙を読んで、紙を編む。本まみれの日々は、紙にまみれた日々でもあれば、なおさらに。

# 136

2022.1.30

# レンタルビデオの記憶

ダニエル・ハーバート『ビデオランド　レンタルビデオともうひとつのアメリカ映画史』（作品社）がおもしろかった。レンタルビデオがアメリカの映画文化にどのような影響を与えたかを論じた本だが、なにしろ興味深いのはレンタルビデオショップへのフォーカスだ。それも大規模チェーンではなく「スモールタウン・アメリカのレンタルビデオ」（本書章題）の栄枯盛衰、映画が家庭や個人の領域に入り込む、地域のレンタルビデオショップのその拠点としての役割、海の向こうと日本とで事情の異なるところもあるにせよ「そういえばそうだったよなぁ」と、記憶がよみがえった。

コロナ禍ステイホームを追い風に配信で映画を楽しむ世である。それ以前だってＤＶＤに押されてビデオはほとんど目にしなくなっていた。レンタルビデオといっても、その記憶があるのは年齢的にいくつくらいまでだろうか。映画は映画館で観るものだった。そこに現れたのがホームビデオ、とはいえ初期のビデオプレーヤーは高価だった。独り暮らしの大学生には高嶺の花、私がはじめて手に入れたのは大学を卒業して東京で働きはじめてからだった。さらに、ビデオソフトも高くて、いくら好きな映画でもおいそれとは手が出ない。頼りはレンタルビデオショップ、いまほどはコンビニもなかった夜の町の片隅に、ぽっと明るく個人経営のそんなビデオ屋さんがあった（ちなみにあのころはみんなレンタルビデオショップではなくて「貸しビデオ屋」とか「貸しレコード屋」と呼んでいたような）。いまは昔、およそ40年も前のお話である。

そんなよしなしを思いながら〈古本あらえみし〉の在庫の山を整理していたら新井詳二『この映画・ビデオがおもしろい』（新井出版社）なる本が出てきた。全国のレンタルビデオショップや映画館に勤める映画マニアの面々によるガイドブック、１９９１年の刊行だから、レンタルビデオ全盛のころである。頁をめくればなつかしい。なんと、私がかつて故郷・北海道でお世話になった人物まで登場していた。

ことは映画に限らず、音楽もレコードからＣＤになり、配信となった。カタチあるブツとしての趣味や文化の所有が電気信号の受信へと変容した。本に関していえば、電子書籍が登場したとはいえ、それでもどっこいまだまだ命脈を保ってはいるけれど、さて、40年後はどうなっていることか。そのころ私はこの世にいないにしても、本の未来はやっぱり気にかかる。古本屋のおやじとしては「きっと本はしぶといぞ」と、そう思ったりするのだけれど。

# 137

2022.2.6

## 本屋さんの「紙」

古本屋をやっているとホントにいろんな「紙」が集まってくるわけなのだが、整理していて「ああ」と、思わず声が洩れるものがある。資料や史料として価値があるとか高価だとかではなくて、この町の本好きなら記憶が刺激されてなにか胸に迫ってくる、そんな「紙」たちである。

たとえば、書皮。「ショヒ」と読む。本屋さんでかけてくれる本のカバーである。日本独特の本屋さん「文化」だというが、多くはその本屋さんの特製で、なかなか凝ったデザインのものもある。買い取った本、仕入れた本に、その書皮がかけられたままの本があったりする。どうやら読みかけか、あるいは本をきれいに保存しておきたくてそのままに、なかには新聞の折り込み広告やいろいろな包装紙などを使ったお手製のものもある。クリーニングして値札を付けるために、書皮を外す。あまりに古いと痛みもはげしくて、廃棄せざるを得ない。いまもある本屋さんのものはいいのだが、かつてはあったのにいまはない、デザインを見ただけでその本屋さんのたずまいまでなつかしく思い浮かぶ、そんな書皮にははたと手が止まる。そうだよなぁ、あったよなぁ、ずいぶん通ったなぁ、あんな本やこんな本を買ったなぁ、と。

さらに本屋さんの「紙」といえば、栞だ。これも本屋さんが挟んでくれる。出版社が作ったものもあるが、やはりその本屋さん独自の栞が楽しくなつかしい。これまたいまはなき本屋さんのものが、入荷した古本に挟まっていたりする。きれいに挟まっていれば、いまだって栞として使える。本屋さんが雑誌などを入れてくれた紙袋が本の山に混じっていたりもする。本屋さんの住所や名前が刷ってあったりゴム印だったりだが、これも最近はとんと見なくなった。そんないろいろな本屋さんにまつわる「紙」のコレクター、やはりいるようだ。書皮友好協会監修『日本のブックカバー』（グラフィック社）とか出版ニュース社編『カバー、おかけしますか？　本屋さんのブックカバー集』（出版ニュース社）なんて本まで出ている。

私はといえば特に集めているわけではないのだが、消えた本屋さんの「紙」を、その本屋さんの「遺品」でありこの町の「遺産」と思えば、どうにも捨てるに忍びなく、いつの間にか溜まってしまう。まぼろしの本屋さんが、いつかの読者が、その手で触れた書皮や栞、古本屋に漂着したそんな「紙」たちにいま触れて、記憶がくっきりよみがえる。やはり、紙は偉大だ。

# 138

2022.2.13

# 古新聞は歴史の証言者

みなさんはいま、新聞を読んでいる。読み終わった新聞は資源回収や古紙回収に出されて、それがやがて再生紙となってよみがえるわけだけれど、昭和の昔には、たとえばタンスなどの引き出しの底に広げたり、瀬戸物の保存のための緩衝材にしたり、さまざまに古新聞を使っていた。もっと昔ならば襖《ふすま》の下張りといったところか。大事件の日やなにかの記念の日の新聞なら保存しておいたりもしたことだろう。これらの新聞紙、世代を経て、やがて廃棄される。実家の整理のゴミとなって「おじいちゃん、なんでこんな新聞、大切に取ってあったんだろうね」といった具合だが、なかには古本屋に流れ着く古新聞もある。

我ら〈古本あらえみし〉にもそんな新聞がある。東北の新聞をその見出しを拾いながらいくつか挙げてみれば、まずは河北新報なら日露戦争中の明治37（1904）年10月1日（「榴ヶ岡隊の消息」「小泉八雲氏の逝去」）に大正元（1912）年12月14日（「歳晩の仙台市」）、そして日中戦争下の昭和15（1940）年8月6日（「四十二勇士散華　宜昌周辺残敵討伐戦」）がある。福島民報は太平洋戦争終戦直後の昭和20（1945）年8月23日（「停戦の大命御伝達」「進

駐地域の行政　県知事が執行」「食糧に不安なし」）に、岩手日報は昭和33（1958）年11月28日（「皇太子さま、ご婚約　正田美智子さん皇居へ」）に同35（1960）年3月19日（「まぶたの母は室蘭にいた」）があり、昭和33（1958）年6月15日の朝日新聞岩手版（「ワカメの品質上々」「原乳、大幅に値下げか」）もある。さらに古ければ、いまは存在しない奥羽日日新聞の明治21（1888）年10月5日（「相馬家騒動の詳報」）と10月13日（「登米小学校落成式」）に明治22（1889）年2月27日（「帝国憲法釈義」）、東北新聞は明治32（1899）年12月16日（「白石町の喧嘩事件」「管内の赤痢病」）といったところか。

　これら古新聞は資料や史料ともなる、いわば歴史の証言者だ。政治経済、文化郷土史、世間話に広告と、さまざまな調査の対象となる。もちろんマイクロフィルムや縮刷などで見られればそれでいいのだが、実物の魅力はいかにも独特、全頁揃っていなくとも、ぼろぼろシワシワになっていても、新聞によっては世紀を超えたその手触りに、よくぞここまで残ってくれたものよと古い活字に目を凝らす。あなたがいま手に取る今朝のこの新聞は、さて、これからどこに流れ行くか。

# 139

2022.2.20

# 杉村顕道の足跡たどる

怪談作家・杉村顕道の作品をはじめて読んだのは私が東北学院大学に通っていた1980年代はじめ、文芸評論家・紀田順一郎さんと中島河太郎さん編によるアンソロジー『現代怪奇小説集』（立風書房）収録「ウールの単衣を着た男」と、やはり紀田さん編の『現代怪談傑作集』（双葉社）収録「白鷺の東庵」だった。映画『エクソシスト』を皮切りに一世を風靡した西洋渡りのオカルトやホラーとは一線を画した伝統の和の「怪談」風味が、若い私にはいかにも新鮮だった。

著者紹介を見れば、仙台の人である。戦前から戦後にかけて活動したが、すでに忘れられて久しい作家、過去に怪談集『彩雨亭鬼談　箱根から来た男』（椿書房）を出しており、紀田さんがたまたまその古書を神田神保町で入手、アンソロジー収録に至ったとあった。『箱根から来た男』をなんとか読みたいと、大学卒業後もことあるごとに探した。神保町を漁っても出てこない。やがてインターネットで古本の探索が可能となったが、たまに見つかっても目の玉の飛び出る高価格、とてもじゃないが手が出ない。同好の好きモノたちが血眼で探す稀覯本と知った。

2000年、東京から仙台に仕事の拠点を移して、宮城県図書館でやっと現物と対面が叶った。

読んでみればこれがおもしろい。2005年に〈荒蝦夷〉を立ち上げて、この本の復刊を企んだが、1904年生まれの作家本人はまずは故人、あちらこちら手を尽くして、東京に暮らしていた著作権継承者の次女・翠さんに連絡接触できたのは2009年だった。ここでやっと幻の作家の素顔が判明、洋画家の故・杉村惇の兄、国見台病院を設立したほか県芸術協会の立ち上げにも関わり、落語・講談・歌舞伎など伝統芸能から和漢の古典に民俗学まで通じた趣味人と、その多彩な顔を知った。

かくして『杉村顕道怪談全集　彩雨亭鬼談』を〈荒蝦夷〉が世に送ったのが2010年、おかげさまで好評を得て、増刷もした。杉村家のみなさんとのおつきあいはそれからも続き、昨年は探偵小説や捕物帳、ユーモア小説など怪談以外の作品をまとめた『杉村顕道作品集　伊達政宗の手紙』も出せた。

好事家にも幻の作家だった杉村顕道だが、復刊を通じて全国の読者にその作品のあらかたをご紹介できた。仙台においても作家としてのその業績と足跡の顕彰が進む。現在、仙台文学館では「怪談作家・杉村顕道　その生涯と交友」が（3月21日まで）、仙台市広瀬図書館では「仙台が生んだ怪談作家・杉村顕道」が（2月27日まで）、それぞれ開催中。ご興味あれば、ぜひ。

# 140

2022.2.27

# 古写真と絵ハガキ

ここのところ、消えた本屋さんのカバーや栞とか、昔の新聞だとか、古本屋に集まるいろいろな「古い紙」の話題をお届けしたら、新刊本屋さんのバックヤードや宮城県古書籍商組合の会合で「本屋さんの栞、なつかしかったぁ」とか「古新聞の話、よかったよ」とお声がけいただくようになった。どうやら「本屋さんアルアル」だったらしいが、活字中毒の読者のみなさんにもきっとご好評いただけているはずとここはちょっと調子に乗って、さて、今回も「古い紙」である。

その第3弾は、古写真、そして絵ハガキ。これまたおそらくは実家整理や遺品整理などで出てきたとおぼしき「古い紙」だ。昭和ヒトケタ生まれの両親を亡くした私にもおぼえがある。昔々の家族の写真アルバム、祖父や祖母や親戚一同が写っているのはわかっても、戦前のモノクロ写真ともなればいまや誰が誰やらさっぱり不明、かといって捨てたり燃やしたりも忍びない、ためらって思案投げ首、どうしたものか。そして、黄ばんだり破れたりの絵ハガキ手紙の束もある。そんな「古い紙」たちが流れ流れていつしか古本屋に漂着する。

どうして古本屋なのかといえば、これまたひとつの歴史の証言であるからだ。たとえば、アルバムの古写真なら、写っているのがどこの誰かは知らず、着衣や所持するあれやこれ、あるいは背景に写り込んだ景色風俗や町並みが、その写真が撮影された時代をいまに伝える映像史料となる。家族旅行の風景スナップなどもまた同じ、景勝地の過去を知る手がかりとなったりする。出征中の戦地の写真などいわずもがな、具眼の誰かの手に渡れば、そこから未知の歴史が見えてくるやもしれない。絵ハガキも然りである。カメラや写真が庶民に手軽なものではなかったその昔、名所旧跡の旅の記念の絵ハガキを蒐集したり遠くの知友へ送るのは、ある種の楽しみだった。ここにはまた写真のみならず明治以来の印刷技術の進歩や郵便制度の確立もあったはずだ。

とまれ、私たちの日々の暮らしもいつか歴史となると、これら古写真や絵ハガキは確かに教えてくれる。我ら〈古本あらえみし〉にも戦前戦後の東北各地を、宮城を、仙台を記録したそんな「古い紙」がある。これもまたまさしく「紙碑」として、そこにあるかつての暮らしに思いをめぐらせながら、ならばいまの私たちの暮らしはいかにして未来への「碑」となるか。デジタル・データが残っても、この「古い紙」の魅力はどうにも捨てがたいとそう思ったりするのは、やはり昭和のオジサンならではなのかな。

# 141

2022.3.6

## 「あの日」からの記憶刻む

福島県三春町福寿寺住職にして芥川賞作家の玄侑宗久さんを選考委員に迎えた第5回仙台短編文学賞の選考が修了、大賞の大谷努さん「道の奥には」をはじめ仙台市長賞、河北新報社賞、プレスアート賞、東北学院大学賞の各賞が、昨日の河北新報朝刊で発表された。同賞実行委員会の代表を務めさせていただいているが、毎年の候補作を読んで、徐々に寄せられる作品の傾向が変わってきたのを感じている。

仙台短編文学賞は一般公募により広く東北6県に関する作品を対象とする文学賞、いわゆる「震災文学」の賞ではない。だがやはり、被災地となった都市の名を冠した文学賞であれば、震災をテーマとした作品が多く寄せられる。第1回からしばらくは、ストレートに体験や見聞などに基づいた生々しい記憶が刻まれた作品が多かった。やがてあの経験をどのように捉え考えて理解すべきかを思索するタイプの作品が増えた。これには作者の年齢も関わっているかもしれない。当初は実際に「あの日」を「大人」として体験見聞した記憶を作品としたものが多かった。回を重ねるに連れて「あの日」を幼くして若くして経験した作者の投稿が目を引くようになった。な

にせ「あの日」の10歳が、すでに20歳を超えた。幼くして目撃したあの日々がいったいなんだったのかをいま自らに問いかける若者たちが増えているのではないか。

第5回受賞作発表1週間前の2月26日、宮城野区文化センター〈パトナシアター〉で、昨年度第4回大賞を受賞した森川樹さん「海、とても」のリーディング公演があった（出演は絵永けいさんと大橋奈央さん、演出は高橋菜穂子さん）。高校生で「あの日」を体験、母を失った女性、自らの思いを語るのをためらっていた彼女が一歩を踏み出そうとする姿を描いた。

終演後の森川さんのアフタートークのゲストは第4回選考委員の作家いとうせいこうさん。河北新報と河出書房新社『文藝』誌で東日本大震災聞き書きシリーズ「東北モノローグ」を連載中のいとうさん、トークの話題は「いかに語り継ぐか」だった。記憶は語らなければ記録にならない。記録されなければ伝承に、歴史にならない。後世への伝言にもならない。

繰り返すが「震災文学」賞ではない。だが、「あの日」からの記憶を刻む、それもまたこの賞が引き受けるべき責務かもしれないと、10年を超えて、事務局一同、思いを新たにしている（写真／佐々木隆二）。

# 142

2022.3.13

## 世界の被災地から

ウクライナからの映像に私たちの「あの日」を想起させられた。避難者の強張《こわば》った相貌、公共施設の避難所、物資を手に入れるための長蛇の列、引き裂かれた家族の悲嘆、その原因が戦争であれ巨大災害であれ、日常生活をある一瞬に破壊された人たちの受けた衝撃が記憶を刺激する。その顔に、11年前の私たちの顔が重なる。さらには東京電力福島第一原子力発電所のあの映像までが禍々《まがまが》しくよみがえって、ましてや3月、コロナ禍の3月、胸の内のざわめきがやまない。

戦争ではないが、海外の災害に関する本を「あの日」以来、ずいぶん読んだ。津波そのものならばスマトラ沖津波に家族を流されてただひとり生き残った女性の手記、ソナーリ・デラニヤガラの『波』(新潮社)があった。ハイチの大地震ならダニー・ラファリエール『ハイチ震災日記　私のまわりの全てが揺れる』(藤原書店)、エドウィージ・ダンティカ『地震以前の私たち、地震以後の私たち　それぞれの記憶よ、語れ』(作品社)、ポール・ファーマー『復興するハイチ　震災から、そして貧困から　医師たちの闘いの記録2010-2011』(みすず書房)があった。あるいは精神や文化の側面から「被災」を解き明かしたビヴァリー・ラファエル『災害の襲うと

き　カタストロフィの精神医学』（みすず書房）、マーク・ミカーリとポール・レルナー編『トラウマの過去　産業革命から第一次世界大戦まで』（みすず書房）、レベッカ・ソルニット『災害ユートピア　なぜそのとき特別な共同体が立ち上がるのか』（亜紀書房）にもさまざまに考えさせられた。

昨年の新刊ではカイ・T・エリクソン『そこにすべてがあった　バッファロー・クリーク洪水と集合的トラウマの社会学』（夕書房）とジェスミン・ウォード『骨を引き上げろ』（作品社）があった。前者はアメリカの鉱山地帯、大雨にダムが決壊して大規模な洪水・土石流が発生、それにより押し流された地域の迫真の調査リポート、後者はハリケーン・カトリーナで自ら被災した作家が、ある家族の「その日」前後の12日間を繊細な怒りを込めて描く全米図書賞受賞作だ。

日常の破壊、瞬間の生と死、生活再建と復旧復興、日々に消えない記憶との苦闘と、世界の被災地からのこれらリポートには、気候風土や文化社会が違っても、おどろくほど共通する人間の普遍がある。私たちの「あの日」とこの人たちの「その日」が交錯して互いを鎮める。私たちは独りではないと教えてくれる。この季節、そんな本を手に取るのもいい。

# 143

2022.3.20

## 「あの夜」の声

ＮＨＫ仙台放送局ラジオ第一放送『ゴジだっちゃ！』で毎月いちど「本のほそ道」のコーナー・タイトルで、東北関連の新刊をご紹介してきた。担当して足かけ6年間、どれくらいの本を取り上げたか。スタッフの調べによると２００冊以上とか。平均すれば毎月3冊くらい取り上げて、セレクトに苦しむこともあったけれど、いずれにしても同番組パーソナリティーの杉尾宗紀アナウンサーとの本のお喋りは楽しかった。ご存じのみなさんも多いかと思うが、その杉尾さんがこの3月にリタイアを迎え、同時に『ゴジだっちゃ！』も3月11日をもって放送終了となった。

杉尾さんとのおつきあいは２０１０年にはじまった。ある本の企画がきっかけだった。打ち合わせを続けながら、杉尾さんは放送人として、私はフリーライターとして、阪神・淡路大震災の取材経験があると知った。そこに東日本大震災である。あの夜、車中泊のカーラジオで緊迫した杉尾さんの声を聴いた。

震災後に杉尾さんと最初に会ったのは、確か２０１１年5月、混乱のなか、やりきれない思いを互いに交わした。その秋には仙台から放送する東日本大震災をテーマとした特別番組に声がかかった。2時間にわたって各地からのリポートが流れて、スタジオで杉尾さんとふたりそれに聴き入った。仙台発『ラジオ深夜便』をともにさせていただいたのは2017年3月10日深夜のスタジオだった。仙台短編文学賞受賞作のリーディング・イベントにご出演いただいたり、東北学院大学『震災学』(荒蝦夷)に放送人としてご寄稿いただいたり、あるいはやはり同大地域連携センターの配信映像「震災と文学」のナレーションと、こちらからもいろいろとお願いした。そんな杉尾さんからお声がけいただいての『ゴジだっちゃ!』だった。

あの凍える夜にラジオから「もうすぐ夜明けです。助け合って夜明けを待ちましょう。明けない夜はありません」と呼びかけ続けた杉尾さんの声を記憶されているみなさんも多いのではないか。私は喋りのプロではない。得意でもない。だが、現場にあってさまざまな「声」を多くの人に届けるのは、本を編み、このように文章を書くのと同じではないかと杉尾さんは教えてくれた。その杉尾さんの声、「あの夜」の声が放送の現場から消えて、これもまた11年の時の流れか。だが、私たちの記憶からあの声が消えることはない。杉尾さん、おつかれさまでした(写真/佐々木隆二)。

# 144

2022.3.27

# 本棚ってナニ？

本欄の読者、おそらくはみなさん本好き、みなさんの蔵書、3月16日の震度6強はだいじょうぶだったろうか。ウチはすっかりやられた。古本屋の本も、倉庫として借りているマンションの新刊古本の在庫も、我が家の個人的な蔵書も、みごとにくずれた。本棚の棚板が抜け落ち、背板はひしゃげて弾け曲がり、ぎっしり詰めてあった本が床になだれて足の踏み場もない。やれやれ。本好きのあいだではこの状況を「土石流」ならぬ「書籍流」と称するとか。実際、過去の地震で本の山に圧死した本好きの例もあるのだから、コトは深刻である。アルバイト諸君と駆けつけてくれた助っ人さんたちの手を借りて、なんとか復旧した。

古本屋をやっていなかった11年前は、事務所の整理だけでよかった。だが、今回は古本屋がある、新刊だけでなく古本の在庫もある。万余の本の山と格闘して、なるほど顧客に直に本を売る商売の復旧は大変なものと痛感した。もちろんこれはウチだけではなく、新刊にしろ古本にしろいずれの本屋さんやあるいは図書館など、さまざまに本を扱う現場が臨時休業や時短営業を余儀なくされ、復旧作業に追われた。

本の山を縛って箱に詰めながら、無惨にコワれた本棚に目をやって、ふと不思議な思いに駆られた。「本棚ってナニ?」と、いまさら素朴な疑問である。本棚はいつからあるのか、誰が発明したのか、本を収納するための家具なのだから、そもそも本がなければ本棚もいらない、とすれば本そのものの歴史にも深く関わっているのでは。復旧をいそがねばならないのに、これも本好きの業、積ん読本の「書籍流」から「そういえば!」と発掘したのは米技術史家ヘンリー・ペトロスキー『本棚の歴史』(白水社)なる一書だった。

パピルスや羊皮紙にはじまって、人類史上の本好きたちは古来「本をいかに収納すべきか」に知恵を絞った。天変地異だけでなく、盗難紛失に火難水難、気候風土による本の劣化もある。さて、ベストな収納法とは、保存法とは。その解決策として考案された本棚が、いま私たちの目の前にある。そんな悠久の「本棚の歴史」にココロ慰められたのだが、このようなトリビア、本の世界にかぎらず、さまざまそれぞれの仕事の現場にあるのでは。不測の事態に対処する人間の知恵がそこから見えてきて、引き続く余震におびやかされながら「だいじょうぶ、なんとかなる」とちょっとだけほっとした寒の戻りの春の日である。

# 145

2022.4.3

## 震災11年　苦闘の春

年が明けてからなんだか落ち着かない。コロナ第6波にトンガの噴火、ウクライナ戦争、そして震度6強が続いていかにも世情がザワザワと、私たちの仕事もいろいろと影響を蒙った。まずはコロナだった。我ら〈荒蝦夷〉が編集制作を担当する『震災学』（東北学院大学）は毎年3月の発行である。例年であれば年が明けるとインタビューやシンポジウムなど取材が本格化する。そこに第6波である。予定していた日程ががたがたになって、やむなく予定を変更、ところが第6波が収まる気配はなく、さらに延期、果てはリモートと、関係者の日程調整に目まぐるしく追われた。原稿作成や印刷製本のスケジュールもそれだけきつくなって青息吐息、挙げ句の果ての震度6強だった。強い揺れに精密機器がやられて市内印刷所がことごとくストップ、本紙でも出版社プレスアートが新潟市の印刷所の支援を受けて雑誌を刊行した例が紹介されていたが（3月26日夕刊「河北抄」）、私たちはといえば、やむなく発行日を延ばさざるを得なかった。

私たち制作担当の同大地域連携センター連続講座「震災と文学」配信映像もやはり大きな影響を受けた。本来なら対面で行なう市民講座だが、コロナ禍にあって2年連続の映像配信となった。

それぞれのゆかりの場所で、それぞれのテーマでお話いただいたインタビュー映像を配信、昨年の講師は熊谷達也さん、和合亮一さん、柳美里さん、今年は歌人の梶原さい子さん、作家の玄侑宗久さん、作家・クリエイターのいとうせいこうさんにお願いした。撮影を指揮するは作家・黒木あるじさん。前職は映像作家である。正月早々の梶原さんの撮影は無事に終えたが、玄侑さん、いとうさんは撮影場所を決め、関係者の日程を調整、あとは本番を迎えるだけのところに第6波が直撃。予定変更、そしてさらなる予定変更、結果、やはりメインのインタビューはリモートとなった。いとうさんは第6波がちょっと落ち着いて別件で来仙の折りに追加撮影が実現したものの、なんとも現場はあわただしかった。

それでも雑誌『震災学』16号も配信映像「震災と文学」も3月末になんとか完成した。この記事が掲載されるころには前者は本屋さんに並んでいる、後者も公開中だ（東北学院広報チャンネルまたはユーチューブ公式チャンネルで「震災と文学」で検索。昨年の映像も継続配信中）。11年目の3月の関係者一同の苦闘、誌面に画面にご覧いただければ幸いです。

# 146

2022.4.10

# 文学散歩

東京で15年を暮らした。引っ越しは3回、すべてJR中央線沿線、駅の名を挙げれば西国分寺（東京都国分寺市）、荻窪（同杉並区）、武蔵小金井（同小金井市）となる。西暦なら1985年から2000年にかけてだから、最初の2年間ほどは中央線もJRではなく旧国鉄、オレンジ色の電車に乗って神保町に仕事に通えば、沿線にたくさんあった古本屋さんめぐりも、オールナイトの名画座へ行くのも中央線を頼りに自由自在、各駅にお気に入りのラーメン屋さんがあったり、穴場の呑み屋があったりと、なつかしき昭和末期から平成初期の東京が記憶によみがえる。

どうしてそんな風景を思い出したかといえば、南陀楼綾繁《なんだろうあやしげ》さんの編による『中央線小説傑選』（中公文庫）を手に取ったためである。中央線沿線に暮らした作家たちの沿線を舞台とした11作品を収録したアンソロジー、内田百閒、五木寛之、井伏鱒二、上林暁、原民喜、太宰治、吉村昭、黒井千次、松本清張など錚々たる文豪が描く「中央線小説」に記憶を刺激された。学生にしろ社会人にしろ、沿線で人生のある季節をすごしたみなさんにはおススメのアンソロジーなのだけれど、とにもかくにも自らが暮らした地域を描いた文学作品は、ちょっとしたタイムマシン、読者を追想にいざなう。それが甘いか苦いかはさて措《お》いて。

さらに本書の効用はといえば、文学散歩のガイドブックだろうか。中央線沿線に暮らしていて、ああ、ここにはあの作家が暮らしているはず死んだはず、ここはあの作品の舞台となった場所、そんな思いにふと立ち止まる日があった。文学碑や記念館だってあったりもするから、本書を手に沿線を歩けばなかなか凝った文学散歩となりそうだ。

翻って、我ら仙台でそんな文学散歩はいかがか。過去の文学作品に描かれた仙台散歩、過去といわずとも、多くの文学者が暮らす仙台であれば、いままさにここを舞台とした作品が次々と生まれている。仙台文学館もあれば、もちろん文学碑も記念館もある。さらに県内に、あるいは東北各地に足を延ばして、剣呑《けんのん》不穏な世情が続くこの春、そんなちょっとした「聖地巡礼」の旅で気持ちを鎮めるのもいい。

そういえば、震災前になるけれど、仙台文学館と私たち〈荒蝦夷〉で『仙台、言葉の幸。せんだい現代文学案内』と題した格好のガイドブックを出している。仙台文学館ではいまも入手可能とのこと、仙台文学散歩のお供に、ぜひ。

# 147

2022.4.17

## 本を売る楽しさ

なんと、この4月15日に我ら〈古本あらえみし〉はオープンから3年を迎えた。そのうち2年はコロナ禍だったりもして多事多難、それでもなんとか続けられたのはみなさんのおかげ、ありがとうございます。それにしても、本屋は楽しい。本を売るのは楽しい。ほんとにそう思わされた3年だった。もちろんシンドくはある。実際、いま、イービーンズでこの22日からはじまる古本まつりの準備中なのだけれど、さらにもうひとつ古本市を控えているために、アルバイトの面々と古本の山と格闘中であってみれば、背中や腰がきしんで目はかすみ、いやはやである。

それでも楽しいのはなにせ本好き、本まみれの日々は望むところなのはまずは善しとして、さらには来客のみなさんとのおしゃべりか。内外のミステリや幻想文学に東北文学などなど、なにしろ偏った品揃え、同好の対話が楽しくないはずがない。さらには「本を売る」行為そのものが私にとっては刺激的なのである。出版社が本来であってみれば「本を売る」のはいわば基本中の基本ではあるわけだが、業務は編んだ本を新刊として本屋さんに出荷するのがメイン、個々の読者に手ずから売るわけではない。だが、古本屋、ウチの場合、基本は対面である。本にはそれぞれ世界があり、宇宙がある。紙の束に込められた書き手や編み手の世界や宇宙を新たな読者にその場で手渡す。この感覚がいかにも新鮮で、なるほどこれは楽しい。

なんて夢想したのは、仏歴史家ジャン＝イヴ・モリエ『ブックセラーの歴史　知識と発見を伝える出版・書店・流通の2000年』（原書房）を読んだからかもしれない。古代から現代まで、人間の「本を売る」営みの歴史を追った大冊である。ヨーロッパの例が大半とはいえ「本を売る」とは人間にとってどのような営為なのか。そしてその向こうにはもちろん「本を読む」意味が見え隠れして、極東の島国のいかにちっぽけな古本屋であっても、もしかすると私たちの「本を売る」日々の営みもどこかで人間の普遍に触れているのかもと、そう思えばやはりちょっとばかり味な商売ではある。

話題となった内田洋子さん『モンテレッジォ　小さな村の旅する本屋の物語』も昨年末に文庫となった（文春文庫）。イタリアの山中、本の行商人の村の歴史を追って、これも「本を売る」物語、本好きには読み逃せない。本欄の読者なら、お気に入りの本屋さんがかならずやあるはず、いつも見慣れた本屋さんの景色の向こう側に、人間の悠久を感じてみるのもいい。本そのもののみならず、本屋もまた世界であり、宇宙なのだから。

# 148

2022.4.24

## 検印紙を知っていますか

検印紙、古本好きなら目にしたことがあるのではないか。本の奥付（タイトルや著者出版社、発行日などが記された本の最後にある頁です）に貼ってある紙片で、著者の印、著者が故人なら著作権者の印が捺されている。これ、平たくいえば著者がこの本の印刷を確認しましたと、その証である。検印によって2000冊なら2000冊の印刷を著者が確認したとなるわけで、これが印税契約のベースともなった。日本の出版界独特の商制度だが、ご想像の通り、これ、著者にとっては大変な作業、ベストセラー作家ともなれば、家族総出のとんだ大仕事だった。50年ほど前を過渡期にやがて検印制廃止となって、奥付に「著者との合意により検印廃止」などと記されるようになり、現在では奥付のⒸマークへと移行している。

この検印、実際にはどんな作業手順だったのか。出版社が検印紙を準備して著者に届けて押印してもらったり、著者によっては自家製の検印紙に押印して出版社に渡したらしい。製本屋さんがそれを奥付に貼ったのか、出版社が貼ったのか、いずれこれも大変な作業だったはずだが、一般の目には触れないウラの作業、記録にもなかなか残っていない。が、たとえば推理作家の故・

都筑道夫の回想記『推理作家の出来るまで』(フリースタイル)にはこんなくだりがある。

太平洋戦争終結後の混乱期、とある新興零細出版社に職を得た都筑青年の初仕事は検印紙の運搬だった。戦前の大流行作家・牧逸馬の『この太陽』復刊にあたって、検印紙を鎌倉の未亡人に届け、押印してもらって東京に帰る。戦後のすさんだ世情に電車での行き帰り、大切な検印紙を入れたフロシキを引ったくりに奪われそうになったり印象的なエピソードが続くのだけれど、都筑青年が運んだその検印紙が、いま、私の手許にある。かつてたまたま古本屋さんで買った『この太陽』(新月書房)である。

都筑道夫が「牧逸馬未亡人は長谷川和子といって、判は丸のなかに行書で、和子と彫ってある」と書き残した奥付の検印紙を見ながら、これを捺した手と運んだその手に思いを馳せれば「古い本に触れることは、遠い過去とのつながりを肌で感じることができる数少ない経験のひとつ」(ホルへ・カリオン『世界の書店を旅する』白水社)と実感する。

仙台駅前イービーンズ恒例「古本まつり」が22日からはじまった。出版史に消えた検印紙のごとく、ずらりひしめく「古い本」に隠れたドラマを知るもまた古本の愉しみ、あなたも、ぜひ。

# 149

2022.5.1

# 第5回仙台短編文学賞授賞式

去る4月24日、第5回仙台短編文学賞授賞式が仙台文学館で執り行われた。通常なら「例年通りに」となるところだが、第2回以来なんと3年ぶりの対面での授章式となった。もちろんコロナの世情ゆえである。2020年春、コロナ禍がはじまった。緊急事態宣言にマスクなどの物資不足、ギリギリまで調整を続けたが、これは到底ムリと第3回授章式を断念、明けて2021年の第4回授章式との合同開催を目ざした。だが、年を越えてもコロナの猛威は収まらず、やむなく第3回と第4回の合同授章式はリモートとなった。会場の仙台文学館に集まったのは事務局メンバーと技術スタッフのみ、スクリーンとモニターに受賞者と選考委員を繋いで、無人の会場でのセレモニー、実施できたのにはほっとしたものの、やはりさびしさは拭えなかった。

そして、第5回の授章式である。今年こそはと願いが叶って、対面でのセレモニー、大賞「道の奥には」の大谷努さん（宮城県）、仙台市長賞「金魚の帯」のなつせさちこさん（東京都）、河北新報社賞「あなたは」の春名美咲さん（東京都）、プレスアート賞「帰還する光たち」の洸村静樹さん（埼玉県）、東北学院大学賞「夜を失う」の大久保蓮さん（福島県）が一堂に会して、それぞれ選考委員の作家・玄侑宗久さん、郡和子仙台市長、一力雅彦河北新報社社長、今野勝彦プレスアート社長、大西晴樹東北学院大学学長から贈賞を受けた。受賞者のよろこびのことば、贈賞側の賞賛のことば、いずれも対面で交わされて、実行委員会（荒蝦夷・河北新報社・プレスアート）としては動乱の世情に一条の光を見る思いがした。

とはいえ、出席者をぎりぎりに絞っての授章式、さらにすべてはマスクを通してのやり取りである。第1回と第2回はセレモニーが終わると祝賀会、受賞者・関係者が揃って祝杯を交わす席を設けたのだけれど、さすがにそれは見送った。なんとかリアルは実現したものの、それでも通常通りとはいかないのがコロナの世か。この2年余り、さまざまな祝いの場が制限されて無念を余儀なくされた人たちも多いはず。それを思えば、まずは善しとするしかないにしても、来年こそはと、いつかは受賞者・関係者揃っての祝いの場をと、これが実行委員会一同の願いである。

第6回選考委員は詩人・和合亮一さん。7月1日から作品受付、締め切りは11月15日、過去5回の受賞作を収録した作品集刊行の企画もある。仙台短編文学賞にこれからもご注目を。

# 150

2022.5.8

# 「古本まつり」で古本談義

私たち〈古本あらえみし〉がJR仙台駅前イービーンズ恒例の「古本まつり」に参加するようになって3年になる。「古本まつり」のリーダー、若林区「ジェイルハウスブック」の川村光貴さんにお声がけいただいて、お仲間に入れてもらった。準備はなかなかの大仕事なのだが、なにせ楽しいそのドタバタは本欄でもご報告してきたが、懸案があった。トークイベントである。

古本屋をはじめる以前から、新刊を出せば著者のトークイベント、作家を招いての講演会、あるいは東北学院大学の市民講座「震災と文学」の企画運営など、我ら〈荒蝦夷〉は本をテーマとしたイベントを繰り広げてきた。古本屋をはじめてからもさまざまにゲストをお招きして「本を語る場」を作ってきて、もちろん「古本まつり」でもなにかやりたいねと川村さんと相談していたのだが、そこにコロナ禍、なかなか実現に至らなかった。

それがここにきてやっと実現したのは去る4月23日だった。「古本まつり」会場の一角に50脚ほどのイスを並べて、文芸評論家・アンソロジストの東雅夫さん（写真中央）と作家の黒木あるじさん（写真左）をゲストに、私が司会を務めての古本談義である。どんなトークにしようかと

我ら3人たくらんだのは「来場のみなさんも巻き込んでしまえ！」だった。なにせ「古本まつり」のトークイベント、みんな古本好きばかり、ならばそれぞれの古本への思いを聞こう、そんな趣向である。旧知の人たちに事前に「行くよ！」とお知らせいただいたりもして、あの人この人の古本談義を私たちも聞いてみたくもあった。

まずは私たちの古本談義、そしてマイクを客席へ向ければ、植松靖夫東北学院大学教授、茂木謙之介東北大学准教授、妙木忍東北大学准教授をはじめとして、みなさん嬉々として古本の思い出を語ってくれた。意外な蔵書の入手秘話や古本屋の活用法にプレゼントのジャンケン大会まで談論風発、この「嬉々として」の根底にあったのは、好きな古本のお喋りだったからと、それだけではなかった。感染対策の欠かせない日々、いかにリモートが便利であるにせよ、たとえマスクやシールド越しであっても互いに面と向かってコトバを交わすのは、やはりいい、楽しい。テーマが趣味の共有であればなおさらである。この日のトークイベントを来場者のひとりは「車座の宴会のような和やかな雰囲気」だったと評してくれた。コロナよ、去れ。イービーンズ「古本まつり」は7月6日まで開催中。

# 151

2022.5.15

## 横溝正史と河北新報

横溝正史生誕120年である。いわずと知れた、戦前から活躍した日本探偵小説のパイオニア、名探偵・金田一耕助の活躍に魅せられて、黒い背がズラリの角川文庫横溝作品にハマった記憶を持つみなさんも多いのでは。生誕120年とあって、復刊再刊、さらには新資料発見とニュースが相次いでファンを狂喜させているが、その横溝の戦後再出発に河北新報社が大きく関わっていたのをご存じだろうか。

太平洋戦争中、横溝は岡山県で疎開生活を送った。戦争が終わって、さてこれから自由に執筆ができると意気込む昭和20（1945）年末、戦後はじめての原稿依頼が飛び込んだ。以下、回想エッセー「田舎太平記」（角川文庫『金田一耕助のモノローグ』所収）から引けば「戦後、私が書いた最初の探偵小説は『週刊河北』に掲載された『神楽太夫』三十四枚という短編である。『週刊河北』というのは仙台の河北新報社から出ている週刊誌なのだが、これが戦後私のもらった最初の原稿依頼であった」とある。「思いがけない方面から舞いこんだ、この注文にとまどい」ながら「いずれにしても遠く仙台のほうで文芸復興の息吹きがきこえはじめたのだから、東京のそれも遠くはあるまい」と「私は希望にもえ」たとエッセーは続く。

かくして昭和21（1946）年3月の『週刊河北』に「神楽太夫」は掲載されたのだが、実は依頼に対して横溝が最初に筆を執ったのは、これまた日本探偵小説史上の傑作短編として知られる、タイトルもズバリ「探偵小説」だった。戦後の解放感に興が乗ったか最初の作品はあっという間に80枚、これはいかんともっと短い「神楽太夫」を書き上げて仙台に送った（この経緯は昭和37年2月の宝石社『別冊宝石』110号掲載の回想より）。すでに横溝は『本陣殺人事件』（角川文庫）の執筆に取りかかっていた。やがて『獄門島』に『八つ墓村』に『犬神家の一族』と、怒濤の活躍がはじまる。

連合軍の占領下、米兵が闊歩する仙台空襲の焼け跡から遠く離れた岡山への原稿依頼である。同じ時期、河北新報は太宰治の『パンドラの匣《はこ》』（新潮文庫）連載を実現、文芸誌『東北文学』も創刊している。『週刊河北』も『東北文学』もいまや幻の雑誌だが、焼け跡で太宰や横溝の新作に触れた読者はなにを思ったか。河北新報は確かに戦後の文芸復興の第一歩に足跡を刻む。横溝作品掲載『週刊河北』の実物は私も未見。写真は県内の横溝マニア某嬢提供による同誌コピーである。

# 152

2022.5.22

## 映画原作の翻訳を読む

映画になった本を読む。ある本が映画化されて帯に「映画原作」なんて惹句がどーんと刷られたりする、あれである。ベストセラーが映画になって話題となるのはよくある例としてご存じだろう。あるいはマンガやアメコミがアニメになったり実写となったりもするけれど、こちらはちょいと私の守備範囲を超えている。海外文学好きとしてはこのテの映画原作で、なにせうれしいのは未訳作品の翻訳出版だ。過去の名作が突如として映画化され、それを機に未訳だった原作が翻訳される、ここのところそんなケースが続いている。

まずはギレルモ・デル・トロ監督作品『ナイトメア・アリー』の原作、ウィリアム・リンゼイ・グレシャムの『ナイトメア・アリー』がハヤカワ文庫と扶桑社ミステリー文庫（副題は「悪夢小路」）から出た。話題の映画原作、同一作品の複数翻訳である（前者は柳下毅一郎、後者は矢口誠訳）。とはいえ原作は1946年の出版、もはや古典といっていいサスペンス小説、名のみ知られたその古典が今回の映画化でやっと日本の読者の手許《てもと》に届いたかたちだ。

そして、リバイバル公開が話題の映画史に輝くジャン＝リュック・ゴダール監督『気狂いピエロ』原作、ライオネル・ホワイト『気狂いピエロ』は新潮文庫から。クセの強い米犯罪小説家の1962年作品、仏小説家ジョゼ・ジョバンニに同題のこちらも傑作『気ちがいピエロ』（早川書房）があるのでなんともまぎらわしいのだが、ゴダール映画のホントの原作はこちらとあって、リバイバルを契機とした翻訳出版が好きモノを沸かせている。

ウォルター・テヴィス『クイーンズ・ギャンビット』（新潮文庫）は、女性チェス・プレーヤーの闘いを描いた海外ドラマの原作なのだが、テヴィスといえばデヴィッド・ボウイ主演のSF映画原作『地球に落ちて来た男』（扶桑社）やポール・ニューマンの賭けビリヤード・サスペンス映画『ハスラー』（扶桑社ミステリー文庫）、その続編『ハスラー2』（角川文庫）の原作と、どうも映像化をきっかけとした翻訳が多い伝説の米作家である。

映画化やドラマ化よりもむしろ幻の原作の翻訳に欣《きん》喜《き》雀躍《じゃくやく》大よろこびなのが海外文学好きの我が因果なのだけれど、映画が原作のなにを活かし、どこを捨てたのか、いかに換骨奪胎したのか、それを知れば映画も原作もますますおもしろい。話題の映画の原作小説、あなたもぜひ。

# 153

2022.5.29

## 見て楽しい「東洋文庫」

本は読むだけでなく「見る」のも楽しい。写真集や画集の頁を繰るのはもちろん楽しいのだけれど、それだけでなく、なんなら、さっぱり読めない外国語の文字だけの本だって見ているだけで楽しいのである。これは職業柄かもしれない。あるいは「書痴」ならではかもしれないが、誰が書いたのか編んだのか、誰が印刷製本して、いまここ私の目の前にあるのか。それを想像するだけでわくわくどきどきが止まらない。いまさらながらそんな思いを味わったのは、東北歴史博物館の特別展「知の大冒険　東洋文庫　名品の煌めき」の会場でのことだった。

ロンドン・タイムス北京駐在特派員にして中華民国政治顧問などを務めたジョージ・アーネスト・モリソン（1920年没）のコレクションを三菱財閥の岩崎久弥が購入、現在も「世界五大東洋学研究図書館」として続く「東洋文庫」（東京）のきら星のごとき稀覯本がずらりと、まさに眼福である。国宝『文選集注』や重要文化財『論語集解』など印刷技術確立以前の手書き写本から、河口慧海が持ち帰ったこれも手書きの『チベット大蔵経』に、マリー・アントワネット旧蔵『イエズス会士書簡集』があれば『万葉集』に『東方見聞録』に『ロビンソン・クルーソー漂流記』と、手彩色の挿画図版も目に綾《あや》な幕末のシーボルト『日本植物誌』に『日本動物誌』までおよそ130点、なかにはインド「カレーの概念」をイギリス人が「発明」したとの『カレー&ライス』なんて愉快な本まであって、いくら見ても飽きることがない。

読めもしないのに、どうしてこんなに楽しいのか。やはりこれらの本を発想した人間のおもしろさ、そしてそれを具現したその手のまぼろしがどうやら魅惑の源泉にある。人間の精神の途轍《とてつ》もなさと、それを作り上げる手の途轍もなさといってもいい。大量生産にして大量販売の我らの時代のベストセラーであっても、そのベースにはやはり人間のアタマと手があって、ここにその原初のカタチがあるとでもいえばいいか。たとえば手書きで写された本ならば、それを為した人の手を、そしてその人の存在そのものを想像せずにはいられない。そしてその想像は本が古ければ古いほど自由奔放に融通無碍《むげ》に時空を自在に超越して、私たちを楽しませてくれる。いわばオブジェとしての本の愉しみ、書痴のみなさんにはおわかりいただけるか。6月26日まで。ぜひ。

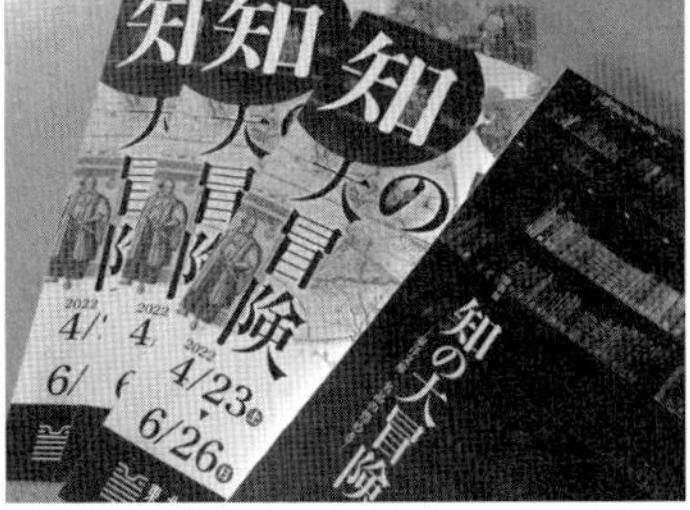

# 154

2022.6.5

# 東北モノローグ

河北新報連載中のいとうせいこうさん「東北モノローグ」を読んでいらっしゃるみなさんも多いのではないか。作家・クリエイターとして活躍するいとうさん（写真中央。福島県楢葉町の岡田書店にて）による東日本大震災の聞き書きシリーズである。２０２１年夏から連載スタート、現在までに6人の証言が通算23回に渡って掲載されている。実はいとうさんの「東北モノローグ」は河出書房新社『文藝』誌でも連載中。こちらは河北新報とは異なる人物を取り上げた聞き書きで、仙台の新聞と東京の文芸誌の同題コラボ連載はほかにあまり例のない試みなのだが、この『文藝』連載には私たち〈荒蝦夷〉も関わる。

いとうさんには「東北モノローグ」への序曲というべき仕事があった。『文藝』で２０１９年から連載、２０２１年春に一書にまとまった『福島モノローグ』（河出書房新社）だ。この福島県の被災者の聞き書き集にひとりだけ宮城県の被災者がいる。津波で父を亡くした我ら〈荒蝦夷〉のスタッフ、須藤文音である。『福島モノローグ』なのに宮城でいいのとたずねると「まずは福島からはじめたけれど、やがては宮城や岩手の被災者にも広げたい」と、そして直接の被災者だけでなくボランティア、あるいは職業人として支援救援にあたった人たちの話も聞きたい、さまざまな立場で東日本大震災に関わった人たちのたくさんの声を記録しなければあの大災害の実相は世に伝えられないのではないかと、いとうさんはその意図を語ってくれた。

やがて『福島モノローグ』から「東北モノローグ」へ。『文藝』では、なんと私も語り手を務めた。いとうさんとは東日本大震災を描いた『想像ラジオ』（河出文庫）以来のおつきあいである。原稿を依頼して、講演やトークのゲストにお招きして、取材にも同行すれば果ては仙台短編文学書の選考委員まで、この10年、さまざまにご一緒するなか、いとうさんの東日本大震災に関わり続ける意志を強く感じていた。そのいとうさんに「そういえばきちんと話を聞いたことなかったよね、被災地の出版人としての経験を話してよ」といわれれば、断れはしない。

いとうさんは『想像ラジオ』で読者に問いかけたテーマを、いまも追い続けている。過酷な日々にあっても、常にいつも私たちには言葉が、声がある。あの「想像ラジオ」のように。いとうさんが「東北モノローグ」に込める思いは『震災学』（東北学院大学／荒蝦夷）16号と、同大ユーチューブチャンネルで映像配信中の「震災と文学」でご覧いただきたい。

# 155

2022.6.12

# ホームにて

この3月、北海道はJR函館線長万部駅と小樽駅間の廃線決定がニュースとなった。2030年に予定される北海道新幹線の新函館北斗駅から札幌駅への延伸に伴なっての廃線だ。新幹線開通による在来線の廃線や第3セクターへの移行はさまざまに話題となるが、この路線はかつては北海道の幹線鉄路であり、さらにこれまた北海道らしくも区間距離140キロ余りの大規模な廃線である。実はここには我が故郷がある。祖父は沿線の某駅に勤めて、母の一家は線路わきの国鉄官舎に暮らしていた。空路の発達未だしの国鉄黄金時代、客車も貨車も引っ切りなしに、沿線はにぎやかに活気あふれていた。にしても、お決まりの過疎化と高齢化、故郷はいまや限界集落寸前である。

2015年に父が没して、独居となった母の遠距離介護がはじまった。折よく開業した北海道新幹線を利用して、乗り換えの末に各駅停車で実家のある無人駅へ通った。列車の待ち合わせも含めて6時間ほど、旅の無聊《ぶりょう》に本を読み続けた。2017年春のそんなある日、ちょっと不思議な読書体験をした。

往も復もほとんど列車が停まらない無人駅からちっぽけな各駅停車で仙台への帰途に。私の手には伝説の戦後作家として知る人ぞ知る椿實《みのる》の待望久しい短編集『メーゾン・ベルビウの猫』（幻戯書房）があった。ある小品に手が止まった。１９５０年の作品「花の咲く駅にて」である。なんと舞台はいま私が乗るこの路線の列車内ではないか。さらに読み続けてしばし、またもやおどろかされた。これまた沿線が舞台の「黒いエメラルド」なる短編があったのだ。椿實は特に北海道に縁ある作家ではない。旅の道連れにたまたま手に取った本だった。なのにこんな偶然である。なんだかうれしくなった。

「花の咲く駅にて」発表の１９５０年、私は生まれていない。だが、結婚前の両親はここに暮らしていた。そんな私の故郷を、祖父が守る鉄路を作家は旅した。車窓の風景に若き日の父や母がいたかもしれない。昨秋、その母が没した。沿線の施設に入居していた。コロナ禍で最後の２年は面会も叶わなかった。５月末、実家の整理に帰郷して、やがて廃線となる無人駅のホームへ。72年前に作家が見たと同じ山々が私を見下ろしていた。

# 156

2022.6.19

## 古本まつりin山形

仙台駅前イービーンズ恒例の「古本まつり」に参加中の我ら〈古本あらえみし〉だが、実は山形市で開催中の「古本まつり」にも名を連ねている。山形市内の新刊本屋さん戸田書店山形店特設会場の「古本まつり」である。イービーンズは4月22日から7月6日まで、戸田書店は4月28日から6月28日までとほとんど同時開催、準備もなかなか大変だったのだが、なにせ戸田書店である。仙台の出版社としてずっとお世話になっている新刊書店のオープン15年記念イベントの「古本まつり」とあっては参加しないわけにはいかない。山形市の古本屋さん香澄堂書店を肝煎《きもい》りに、ジェイルハウスブックさん（若林区）をさそって、宮城からの遠征となった。

ジェイルさんと合わせて4000冊の古本の値付けにレンタカーでの輸送に、そしてそれをせっせと並べて売れたら売れたで県境を越えての追加補充、それもイービーンズ「古本まつり」と同時進行のあわただしさに関係者一同へろへろなのだが、聞けば山形市では複数の古本屋共同の「古本まつり」は久々とあって、どうやら彼の地の古本趣味のみなさんにご好評いただいている。

山形市の作家・黒木あるじさんと「古本まつり」会場でトークイベントもやった（写真）。黒木さんとは彼が作家になる以前からかれこれ20年のおつきあいなのだが、その黒木さんにして3年前の〈古本あらえみし〉オープンは「出版社がなぜに古本屋？」と意外だったらしい。そこで黒木さんを聞き役に我らの古本屋開業顚末がトークのテーマとなった。古物商の許可取得から古書籍商組合への加入、不動産物件の探索に什器の手配、そして商品の準備と仕入れはどうしているのかなどなど、黒木さんが繰り出す問いかけに、なにせこちらも新米古本屋、ベテランのジェイルさんにもトークに参加いただいて、さまざまな「古本屋の謎」になんとかお答えした。ふと客席を見やれば古本屋志願か熱心にメモを取る来場者もいて、まるで古本屋開業講座のごときトークとなった。

それにしても「石の上にも3年」である。出版と同じく本を扱う商売とはいえ、還暦を間近に未知の世界に飛び込んであっぷあっぷではあるものの、黒木さんに解説じみた説明をしてみれば、やはり3年、されど3年、私の古本屋稼業もそれなりにサマになってきたかとなんだか面映《おもはゆ》くこそばゆい。「いつまでも新米ぶってるんじゃないよ！」とジェイルさんに突っ込まれる今日このごろではあるけれど。

# 157

2022.6.26

## 本と戦争

本紙6月10日朝刊のウクライナ戦争の記事が気になった。見出しに「ウクライナ文化財危機　宗教施設や博物館破壊多数」とある。同国の歴史的建造物や文化施設がロシア軍の攻撃により次々に破壊されており、関係機関が国境を越えた文化財の移送に取り組んでいると、そんな記事だった。もちろん本も文化財である。〈東部ハリコフ近郊で「ウクライナのソクラテス」とも呼ばれる18世紀の哲学者スコボロダの文学博物館が破壊された〉と記事の一節にあった。本は燃えたのか、吹き飛ばされたのか。

本欄でもご紹介した「東洋文庫」に見るごとく国宝や重要文化財に指定された本もある、世界遺産の本もある。だが、本は紙である。火にも水にも勝てない。火難水難をもたらす自然災害は大敵だ。東日本大震災で大切な蔵書を失った読者もいるのではないか。そして、戦争である。

フェルナンド・バエス『書物の破壊の世界史　シュメールの粘土板からデジタル時代まで』（紀伊國屋書店）によれば、歴史上の本の破壊の実に60パーセントが戦争など人間の手による〈故意の破壊〉だという。国家間の戦争や内戦、権力闘争や革命、言論弾圧に思想統制などなど、対立する相手の文化を破壊しようと、その象徴である本がターゲットとなる。中国古代からナチス・ドイツまで続く思想統制のための「焚書（本の焼却処分）」の歴史はご存じだろう。あるいはフィクションなら米作家レイ・ブラッドベリが本が禁止された世界を描いたディストピアＳＦ『華氏４５１度』（ハヤカワ文庫ＳＦ）がある。このような本の破壊を著者パエスは「ホロコースト」ならぬ「ビブリオコースト」と呼び、詩人ハイネの「本を燃やす人間は、やがて人間も燃やすようになる」との言葉を引く。

そして、戦火のなかで生命を賭してまで本を守ろうとする人たちもまたいる。そんな記録に、ジョシュア・ハマー『アルカイダから古文書を守った図書館員』（紀伊國屋書店）、デルフィーヌ・ミヌーイ『戦場の希望の図書館　瓦礫から取り出した本で図書館を作った人々』（創元ライブラリ）、ジャネット・ウィンター『バスラの図書館員　イラクで本当にあった話』（晶文社）、アスネ・セイエルスタッド『カブールの本屋　アフガニスタンのある家族の物語』（イースト・プレス）、ジェラルディン・ブルックス『古書の来歴』（武田ランダムハウスジャパン）などがある。本を破壊するのも守るのも同じ人間なのだ。私たちが日々なにげなく手に取る紙の束、本。そこから見えてくる「戦争」がある。

# 158

2022.7.3

## 戦場の本たち

戦場でも人は本を読む。たとえばいま私の手許に2冊の米軍「兵隊文庫」がある。『エドガー・アラン・ポー傑作選』と、米ミステリ作家ジョージ・ハーマン・コックスの作品だ。第2次世界大戦従軍中の米軍兵士に無償提供された、横長のちょっと見たことのない変形サイズの文庫本だが、この判型は軍服のポケットに入るようにデザインされた。戦争といっても、四六時中戦闘があるわけではない。待機もあれば移動もある。宿営や補給もある。そんな戦いの合間の兵士たちが読んだ、いわば軍隊の福利厚生のための本といったところか。

米軍「兵隊文庫」の歴史はモリー・グプティル・マニングのノンフィクション『戦地の図書館 海を越えた一億四千万冊』（創元ライブラリ）に詳しいが、実はこれらの本、戦後日本に大きな影響を与えた。戦後第1世代の文学者や翻訳家、あるいは出版人の回想に、占領軍の兵士たちが古本屋に処分したペーパーバックによって英米の文学に新鮮な思いで触れたといった記述を見かける。多くがこの「兵隊文庫」だった。戦後日本における西洋文化への窓ともなった本たちなのである。

対する日本軍にも「慰問文庫」があった。前線の兵士に慰問品として送る本で、こちらは無料ではないものの一般的な本より価格は抑えられていたようだ。我が書架には「慰問文庫第4輯《しゅう》」として国枝史郎の時代小説『飯食ひ地蔵』（地球社）がある。前述の「兵隊文庫」もそうだが、私も好きな作家たちの作品だ。太平洋の激戦の島々で両軍の兵士たちが互いにこれらを読んで戦っていたのかと思うと、なにか切なくなる。

戦地の市民たちも本を読む。写真家集団マグナムのスティーヴ・マッカリーの写真集に『読む時間』（創元社）がある。世界各地さまざまな状況下で本を読む人たちを撮影したこの写真集に、紛争地の市民が本を読む姿もある。あるいはマイケル・ジョーンズ『レニングラード封鎖　飢餓と非情の都市　1941-44』（白水社）にはこんな一節がある。「人々が食糧と燃料の供給再開を待ち望んでいるとき、一部の人々は目的意識と意義を探し求めて、自分の残っている書物をひもといた。とりわけ、それは特定の一冊だった（中略）読書する力が残っている人はみな、封鎖下のレニングラードで『戦争と平和』を読んだ」のである。

危機的状況にあって、人は本になにを求めるのか。2011年。営業再開した本屋さんに詰めかけた人たちの姿がよみがえる。遥かウクライナの空の下、きっと今日も本を読む人たちがいる。

# 159

2022.7.10

## 仙台にCWA賞を！

　CWA賞の存在を知ったのはいつだったろうか。とてもおぼろな記憶なのだが、ジョン・ル・カレの同賞受賞作『寒い国から帰ってきたスパイ』（ハヤカワ文庫）を手に取ったのが最初ではなかったか。奥付を確かめると、初版は1978年5月、確か出たばかりで手に入れた。とすれば私は中学3年だったはずだが、そこで「はて、CWA賞とはなんぞや」と調べた、これまたおぼろな記憶がある。結果、海外ミステリにはCWA（英推理作家協会）賞とMWA（米探偵作家クラブ）賞があって、この両賞がいわばジャンルの世界最高峰と知った。

　以来、CWA賞とMWA賞はおもしろさの保証、傑作の証として、過去の受賞作にさかのぼり、あるいは新年度の受賞作を読みふけっては海外ミステリの世界にどっぷりとハマって、はや還暦である。さすがに最近は寄る年波か新作を追いかけるよりも古典に魅力を覚えるようになってはいるけれど、それでもやはり伊坂幸太郎さん『BULLET　TRAIN』（角川文庫『マリアビートル』の英タイトル。「弾丸列車」の意だが新幹線を指している）が、英訳された作品が対象となるCWAインターナショナル・ダガー賞の本年度最終候補に入ったのはコーフンの大ニュースだった。
日本作家のＣＷＡ賞候補入りは横山秀夫、東野圭吾両氏に続いて３人目となるが、過去に受賞者はいない。ＭＷＡも同じく候補入りした日本作家はいるが、受賞は逃している。ここで伊坂さんが受賞すれば、日本ミステリ史上初の国際舞台である。中学生の私に「大人になったら編集を担当した作家がＣＷＡの候補になるぞ」なんて、いってやりたい。きっと信じない。伊坂さんも海外ミステリ好き、さっそく連絡した。「ＣＷＡ賞といえば、あの作家だよね」「コリン・デクスターも受賞してたじゃない」「ピーター・ラウゼイとＰ・Ｄ・ジェイムズもいいよね」と、候補者なのになんだか海外ミステリのマニア・トークになってしまったのは伊坂さんらしいといえばらしいのだけれど、そんな作家たちと同じステージで評価されたのだからスゴいではないか。

結果はご存じの通り、残念、受賞には至らずだった。結果を受けて「いやあ、やっぱり簡単に受賞できる賞じゃないですよね」と伊坂さんはいうけれど、きっと次のチャンスがある。いつの日か仙台から日本初のＣＷＡ賞を（いや、ＭＷＡでもいいんだけど）と、夢は大きく持ちたい。ちなみにブラッド・ピット主演のハリウッド映画『ＢＵＬＬＥＴ　ＴＲＡＩＮ』の公開も控えている。こちらも楽しみだ。

# 160

2022.7.17

## 古本とミステリー

古本とミステリーは相性がいいらしい。「古本モノ」と呼べばいいか、もしくは「古本屋モノ」なのか、そんなミステリーが確かにたくさんある。『古書ミステリー倶楽部』と題した全3巻のアンソロジーが出ているくらいだ（ミステリー文学資料館編、光文社文庫）。はてさて、それはなぜなのか。SF作家の故・横田順彌さんの埋もれていた古本ミステリー連作をまとめた新刊『平成古書奇談』（ちくま文庫）を読みながら、ふと考えた（ちなみに横田さんにはその名もズバリ『古書狩り』と題された短編集もある。こちらもちくま文庫）。

私がこのジャンルを意識したのは紀田順一郎さんの一連の作品が最初だったか。『古本屋探偵の事件簿』に『古本街の殺人』に『古書収集十番勝負』などなど、タイトルからしていかにも古本好きのココロをくすぐる（いずれも創元推理文庫）。さらには梶山季之『せどり男爵数奇譚』（ちくま文庫）や野呂邦暢『愛についてのデッサン』（ちくま文庫）なんてのもあった。新しいところではドラマにもなった三上延『ビブリア古書堂の事件手帖』シリーズ（メディアワークス文庫）や、門井慶喜『定価のない本』（東京創元社）か。ほかにもまだまだ挙げられそうだけれどキリがない。ここに海外ミステリーまで含めればホントに枚挙に暇ナシである。

高価な稀覯本をめぐる事件もあれば古本マニアの妄執が引き起こす犯罪もある。ある古本の過去に隠された謎に、古本屋の日常にひそむ謎もある。怪談風味があったり、ホラーめいていたりもする。これをざっくりまとめれば古本をめぐる謎とロマンがテーマか。この本がどんな人たちの手を経て、どんな歴史を重ねていまここにあるのか。古本好きなら誰もがそんな解けない謎に想いを馳せた記憶があるはず。そのロマンを物語にしたのが古本ミステリーなのかもしれない。いずれ作者も読者も同じ本好きにして古本好きであれば、互いの共感もこのジャンルのベースにはありそうだ。だからもちろん物語にちりばめられた古本ウンチクもまた楽しい。

というわけで私も読み続けてきたわけだけれど、さて、自ら古本屋になって3年、現実はといえば謎やロマンどころではない。山なす本の重さに喘ぎながら、腰の痛さをこらえながらえっちらおっちらと、仕入れた古本はホントに売れるのか、どころか稼げているのか儲かっているのかさっぱり五里霧中。なのになんだか古本屋は楽しい。これが私にとっての最大の謎であり、ロマンなのかもしれない。古本ミステリーの世界へ、あなたもぜひ。

# 161

2022.7.24

## 和装本と洋装本

世に「和装本」と「洋装本」がある。和装と洋装、ファッションの本の話ではない。和装幀の本と洋装幀の本である。「和装本」はいわゆる和本、ざっくりいえば明治文明開化までの本の装幀だ。背表紙がなくて、表紙も本文も糸でかがり綴じてある。もちろんすべて和紙だから本そのものが柔らかにしなる。日本の伝統的な本のカタチだが、いまでは趣味の特装本などをのぞいてほとんど目にする機会はない。かたや「洋装本」はといえば、明治に入って西洋式の印刷技術が渡来、それまでの「和装本」に取って替わった、いままさに私たちが手にしている日常の本のカタチだ。和洋それぞれさまざまに技術の異同変遷や個別の発達史があるので各論に立ち入ればなかなか大変だが、まずはざっとそんなところである。

とすれば、私たちがいま手にする「洋装本」のルーツやいかにとなる。なんといっても独ヨハネス・グーテンベルク（１４００ころ〜１４６８ころ）の活字印刷技術の発明がきっかけ、これが15世紀半ばだった。このグーテンベルクの印刷技術を駆使していまに続く本のカタチを作り上げたのが伊ヴェネツィアの印刷業者にして出版業者アルド・マヌーツィオ（１４５０ころ〜

１５１５）である。「史上初の出版人」や「商業印刷の父」と、そして「出版界のミケランジェロ」と呼ばれる本の世界の巨人だ。以来５００年を経た極東のちっぽけな島国の片隅で、カツカツながらもなんとか本のおかげで口に糊《のり》する私には、足を向けて寝られない存在といっていい。

私がはじめてこの人物について知ったのはアレッサンドロ・マルツォ・マーニョ『そのとき、本が生まれた』（柏書房）によってだった。続いてマヌーツィオに関するハビエル・アスペイティア『ヴェネツィアの出版人』（作品社）やラウラ・レプリ『書物の夢、印刷の旅　ルネサンス期出版文化の富と虚栄』（青土社）を読んだ。そしてさらにその人生を追ったマーニョの新刊『初めて書籍を作った男　アルド・マヌーツィオの生涯』（柏書房）が出た。没後５００年の２０１５年、イタリアではさまざまにその業績が顕彰されたと本書にある。

私が所持するいちばん古い「洋装本」は英18世紀初期のものだ。読めはしなくとも、独特の活字の風合いに革装と紙の手触りが楽しい。古本屋だから「和装本」だってある。本を編むにせよ売るにせよ、先人たちの仕事に触れるたびに、いまここに本がある幸せがひとつの奇跡とまで思えてくる。本欄の読者なら、この気持ち、きっとおわかりいただけるはずだ。

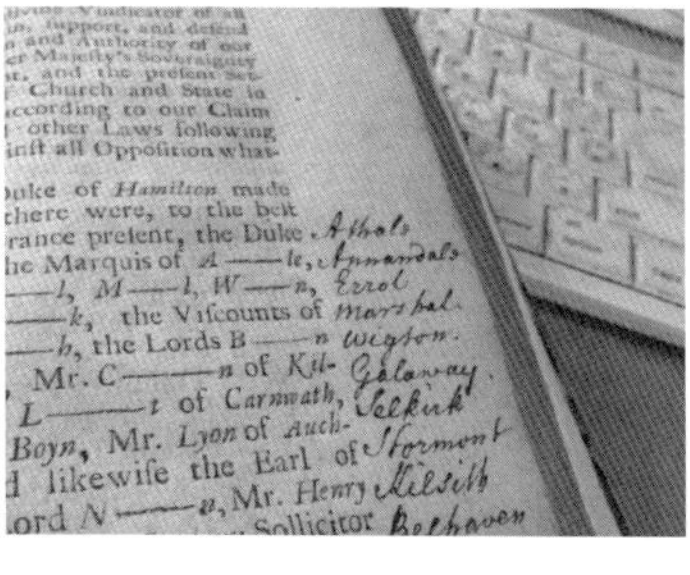

# 162

2022.7.31

## 「出版」の本を読む

古本屋のおやじだったりこのように原稿を書いたりしながら、私は書籍編集者であり零細出版社の経営者でもある。となれば、私も「出版人」のハシクレであるからして、もちろん「出版」に関する本はよく読む。それでは出版人とは、出版とはなにかと問われれば、これは難しい。簡単には説明できない。私もいまだに自らの仕事について考え続けている。というわけで、出版をめぐる本である。読めばきっとわかるはずとばかりに、出版人の回想録やら出版史に関する論考やノンフィクションなどなどを読み続けて、いつの間にやら我が書架の一隅にぎっしりである。

最近の収穫は、なんといっても鷲見洋一さんの『編集者ディドロ　仲間と歩く「百科全書」の森』（平凡社）だ。出版史に名を残す18世紀フランスの百科事典「百科全書」をめぐって、編集長の思想家ディドロと仲間たちの人生を追い、仕事を描き、巻き起こした顛末を活写する。なにせ全896頁の大著、覚悟して読みはじめたのだかバツグンのおもしろさにイッキ読みだった。

大尾侑子さん『地下出版のメディア史　エロ・グロ、珍書屋、教養主義』（慶應義塾大学出版界）もスゴかった。太平洋戦争をはさんでエログロとワイセツの地下出版に反骨の人生を賭けた梅原北明ら猛者たちの迫力に圧倒される。本書を読んで思い出したのがジョン・ディ・セイント・ジョア『オリンピア・プレス物語　ある出版社のエロティックな旅』（河出書房新社）だ。20世紀パリの前衛的にして過激に知的なワイセツ文学出版社、そのはちゃめちゃな栄枯盛衰物語なのだが、ヘンリー・ミラー『北回帰線』（新潮文庫）にウラジミール・ナボコフ『ロリータ』（新潮文庫）やウィリアム・バロウズ『裸のランチ』（河出文庫）などなどを世に送った出版社とあっては海外文学好きには見逃せない。

ほかにもざっと挙げればカルロ・フェルトリネッリ「フェルトリネッリ　イタリアの革命的出版社」（晶文社）、私市保彦「名編集者エッツェルと巨匠たち　フランス文学秘史」（新曜社）、アンドレ・シフレン「理想なき出版」（柏書房）、シーラ・ホッジズ「ゴランツ書店　ある出版社の物語1928-1978」（晶文社）など、この分野に本好きならきっと愉しめる本は多い。無から有を本に編み、その本を読者に手渡すのが出版業とすれば、読むだけでなく本を編む営為もまた人間の不思議か。これら「出版の本」を通じてその不思議を感じていただければ。にしてもなぜか欧米の出版に関する本が多いのは、私が海外文学好きなのと、日本のこのテの本、どうにも卑近すぎて没入できない、楽しめない。資金繰りのナマナマしい苦労バナシなんか、いや、ほんと、ゾッとしちゃうんですから！

# 163

2022.8.7

## テンガロン古書店

去る7月23日、大崎市古川に新しい古本屋さんがオープンした。「テンガロン古書店」である。古本屋仲間に「テンガロンさん」と親しまれる佐々木清秀さんは67歳、そもそもは県内の小学校の先生だった。支援学校の校長まで勤め上げて停年退職、続いて教育関係の職を経て、２０１９年に古本屋さんとなったのだが、これまではずっと無店舗営業だった。軽トラックに古本を積んでの移動販売がメインだったのである。県北各地の夜市などでテンガロンさんを見かけた読者もいるかもしれない。そのテンガロンさんが念願の移動しない古本屋さんをオープンしたわけである。ちなみに屋号は「テンガロン・ハット」から。佐々木さん、大の西部劇ファンなのだ。

さらに、テンガロンさん、焼き芋屋さんでもある。移動販売のトラックに、冬は石焼き芋の窯を積む。古本だけでなく焼き芋も売っているのだ。サツマイモは東松島市の生産農家から仕入れている。ここ、佐々木さんがかつて勤務した学校のＰＴＡ会長だった。東日本大震災の津波で大きな被害を受け、サツマイモで再起を計っている。この焼き芋がまたおいしい。ともに参加するイーピーンズ古本まつりの搬入作業の夜、差し入れの焼き芋がスタッフに大好評だった。といっても糖尿病の私はオアズケだったけど。

そして、今年に入って古川駅にほど近い自宅敷地内、以前はそろばん教室に使っていた建物を改造して念願の古本屋オープンを目ざした。ところに3月の地震、そして7月の豪雨である。工事の遅れや若干の浸水に見舞われはしたもののなんとか無事にオープンにこぎ着けた。さっそくお邪魔するとなつかしの「おとうさんの隠れ家」みたいなさっぱりとイゴコチのいい空間で、やはり元教員でいまも子どもたちに読み聞かせの活動を続ける奥さまと佐々木さんが迎えてくれた。「もちろん本が好きだから古本屋になったわけだけれど、昔はこの辺りにも新刊本屋さんばかりか古本屋さんとか貸本屋さんもあったんだよ。それがほとんどなくなっちゃった。やっぱり本屋がない町はさびしいよね。それなら自分でやってしまえ、と。移動販売がちょっと体力的にきつくなってきたのもあるかな」と、佐々木さんはこの間の経緯を語ってくれた。

もちろん冬になったらここで焼き芋も売る。ポップコーンもやってみたい。駄菓子も並べたい。子どもたちがゆっくり本をながめられるスペースも設けたい。「楽しみだね、わくわくするよ」と、かつては校長先生だった古本屋さんにして焼き芋屋さんはにっこりほほえんだ。お近くの古本好きは、ぜひお立ち寄りください。

# 164

2022.8.14

## 吸血鬼はお好き？

どうしてこんなにみんな吸血鬼が好きなのか。小説はもちろん、映画にコミックにアニメに音楽（1976年のディスコ・ヒット『ソウル・ドラキュラ』！）と、いろんなジャンルに百花繚乱、不滅不朽のモンスターである。はて、私はいつその存在を知ったのだったか。テレビアニメの『怪物くん』かな（最近のじゃなくて1968年放送のやつです）。それともクリストファー・リー演じる映画『吸血鬼ドラキュラ』（英1957年。私はテレビで観た）か。ブラム・ストーカーの手になる原作『吸血鬼ドラキュラ』を読む以前にすでに知っていたはずだ。私が読んだ創元推理文庫の平井呈一完訳初版は1971年発行だから、昭和オジサンの私はドラキュラ伯爵とかれこれ半世紀余りのおつきあいとなる。蔵書を見やればドラキュラだけではない古今の吸血鬼文学がずらりと揃って、いやはやなんとも愉しませてもらったものである。

とはいえどうにも私は古典好き、ニュータイプやニューメディアよりも昔ながらの吸血鬼物語にトキめくのだが、この夏はそんな私にピッタリの本がなんだか豊作である。夏来健次・平戸懐古編訳『吸血鬼ラスヴァン　英米古典吸血鬼小説傑作集』（東京創元社）は「ドラキュラ以前」

の伝統の吸血鬼文学アンソロジー。ジャンルのルーツとされるバイロンやポリドリにはじまって、あんな吸血鬼やこんな吸血鬼、多士済々に読ませてくれる。そして洋の東西を問わないのが吸血鬼の暗躍である。東雅夫編『吸血鬼文学名作選』（創元推理文庫）はニッポン吸血鬼文学アンソロジー、あの作家この作家の吸血鬼物語、みなさん愉しめるに違いない。さらに吸血鬼世界の深みに導くはポール・バーバー『ヴァンパイアと屍体　死と埋葬のフォークロア』（工作舎）だ。中世ヨーロッパから続く文学以前の吸血鬼伝説を民俗学の視点から紹介分析、その由って来るところを病理学や医学などまで現代の知見を駆使して解き明かす。ちょっと血なまぐさいけれど民間伝承の謎を探ってまるで『遠野物語』の解説本を読むごとく、一読「ナルホド」と納得である。

　この夏、CNN外電にこんなニュースがあった。19世紀英国貴族の所有になる吸血鬼退治グッズの道具箱が発見された。木槌や杭やら十字架や聖水容器やら、映画でおなじみのアレだ。オークションで高額落札されたとのことだが、いわば吸血鬼対策の「防災グッズ」である。やはりかつては「吸血鬼、いざとなったらこれで退治しなければ」とリアルに考える人たちがいたのだろう。それが「どうやらいないみたいだぞ、伝説らしいぞ」と思えるようになった私たちは幸せか。いや、ホントはいるのかもしれませんけどね。

# 165

2022.8.21

## 手書き文字の「魔力」

ちょっとおもしろい本を読んでいる。というか、眺めている。『グレート・ダイヤリーズ　世界の偉大な日記図鑑』（東京美術）である。歴史に名を残した芸術家や文人墨客の日記を図版で紹介する大型本、ダ・ヴィンチ、モーツァルト、ダーウィン、トルストイ、コナン・ドイルなど錚々《そうそう》たる人物80人の記した日記が美しく精細なカラー写真でずらりと収録されている。原著はイギリスなので欧米のものがメインだけれど、日本からは円仁、紫式部、松尾芭蕉、そして原爆投下を生き延びた広島の医師・蜂谷道彦の日記が紹介されている。写真に付された解説も読みごたえがあるのだが、それよりもやはり「へえ、あの作家はこんな字を書いたのか」と、読めもしないそれぞれの言語の手書き文字を眺めて飽きない。写真図版に目を凝らして時を忘れる。

このテの本としては昨年の原本遠野物語編集委員会編『柳田國男自筆　原本　遠野物語』（岩波書店）もあった。柳田の筆とペンによる自筆原稿、その初校ゲラ、そして初版本全頁が写真図版で収録されている。研究者にとっては『遠野物語』成立史に関わる貴重な資料ではあろうけれど、門外漢（赤坂憲雄さんらと『遠野物語』に関するいくつかの本を編集したから、ずぶのシロウトではないにしろ）の私にも、柳田の手書き文字に『遠野物語』誕生の伝説を目のあたりにする思いがして、ちょっとドキドキする。ほかにもある。保昌正夫監修、青木正美収集・解説『近代作家自筆原稿集』（東京堂出版）は、タイトルの通り森鷗外や夏目漱石に芥川龍之介、谷崎潤一郎などなど名だたる文豪50人の自筆原稿の写真を掲載、あるいは上野洋三・櫻井武次郎編『芭蕉自筆　奥の細道』（岩波書店）の芭蕉の手書き文字も興趣をそそってやまない。

手書き文字の「魔力」とはなにかと、ふと思った。まずは、その生々しい肉体性だろうか。文字を書く手が見えてくる、その手の繋がる作家の肉体まで想像できる。写真や肖像でしか知らなかった作家の実在が迫る。印刷された活字が実は単なる記号ではなく、ある精神が文字を通して現実世界に刻印されたものであると実感させられる。さらには手書き文字からその作家の声まで聴こえる気まですれば、まさに「言霊」とはよくいったものである。

もちろん、ある種のノスタルジーではある。いまや電子空間に文字データである。それでも私の駆け出しのころは、手書き原稿がまだまだあった。なかなか読み取れない作家の悪筆を前に苦闘する、そんな経験を記憶するのも私たちの世代の編集者がさいごとなるのかもしれない。

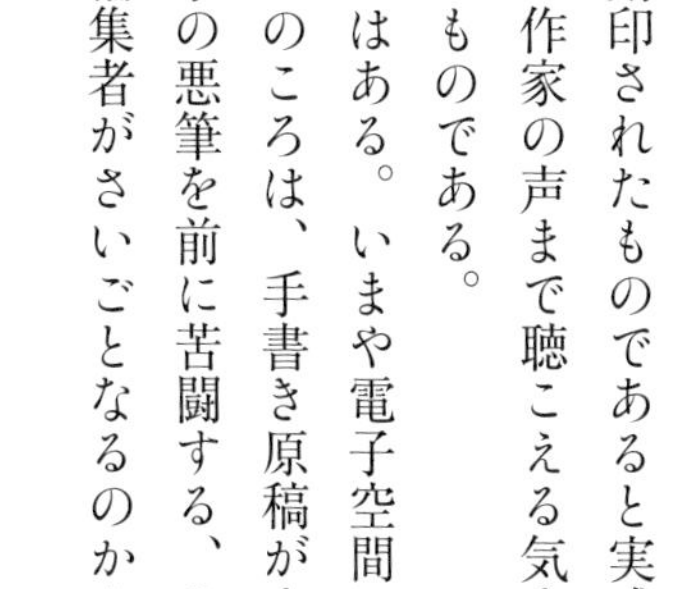

# 166

2022.8.28

# 日本野球黎明期と仙台

締め切り間際に飛び込んできた仙台育英高校の甲子園全国制覇の大ニュース、ここは本欄も歓喜の渦に巻き込まれてみよう。日本野球黎明《れいめい》期、明治仙台のお話だ。

野球狂として知られる明治の文人といえば正岡子規だが、同時期の仙台にも野球に熱中する作家のタマゴがいた。日本SFの、そして日本冒険小説の祖、押川春浪である。東北学院創立者の押川方義の長男として明治9（1876）年に生まれ、東京の明治学院に進学、若者に人気の新興スポーツだった野球にみごとハマった。夢中になりすぎて学業に手がまわらず、遂に落第、仙台に呼び返されて東北学院へ。それでも野球熱は冷めない。旧制二高や県立中学にチームが誕生、春浪も仲間たちと東北学院野球部を結成、対抗試合に挑む。チームメイトにやがて作家となる岩野泡鳴や、特異なユダヤ学者・酒井勝軍がいた。旧制二高の高山樗牛も観客にいたというから、ちょっとした文人野球である。

仙台でもバンカラぶりを発揮した春浪、遂に東北学院も追放されて、札幌農学校（現北海道大学）へ、次いで水産伝習所（現東京海洋大学）から東京専門学校（現早稲田大学）へと学び舎

転々、24歳で『海底軍艦』（文武堂）を発表、ベストセラーとなる。人気作家として活躍しながら『冒険世界』（博文館）や『武侠世界』（武侠世界社）などの雑誌編集を手がけ、八面六臂の大活躍、大正3（1914）年、38歳で没した。押川方義の次男・清も春浪の影響で野球好きとなり、早稲田大学に進んで野球部キャプテンに。日本野球初の米遠征に参加。やがて日本プロ野球発足に尽力して、その功績により昭和34（1959）年に第1回野球殿堂入りを果たしている。

　春浪に関する以上の記述、多くをSF作家で古典SF研究家でもあった横田順彌さんの手になる評伝『快男児　押川春浪』（會津信吾さんと共著、第9回日本SF大賞。私は徳間文庫版で読んだ）と『嗚呼!!明治の日本野球』（平凡社ライブラリー）に依っている。後者には春浪その人によるエッセー「僕らの野球時代」と「学生界のために弁ず」も収録されていて、その回想に「仙台には野球を知っている者がほとんどいなかった、道具を売っているところもなかった。そこでバットを木挽屋に図示して作ってもらった」とか、あるいは「グラウンドがないので、学生たちの練習や試合の場は宮城野原練兵場だった。軍隊の訓練とぶつかると、学生たちは追い出された」などとある。旧宮城野原練兵場にはいま、楽天生命パーク宮城がある。ここで日本野球の黎明を戦った明治仙台の若者たち、泉下からの「真紅の大優勝旗の白河越え」への喝采が聞こえる。

# 167

2022.9.4

## 古本市ラッシュ

今年の「読書の秋」から冬にかけて、仙台市内で古本市が目白押しとなった。まずは丸善仙台アエル店オープン20周年記念古本市は9月6日（火）から20日（火）まで。会場はアエルのアトリウム（花屋さんのある吹き抜けの、あそこです）を会場に、私たち〈古本あらえみし〉ほか県内古本屋5軒が参加する。続いて、昨年ご好評いただいた第1回を受けての第2回「サンモール古本市in金港堂」は9月29日（木）から11月6日（日）に。なつかしの金港堂書店2階売り場を舞台に、宮城・福島の古本屋11軒がぎっしり本を並べる。そして、遠征もある。青森県弘前市さくら野百貨店古本市は9月30日（金）から10月10日（月・休）まで。青森市の古本屋さんを肝煎りに、宮城からも4軒が参戦、さらには年末年始にも仙台市内で別の古本市が計画始動中、年が明ければ恒例「イービーンズ古本まつり」だ。スゴい。

というわけで、我ら〈荒蝦夷〉も古本屋稼業にテンテコマイの日々である。どうしてこんなことになったのか。いかに万余の古本といっても、いくつも古本市が重なればそれぞれに品揃えを変えなければならない。さらにはいわば各会場への古本の行商みたいな趣もあって、輸送や人手の手配もひと苦労である。そんな諸々の準備に大騒動なのだが、とはいえさてもいよいよ還暦の私にはかつての市内あちらこちらの古本市がなんともなつかしく思い出される毎日である。

私が学生だった１９８０年代、そしてそれに続く１９９０年代くらいまで、仙台市内各所で古本市が盛んだった。駅前丸光デパートの古本市（これは丸光が最後にさくら野百貨店になっても続いたのではなかったか）があれば、あの十字屋デパート（いまやヤマダ電機のビルですね）に仙台駅エスパルの古本市もあった。南町通りの雑居ビルの一室の古本市も記憶に残る。そして、いまも続くのがかつてのエンドーチェーン（現在のイービーンズ）の古本まつりだ。

これらがどんどんなくなったにはやはり理由があろうけれど（読書離れとか出版不況とか、あるいは会場となるデパートそのものの閉店とか）、あっちこっちの古本市を次々とのぞくのが昭和の古本好きの楽しみだった。ここのところの市内の古本市ラッシュによって、あのころのワクワクやにぎわいをよみがえさせられるか。そして、いまここにある本たちを次の世代に繋ぐことはできるのか。出版を業としながら古本屋となった私には、そんななんとも刺激的な日々である。関係者一同、みなさんのお運びをお待ちしております。古本市、楽しいよ。

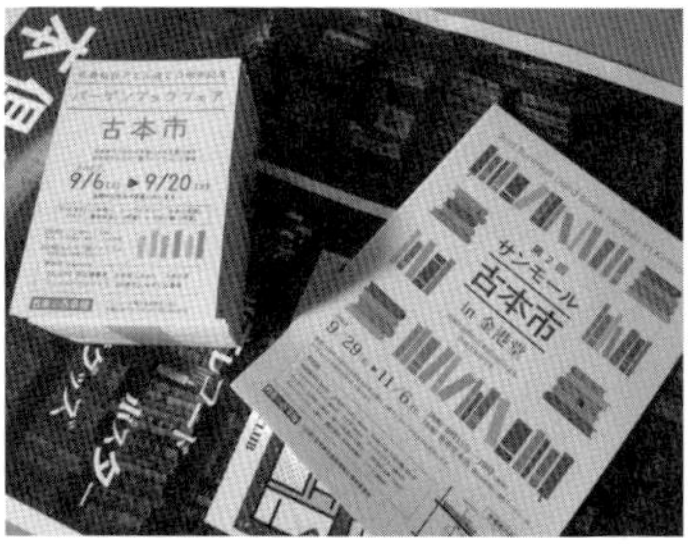

# 168

2022.9.11

## 熊谷達也さん幻のデビュー作!?

仙台に暮らす作家、熊谷達也さんの新刊が出た。『孤立宇宙』（講談社）なのだが、これ、なんとSFである。小惑星の衝突により滅亡の危機に直面した人類の物語とあれば、直木賞受賞作『邂逅の森』（文春文庫）をはじめとする熊谷作品を読み続けてきた読者には、ちょっと意外かも。だが、熊谷さん、本来はいわゆる「理系」の人である。東京電機大学理工学部卒業。卒論は「量子力学」とか。ちなみに最初はSF作家を目ざした。仙台市内の予備校で2年間の浪人生活、せっせとSFを書いては早川書房『SFマガジン』の新人コンテストに投じたが、残念ながら認められるに至らず、社会に出て教師や保険業と紆余曲折、1997年にヒグマと人間の闘いを描いた『ウエンカムイの爪』（集英社文庫）により作家に。以後の活躍はみなさんご存じの通りだ。

さて、その若き日の熊谷さんのSF小説である。これ、実は私が持っている。というか、熊谷さんから預かっている。なにせ1980年前後のこととあって、手書きの原稿を自ら製本した2作品、『神々の赤い丘』（全2冊。400字詰め原稿用紙533枚）と『天国への扉』（同じく115枚）である。さらにこちらはSFではなくオートバイ小説だが『ロンリー・ロード』と題された作品もある（１８０枚。熊谷さんによるとこれは大学に入ってからの執筆とか）。

どうしてこれらを私が持っているのかといえば、なにせ古本屋、増殖を続ける熊谷さんの蔵書整理のお手伝いをしている。引き取った本にたまたまうっかり混じっていた。熊谷さん「しまった」と思ったのではないか。とはいえ私も熊谷作品の担当編集者である。「まあ、いいや、預かってよ。ただ、絶対に非公開だぞ、誰にも見せるなよ」とクギを刺された。いかに直木賞作家であっても、いわば「作家以前の習作」だ。あまり人前にさらしたくないに違いない（この原稿を私が持っていることだけはここに書いてもいいと熊谷さんに許可をいただいている）。

それにしてもこのボリュームの小説をラストシーンまでとにもかくにも書き上げる筆力を20歳そこそこの青年が持っていたわけなのだから、さても「梅檀《せんだん》は双葉より芳し」か「三つ子の魂百まで」か。『孤立宇宙』に関して「念願のＳＦを書くまでに44年もかかっちゃったよ」と熊谷さんはこぼすが、それだけに本作、熊谷さんの「ＳＦ愛」がぎっしり詰まってワクワクと読ませる作品になっている。お楽しみを。さて、第６回仙台短編文学賞の締め切りが迫っている。寄せられた作品に、未来の直木賞作家の原石が埋もれているかもしれない。こちらもご注目ください。

# 169

2022.9.18

# 続・古本市ラッシュ

以前、本欄で作家・熊谷達也さんに「よくネタが続くねぇ」とあきれられた話をした。その繰り返しになるがネタにはほんとに困らない。テーマが出版であれば、本を読むのも書くのも、そして編むのも売るのも、すべて私の日常そのもの、どれもこれもが話題となる。だが、それなりに下調べはしなければならない。関連する本も読まなければならない。似たような話題が連続するのだって避けたい。ネタには困らずともそんな準備にある程度の時間はかかるわけなのだが、今週はまいった。古本市ラッシュにすべて呑み込まれてしまったのである。

まずは「丸善仙台アエル店オープン20年記念古本市」である。市内から私たち〈古本あらえみし〉に〈阿武隈書房〉さん、〈火星の庭〉さん、〈ジェイルハウスブック〉さん、そして石巻から〈ゆずりは書房〉さんと、参加古本屋5軒およそ1万冊の古本を、会場となるアエルのアトリウムに運び込んだのが9月5日の夜7時、荷物を降ろしてワゴンと本棚に陳列して深夜まで、ここまでで関係者一同、もはやヘロヘロである。なにせ古本の山は重たい。

おかげさまで初日から大盛況、お客さまのご案内にレジの会計、メディアの取材もあれば、空いたワゴンの古本の補充もしなければならない。閉店となれば丸善のみなさんと一緒にレジを集計して陳列ワゴンにばさりとブルーシートをかけて、やっと一日が終わる。もちろんみんなで助け合ってのことなのだが、会場でトークイベントまでやって、さらに私たちには本業の出版の仕事もある。あっちもこっちも気が抜けない、気ぜわしい。我ながら働き者である。

だが、現場は楽しい。新刊本屋さんのスタッフのみなさんに私たち古本屋、そしてここに集まるお客さまたち、見ず知らずであっても共通するのはいずれみんな本好きばかり。そこになんともいえない親密な空気が漂って、いかに剣呑な世情であっても「ここだけはきっとだいじょうぶ」と思わせてくれる。いちばんホッとする瞬間がある。レジを締めて陳列ワゴンにブルーシートをかける。人気の絶えたアトリウムに青い小山が静かに連なる。本たちのひそやかな呟きやささやきが聴こえる気がする。本たちもまた命ある存在かと夜の静寂がふわり胸に沁みる。

と、そんな思いにふけってばかりもいられない。アエル古本市は20日まで。29日からは金港堂古本市がスタートする。今日もその準備に追われまくる仙台の古本屋一同、本欄の読者のみなさんにもお楽しみいただければと願っている。そう、きっと本たちもまた。

# 170

2022.9.25

# われらの時代の「東北文学」

なんともめでたい知らせが続いた。9月5日、木村紅美さんが『あなたに安全な人』（河出書房新社）によりドゥマゴ文学賞を、7日には若竹千佐子さんが『おらおらでひとりいぐも』（河出書房新社）により独リベラトゥール賞を受賞、12日には柳美里さんの米バークリー日本賞受賞が発表された。いずれも東北に縁ある作家たち、私たち〈荒蝦夷〉も原稿をお願いしたりイベントのゲストなどにおいでいただいたりと、さまざまにお世話になっているみなさんである。次から次へと届く吉報に、いやはやなんともおどろいた。

宮城県の本好きには、昨年の石沢麻依さん『貝に続く場所にて』（講談社）の芥川賞受賞も記憶に新しいところだが、続く新作『月の三相』（講談社）も出たばかりである。仙台に生まれ育って現在はドイツに暮らす石沢さんには新作刊行のタイミングでZOOMでお話を聞いた。いまドイツで思い浮かべる仙台なども語っていただいたこのインタビュー、10月5日発売の『Kappo 仙台闊歩』（プレスアート）に掲載予定となっているので、見かけられたらご高覧を。

ここのところ東北に縁ある作家たちの活躍が続いている。東北に生まれ育ち、東北に移住して、あるいはいまは離れていてもルーツが東北など関係はさまざまに、ベテランもいれば新人もいる。いわゆる純文学からエンタメとジャンルも問わない。共通するのは東北の「空気」といったなにものかを感じさせる作家たちであり、作品だ。これはなにせ私たちが仙台に拠点を構える出版社であってみれば、どうしてもそんな作家と作品に目が行ってしまった結果の印象論か。仙台短編文学賞などを主宰しているがためのバイアスもあるか。それにしても、この9月のみなさんの受賞のニュースのように、国内外からの反響を見ればそれだけではないのではないか。

独特の「空気」の要因には東日本大震災がありそうである。多くの作品にその影響が読み取れる。直接的にテーマとして触れている作品もあれば、触れてはいなくとも背景にそれを感じさせる作品がある。あの日々を通じてそれぞれが深めた思索を、いかに作品に昇華させるか。その苦闘が読者に響くのではないか。大破壊と大量死の記憶をともに持った、同じ東北の読者である私たちの胸にはことさらに。「あの日」から12年の私たちの年輪を刻んだ、これがこの時代の「東北文学」なのかもしれない。我らの時代の「東北文学」が未来の読者の、世界の読者の胸に届けばと、そこにこそ私たちの希望があるような気がするのだが、いかがだろうか。

# 171

2022.10.2

# 絶版本に魅せられて

まずは「絶版」本とはなにか。簡単には「出版社の判断によって、市場に出まわらなくなり、読者が手に入れられなくなった本」といったところだろうか。これ以上は売れる見込みがないからとか、期待したほど売れなかったからとか、その判断にはさまざま複雑な事情があって、すべてはとてもここで説明しきれないけれど、まずは「絶版」とは読者がその本を新刊本屋さんで手に入れられなくなってしまった状態である。タイトルもそのままに『絶版本』なる本が出た（柏書房編集部編、同社刊）。錚々たる読書人24人が「思い出の絶版本」を語るエッセー集だ。我ら〈荒蝦夷〉見知りのみなさんなら伊藤亜紗さん、藤原辰史さん、岸本佐知子さん、赤坂憲雄さん、齋藤美奈子さんなどなどが、記憶に残る「絶版」本を、ジャンルも縦横に語る。

これら「絶版」本は私たちのような零細出版社には実は企画の宝庫だったりもする。新刊で読めない過去の名作、埋もれた佳品の発掘企画である。入手困難となったあの本この本、大手であればたとえば1万部は売れないと採算が取れなくても、私たちのような零細ならその10分の1で充分にイケる。古書市場で稀覯本として高額取り引きされている本を新刊として提供できれば読者もよろこんでくれるはずと、そんな企画だ。私たちでいえば、高城高、杉村顕道、山田野理夫、魔子鬼一、佐左木俊郎らの諸作がそれにあたる。怪談文芸や探偵小説ばかりなのは、私がそのジャンルのマニアゆえだが、読者から「ずっと探していたあの幻の本をやっと読めた」とか「こんな作家がいたなんて知らなかった」との声が届けば「出してよかった」とホッとひと安心である。

ところが、だ。3年前に〈古本あらえみし〉のオヤジになって、ちょっと困った。好事家が血眼で探す「絶版」本なら、なにせ古本は時価だから、もちろん古書価は高くなる。発掘企画に取り組むどこかの出版社がそれを新たに世に出せば、古書価は逆にぐっと下がる。古本の在庫をながめて「この本、去年までは高かったのに、こんなに安くなっちゃって」と、自分たちも発掘企画を手がけながら、なんだかションボリ。出版社と古本屋、二足の草鞋ならではのジレンマか。

気を取り直せば、エッセー集『絶版本』のオビに「新刊だけが本じゃない」と頼もしいことばがあった。確かに。古本屋としては「絶版」本にかこまれてナンボではないか。ま、売れるんならウチから新たに出すけどね。ご好評いただいたアエル古本市に続いて、一番町「金港堂」古本市がはじまった。「絶版」本はもちろん、山なす古本ぎっしり4万冊。ご来場お待ちしております。

# 172

2022.10.9

## 本を巡る犯罪ドラマ

以前、この欄で「古本とミステリー」の本をご紹介したが、あれはあくまでフィクションの世界のお話だった。現実世界の本と犯罪といえば、それが新刊であれ古本であれ、まずは「万引き」だろう。新刊の場合、全国の年間被害総額200億円なんてとんでもないデータがある。自分で読むためか転売目的かは問わず無論「万引き」は窃盗犯罪、これは深刻な被害だ。私も出版社として取り引きある各地の新刊本屋さんでさまざまな被害や手口を聞く。

古本屋はどうか。新刊ほど詳細に被害は見えないけれど、同業者からあれこれと体験談を耳にする。海外の2冊の犯罪ノンフィクションがあった。アリソン・フーヴァー・バートレット『本を愛しすぎた男　本泥棒と古書店探偵と愛書狂』（原書房）では、全米の古本屋で窃盗を繰り返す本への妄執にとらわれた男を米古書籍商組合防犯対策室長（といっても古本屋のオヤジ）が逮捕投獄へと追いつめる。トラヴィス・マクデード『古書泥棒という職業の男たち　20世紀最大の稀覯本盗難事件』（原書房）は米大恐慌下の実録。各地の図書館から高価な稀覯本や一般書が大量に消える。大規模に組織された窃盗団の仕業だった。組織のトップはなんと古本屋、町に溢れる失業者を窃盗の実行犯に次々にスカウト、盗んだ本を売りさばく。ニューヨーク公共図書館特別捜査員の面々がこの本泥棒ギャング団を追跡、やがて壊滅させる。

作家の犯罪もある。映画『ある女流作家の罪と罰』が描くのは窃盗よりも偽造犯罪、その実行犯リー・イスラエルの未訳回想録の映画化だ。落ち目の作家リー。日々の暮らしに行き詰まり、かつて親交のあった大女優からの私信を古本屋に持ち込んだところ、これが高値で売れる。リーはここぞとばかり有名作家や映画俳優の手紙を大量に偽造、果ては窃盗にも手を出して古本屋に売り飛ばす。やがて発覚、遂にＦＢＩに逮捕される。ウラぶれたニューヨークの日常や米出版界と古本業界の内幕が興趣をそそる（ウォルト・ディズニー・ジャパンからＤＶＤが出ている）。

それにしても本をめぐる犯罪ドラマはどこか人間クサい。これは対象が本だからか。盗まれるのはブツとしての本だが、そのほんとうの価値は紙の束にではなく、そこに印刷されたことばにある。ことばが盗まれる、偽造される。犯罪の根底にそんな「本の魔力」がありそうだが、にしても本泥棒はあくまで犯罪、見逃せはしない。私にはこれらの作品、古本屋が被害者ばかりか犯人だったり探偵だったり、読んでいても観ていても、ちょっとイズくて困るのだけれど。

# 173

2022.10.16

## 日記の味わい

同業者の女性と、市内の本屋さんでたまたま出くわした。なにせコロナ禍、以前は頻繁に顔を合わせていたのに、直に会うのはしばらくぶりだった。開口一番に「あら、久しぶり、元気だったって、糖尿病やら入院手術やら、大変みたいね。河北の連載を読んでるから知ってるわよ。なんだかあなたの日記でも読んでるみたい。会うのはしばらくぶりなのに、そんな気がしないわ」と、彼女はのたまった。なるほどこの連載、話のマクラにどうしても私の個人的な日常に触れたりもするから、そんな原稿を日記みたいといわれればグウの音も出ない。すみません。

私の原稿はさておいて、日記は文学ともなる。文学史に残るさまざまな「日記文学」がそれだ。古典なら紀貫之『土佐日記』に菅原孝標女『更級日記』から、永井荷風『断腸亭日乗』（岩波文庫）や『啄木・ローマ字日記』（岩波文庫）などの文人墨客の日記がある。松尾芭蕉『奥の細道』にも同行の「曽良旅日記」があるが、イザベラ・バード『日本奥地紀行』（平凡社ライブラリー）だって英国人旅行家の明治日本旅日記とも読める。島尾敏雄『夢日記』（河出書房新社）なんてのもいいけれど、私のお気に入りは内田百閒の一連の「日記文学」だ。青春から晩年の日記まで、

とにかく読ませる。太平洋戦争前後の日記『百鬼園戦前・戦中日記』（慶應義塾大学出版会）と『百鬼園戦後日記』（ちくま文庫）、そして空襲下東京の日録『東京焼盡』（ちくま文庫）が私には白眉だ。

歴史の証言としての日記もある。たとえば太平洋戦争下の政権中枢にあった政治家や軍人の日記などがこれにあたるが、政権中枢から百閒日記、あるいは山田風太郎『戦中派不戦日記』（講談社文庫）などを合わせ読めば、もはや群像劇だ。市井の日記にしても、そこに家族の歴史があるだろう。「日記文学」をどのように読めばいいのかそのガイドとなる評論を挙げればドナルド・キーン『百代の過客　日記にみる日本人』（講談社学術文庫）などが知られるが、私に「日記文学」を読むおもしろさを教えてくれたのはグスタフ・ルネ・ホッケ『ヨーロッパの日記』（法政大学出版局）と紀田順一郎『日記の虚実』（ちくま文庫）だった。

広さも深さもかくもハンパない「日記文学」だから、とても簡単に概観などできない。日記には書き手の赤裸々な内面がある。個々の視点による誤解や自らの都合に合わせた欺瞞に虚偽もある。なかなかひと筋縄ではいかないが、いずれにしても「日記文学」を読めば、日々の積み重ねこそが私たちの文学や歴史の基層そのものと実感させられる。たとえそれがどんなに平凡な日であったとしても。「日日是好日」とはよくぞいったものだが、さて、今日はみなさんにとってどんな一日となるだろうか。

# 174

2022.10.23

## 過去からの声

母の葬儀を1年がかりで終えた。亡くなったのは昨年の10月だった。享年94。郷里の施設に入居して5年、最後の2年間はコロナ禍により面会もままならなかった。ところに、なんとひとり息子の私が手術入院中の死である。病室のベッドで深夜午前2時に知らせを受けた。駆けつけようにもこちらも青息吐息である。落ち着いたらと思ったが、続いて私は2回目の手術、そして郷里が北海道の豪雪地帯であれば11月には雪が降りはじめる。墓だって雪に埋もれる。幼なじみの住職と相談、ムリせずすべてを延期、一周忌に合わせて葬儀と納骨と決めた。昨年は父の七回忌でもあったので、こちらも同時にとなった。なんとかこの冬の雪の前に母の納骨を済ませた。

私事はさておき、このところ訃報が続いている。それぞれ名前を挙げるとそれだけでスペースが足りなくなりそうだが、我ら昭和世代のヒーローやヒロイン、ひとつの時代を築いた人たちが次々と鬼籍に入った。私たち〈荒蝦夷〉に関わるみなさんを挙げれば、昨年から今年にかけて星亮一（作家）、外岡秀俊（作家・ジャーナリスト）、宮崎学（作家）、中井久夫（精神科医）、佐野眞一（作家）の各氏の訃報が届いた。原稿をお願いした、講演会やイベントなどにお招きした、取材や酒席をともにさせていただいた。おつきあいに濃淡はあれど、訃報に接すればそれぞれの顔や声があざやかに浮かぶ。お世話になりました、ありがとうございました。ご冥福を。

なにかのシンボルとして大きな存在であればあるほど、直接の知遇があってもなくても世に悲しみが広がる。故人の全盛期を知る世代であれば「ああ、あの人が」と、そして高齢の死であれば「あの人が大活躍していたころ、私はこんなことをしていた」などと感じ入らずにはおれない。同世代や若年の死ならばなおさらに自らを顧みて「これが自分でもおかしくはない」と、ふっと背中に冷気を感じたりもする。

だが、本のなかでは会える。あの人この人の生前の著作を手に取れば、その人となりが、生きた時代が記憶によみがえる。思えば本とは記憶装置、我が書架を見渡せば、あるいは古本屋であれ新刊書店であれ図書館であれ、いわゆる古典に限らずとも故人となった著者の本があまたある。そのページに刻まれた生を終えた人たちの残した過去からの声は、いまだ生にある私たちには明日への道しるべとなる。もちろん、近親であれば記憶の声をよみがえらせるに本の力を借りるまでもない。そこにこそ私たちの未来があると信じて、過去からの声を聴く。

# 175

2022.10.30

## 古本屋を巡る旅

古本を、古本屋をめぐる旅は楽しい。まず、探しまくっていた本にめぐり逢えるかもしれない、その期待感にわくわくする。そして、知らない町で古本屋を探して歩く、そのちょっとしたクエスト感覚もいい。だいたい古本屋は、観光の旅ならばまずは踏み込むことはなさそうななにげない町中にあったりする。見知らぬ町の日常にふっと迷い込んで古本を漁って、これぞと思った本を見つけるとドキドキする。値段を確認して自分の予算の範囲内だったら、ほっとひと息、なんだか幸せな気分で奥のレジへ。レジで立ち話をするもよし、黙って出るもよし。そして、次の古本屋へ足を延ばす。そんな旅である。

我ら〈古本あらえみし〉にも全国からそんな旅を続ける人たちがやって来る。なにせ自称「仙台駅にいちばん近い古本屋」だからして、仙台古本旅のスタートに、あるいは最後のトドメにどうやら格好らしい。「これから市内の古本屋さんをまわります」とか「今夜の新幹線で帰ります」とか、買い込んだ古本でぎっしり重そうなリュックを背にした人たちや、出張の愉しみが各地の古本屋めぐりとか、家族旅行なのに家族と別れて自分は古本屋へなんてツワモノもいる。そんな古本屋めぐりの旅を本にした古本道の猛者もいたりして、こうなると古本旅の達人である。

立場を変えて古本屋のおやじになった私がちょっとウラヤマしかったりするのは、かつてはそんな古本旅を繰り返していたひとりだったからだ。フリーライターとして全国を旅した。旅のお供は『全国古本屋地図』（日本古書通信社）だった。全国の古本屋を網羅したガイドブックだ。ネットもスマホもない昭和の旅、頼りの一冊だった。わが蔵書にそんな旅で手に入れた古本がいまもある。

この『全国古本屋地図』の「東北版」がおよそ20年ぶりに出た。『増補新版　東北の古本屋』（文学通信）である。日本古書通信社の編集者、折付桂子さんが東北の古本屋を自ら旅した記録であり、ガイドブックだ。折付さんは福島県に生まれ育って古書業界のベテランとして東京に暮らす。きっかけは東日本大震災、ふるさと福島をはじめ東北の古本屋が受けたダメージに矢も楯もたまらずに旅を続けた。だから、本書はガイドブックでありながら、この12年の東北古書業界の復興の記録ともなっている。２０１９年にまずは日本古書通信社から私家版として出した。あっという間に売り切れて、入手困難な幻の本に。それが「増補新版」として復活したわけである。この機会に、ぜひ。本書を手に紅葉の古本旅などいかがだろうか。

# 176

2022.11.6

## 編集は世界を結んで

私たち〈荒蝦夷〉は出版社ではあるのだが、自分たちの本だけでなく、ほかの出版社の本も編む。東北をテーマとした本は自分たちで出す。だが、東北だけでなく全国の読者に向けた内容であれば、たとえば東京の出版社と組んで出せばいい。あるいはほかの出版社から「この企画ならお前のところが得意だろ、作ってくれ」と声がかかったりもする。いままでの例を挙げれば講談社、小学館、平凡社、河出書房新社、東京創元社、偕成社などなどの本を作ってきた。

論創社の新刊、スペインの人気作家アルトゥーロ・ペレス＝レベルテ『フェンシング・マエストロ』もそんな1冊である。翻訳は日本ハードボイルドミステリの嚆矢とされる「X橋付近」の高城高さん。高城さんは東北大学在学中の1955年に同作で作家デビューして北海道新聞社に入社、やがて小説の筆を断った。2006年に過去作を集成した私たち〈荒蝦夷〉の『X橋付近　高城高ハードボイルド傑作選』をきっかけにみごと復活を果たして現在も健筆をふるう。

その高城さんから連絡があったのは2020年の末だった。コロナ禍ホームステイに昔から気になっていたスペインの小説を訳してみた。これ、どこかで出せないか、と。ちょうどそのころ私たちは内外のミステリを得意とする論創社とともに『佐左木俊郎探偵小説選』全2巻を編んでいた。論創社に高城さんの企画を持ちかけるとすぐにOKとなったのはいいのだが、以来なんと足かけ3年がかりの刊行となってしまった。いわずと知れたコロナ禍である。東京サイドの関係者に感染者が出るたびに作業が止まる。日本とスペイン、両国の翻訳エージェントを介しての著作権交渉にも手間取った。スペインから返事が来ない。世界がロックダウンの最中だった。相手の状況がまったく掴めない。メールのやり取りがスムーズに行くようになったのはこの春くらいからか。

日本でいえば明治維新のころ、革命の陰謀に巻き込まれたフェンシングの達人の運命を描く歴史冒険小説である。フェンシングとスペイン、いずれも東北大生だった若き日の高城さんが夢中になったスポーツであり、異文化である。映画『ナインスゲート』や『アラトリステ』の原作者としても知られるペレス＝レベルテ、本作も映画化されて米アカデミー賞外国語映画賞候補になったとか（日本未公開）。北海道にお住まいの高城さんとスペインのペレス＝レベルテ、編集制作の私たち仙台チームと論創社の東京チーム、コロナ禍の世界を結んでやっと刊行なった西洋剣戟小説の傑作、お楽しみいただければ。

# 177

2022.11.13

# 来年は

例年11月ともなると、同業の出版関係者のあいだから「来年は」といった話題がちらほらと聞こえはじめる。「来年はあの作家の生誕○年（没後○年もある）だから、その記念企画を」とか「来年は大きなイベント（たとえばオリンピックなど）があるからその関連本を」とか「来年はこんな映画やあんなアニメが公開されるから関連本が売れるに違いない」とか、そのテの話題である。「来年の話をすれば鬼が笑う」とはいうが、コトが日々の仕事の企画立案であればそうもいってはいられない。もちろんおめでたくにぎにぎしい話題ばかりではない。「戦後○年」や「災後○年」など、忘れてはならない歴史を思い起こすための企画もある。

さまざまなテーマが話題に上がるなか、来年は「関東大震災100年」である。1923年9月1日午前11時58分に発生、推定マグニチュード7・9、死者・行方不明者は10万人超。日本近代史のなかで「大」の冠が付く震災には「関東大震災」と「阪神・淡路大震災」、そして「東日本大震災」があるが、その最初の例である。100年前の「大」震災が、いまいかに語られるか。これはそのまま私たちが経験した東日本大震災が100年後にどのように語られるか、語られるべきなのかを考えるための試金石といってもいい。伝承の、語り継ぎの大切さが指摘される。その１００年を経た実例に、いま私たちは接しようとしている。「関東大震災１００年」は私たちにとってそんな年なのかもしれない。

その「関東大震災１００年」を前に、２冊の新刊が出た。竹久夢二『岬　附・東京災難画信』（作品社）と岡本綺堂『江戸の残映　綺堂怪奇随筆選』（白澤社）である。前者は大正ロマンの美人画で知られる夢二の手になる恋愛小説だが、新聞連載中に関東大震災が。そこでペンを執ったのが「東京災難画信」だった。混乱の東京で目にした光景をスケッチ、短文の目撃談を添える。後者には江戸の残り香をさまざまに作品に刻んだ文豪（生誕１５０年！）が自らの被災を記録した随筆が収録されている。夢二の画に、文豪の筆に、１００年前の災禍だけでなく、そこに私たちの12年前の記憶が重なってダブル・イメージとなる。過去の記録と私たちの記憶が繋がる。

いまの世の人たちすべて、１００年が経てばまずは生きてはいない。私たちの経験のなにをいかに残すのか、残せるのか。「関東大震災１００年」の年、関連本がまだまだ出そうな気配である。それらの本を手がかりに「東日本大震災１００年」を考えてみるのもいい。鬼がなんだ。

## 178

2022.11.20

# 第6回仙台短編文学賞

第6回仙台短編文学賞が去る15日に締め切りを迎えた。実はこの原稿を書いているのはその締め切りの前である。今年はどれくらいの作品が寄せられたのか、どんな傾向の作品が多かったのかなど、いまはまだわからない。ご存じかと思うが、仙台短編文学賞はひとり選考委員制で実施している。過去の選考委員は、佐伯一麦、熊谷達也、柳美里、いとうせいこう、玄侑宗久の各氏にお願いした。選考委員によってその年の作品の傾向が異なってくる。それがひとり選考委員制の特徴であり醍醐味でもある。第6回選考委員は『詩の礫《つぶて》』（徳間書店）の詩人、和合亮一さん。はじめての詩人選考委員にどのような作品が寄せられるか。実行委員会一同、胸ときめかせている。

締め切りを前に、過去の受賞者の活躍の報が立て続けに届いた。まずは「奥州ゆきを抄」により第1回大賞を受賞した岸ノ里玉夫さんが「論創ミステリ大賞」を受賞された（筆名は三咲光郎）。受賞作「刻まれし者の名は」は戦後米軍占領下の焼け跡の東京を舞台としたミステリとのことで、「奥州ゆきを抄」も東日本大震災から過去に歴史をさかのぼる作品だった。そして、受賞第一作「七年」（東北学院大学／荒蝦夷『震災学』13号掲載）では関東大震災を作品の背景としている。

論争ミステリ大賞受賞のことばで岸ノ里さんはこの自らの作品の傾向を「近代小説、レトロ小説、ネオ時代小説などと呼んでいます」と語る。来年1月に予定される刊行が楽しみだ。

そして「境界の円居」で第3回大賞受賞の佐藤厚志さんの最新作「荒地の家族」が新潮社『新潮』12月号に200枚一挙掲載となった。仙台市近郊に暮らすある家族の東日本大震災後の日々を静かに描く。といえば、いうところの「震災小説」と捉えられそうだが、私たちにとってはまさに「いまここにある日常」を描いた作品と読める。その温度差がどのように評価されるのか。これは仙台短編文学賞にとってもどこかで繋がるテーマだ。佐藤さん、仙台市内の某本屋さんに

勤務する。本好きなら佐藤さんから本を買っているかもしれない。

岸ノ里さんと佐藤さん、仙台短編文学賞でデビューしたわけではない。以前からさまざまな新人賞で作品が認められてきた実力派である。だが、仙台短編文学賞を飛躍のステップのひとつとして活躍する作家たちの存在はなんとも頼もしい。そんな書き手が集った仙台短編文学賞、実は年末にかけて隠し玉ともいうべきニュースがいくつか控えている。本欄でもお知らせの機会があるとは思うが、これからも仙台短編文学賞にご注目いただければ幸いです。

# 179

2022.11.27

# あらえみし流文章作法

なじみの床屋さんでのことである。私の髪をちょきちょきやりながら、店主のHさんが「原稿の書き出しってどうやって決めてるんですか」と訊いてきた。Hさんは〈古本あらえみし〉の常連で、このエッセーも読んでくれている。道路に面した小さな黒板に、道ゆく人たちをちょっとクスリとさせるひとことを掲げるのが毎朝の日課だ。そんなHさんに私は「ええっと」と口ごもる。こんな仕事をしていると文章作法の話題はよく投げかけられるのだが、上手く答えられた試しがない。それも「書き出し」とはまたターゲットが絞られている。なにやらごにょごにょと説明したのだが、Hさん、なんだか釈然としなかったようである。

いま、私は原稿を、文章を書いているわけだが、実はこの「書く」という行為、我ながらなかなかに不思議なのである。たとえば、次になにを書くかテーマはだいたい予定している。ぼんやりと起承転結も見えている。とはいえもちろん、文章すべて一字一句が決まっているわけではない。アタマに浮かんだイメージを追ってキーボードを打ちながら「あれっ」とおどろいたりもする。画面上の文章に「そうか、いま、オレはこんな文章が書きたかったのか」と。現にここまで書いたこの原稿、最後の瞬間に自分がどんな一文を書くものやら、とんとわからない。まこと私にとって「書く」とは不思議な行為なのである。

世にあまたの「文章読本」がある。谷崎潤一郎や三島由紀夫など文豪大家のタイトルもそのままズバリ『文章読本』があり、もうちょっと実践的ならば「ベストセラーを書くには」みたいなのもある。これにビジネス文書や手紙などの文章作法指南まで含めれば百花繚乱だが、実は私はどれも読んでいない。かつて本欄でも触れたが、なにせ雑誌記者アガリ、なんとも体育会的な現場で文章をタタキ込まれたクチなのだ。とにかく文章を捻り出さなければお金がもらえない、食べていけない。となれば、まあ、ヤケクソである。ひたすら書きまくって、いつの間にか書けるようになっていた。論理的に学習してものしたワザではないから、文章作法を問われても明確に伝えられない。とにかく書いて読む、それしか知らないのだ。Hさん、ごめん。

しばらくして、びっくりした。HさんがSNS上のコンテスト「書き出し小説大賞」に入選である。架空の小説の冒頭の一文のみのコンテスト、大喜利みたいなシャレの効いたコンテストではあるが、みごと入選はめでたいではないか。もちろん私のアドバイスのおかげではないにせよ。それにしても楽しそうだ。私も投稿してみようか。

# 180

2022.12.4

# これから出る本

本欄の読者ならみなさん本好きのはずだが、気になる新刊の情報はどこでチェックされているだろうか。本好きには新刊情報は大切だ。来月はこんな本やあんな本が出る、だからこれくらいはお金を取っておかなくてはなどと、財布の具合にも直結する。食い道楽やスイーツ好きや酒呑みがフトコロ具合を気にするごとく、本好きは本に使うお金が気にかかる。そのためにも新刊情報は欠かせない。

本屋さんになつかしいものがあった。『これから出る本』である。一般社団法人日本書籍出版協会が発行するB4判二折り8頁の小冊子、タイトルの下に「近刊図書情報／12月上期号」とある。「おお、お前、現役だったか」と思わず持ち帰った。インターネットやSNSなぞカゲもカタチもなかったいまは昔の昭和の大学生には、この『これから出る本』は頼りの存在だった。ページを繰ってずらり並んだ刊行予定の新刊情報を入念にチェックする。社会に出て神保町ではたらきはじめてからはご無沙汰となった。なにせ天下の「本の町」神保町だ。その日の新刊がどこよりも早く本屋さんに並ぶ。インクの匂いも漂わんばかりのほやほやの新刊を、あたかも産地直送朝採り野菜のごとく手に取れるのだから『これから出る本』に頼るまでもなくなった。

もちろん本は新刊ばかりではない。ある作家に出会って気に入ったら、その過去の作品も読みたくなる。そんな場合の頼りは各社の解説目録だった。既刊本の簡単なストーリーや作家紹介が載った、文庫本サイズの目録である。多くは年刊で、本屋さんで無料配布されていた。各社がアイディアを競って、なかなか凝ったものもあった。それを手に入れては「この本は読んだ、次はこれがおもしろそうだ」とわくわくとチェックするのが本好きの楽しみだった。わたしの手許にはそんな過去の解説目録がいまもいくつか残る。

いずれにしても、いまや昔か。しばらくぶりで手にした『これから出る本』もかつてにくらべればずいぶんと薄くなった気がする。解説目録だっていまもあるにはあるけれど、昔ほど各社百花繚乱ではない。多くはネットに移行してしまった。新刊にしろ既刊にしろ、本好きが胸を躍らせるのは「次に読む本」を手に取って最初のページに目を走らせるその瞬間、これからどんな世界にめぐり会えるのか、未知への期待が高まる。新刊情報をどこで知ろうとも、この気持ちだけは還暦のいまも変わらないのだが、同好のみなさんはいかがだろうか。

# 181

2022.12.11

# 本好きの年の瀬

この年の瀬に、またもや古本市である。今度は一番町は「仙台フォーラス」8階特設会場で、会期は10日（土）から1月9日（日）だから、この原稿が掲載されるころにはすでにスタートしている。私たち〈古本あらえみし〉はもちろん、県内外から9古書店が参加、古本趣味のみなさんの年末年始の読書計画のお役に立てればなによりなのだが、いやはや、今年はまこと古本市に追われた。私たちが参加した古本市だけで、まずは春秋2回の恒例「イービーンズ古本まつり」に、戸田書店山形店オープン15年記念古本市（山形市）、丸善仙台アエル店オープン20年記念古本市、サンモール古本市in金港堂古本市、アオモリ古書フェア２０２２（弘前市さくらの百貨店）があって、これにフォーラス古本市である。古本の大山をあっちにこっちにドッコイショと運び込み、終わればエンヤコラと撤収の繰り返しに、足腰がガタガタなのもむべなるかな、古本屋は体力勝負である。古本屋志望のみなさんが読者にいれば、お覚悟を。

さらに今年は古本市会場でトークイベントもやった。ゲストにアンソロジスト・文芸評論家の東雅夫さん、山形市の作家・黒木あるじさん、同じく気仙沼市の作家・小田イ輔さんをお招きしてのトークイベントは幸いご好評いただけたようである。我ら〈荒蝦夷〉としては新刊本屋さんでのトークイベントは手がけてきたが、古本市のイベントははじめての試みだった。それでもご来場のみなさんに楽しんでいただける確信はあった。新刊本屋さんであれ古本市であれ、とにもかくにもご来場いただくのは本好きのみなさんである。本をテーマとしたトーク、それが「新」であれ「古」であれ、まちがいなく楽しんでいただけるはず、その確信だ。

年末年始のフォーラスでもトークイベントである。第1弾は11日（今日！）の午後2時から。以前ここでもご紹介した『増補新版　東北の古本屋』（文学通信）の折付桂子さんをお招きしてのトーク、仙台の古本好きならみんな知ってる東北大北門前「昭文堂書店」の齋藤鄭さんをお相手に「仙台の古本屋、今とむかし」と題してお話いただく。28日の第2弾は本欄の読者にはおなじみ年末恒例「仙台オヤジ編集者3人衆おすすめ本ベストテン2022」。東北大学出版会の小林直之さん、プレスアートの川元茂さん、そして私の3人が今年のベストブックをご紹介する。激動の2022年、その年の瀬を活字中毒の同志のみなさんと、本と一緒に過ごしたい。ページの向こうにきっと来るべき善き年があると信じて。仙台の古本市、来年も隠し玉あり、お楽しみに。

# 182

2022.12.18

## 手書きの年賀状

年賀状の季節である。投函の準備に追われるみなさんも多いのではないか。私はといえば、年賀状を出さないクチだ。子どものころはせっせと書いて出すのを楽しんだ記憶があるけれど、社会に出て出版を生業とすると、なにせ年の瀬は地獄の年末進行、締め切りや校了の日程が通常よりもぐっと早まって、例年の青息吐息となる。とても年賀状まで手がまわらない。結果、出すのをあきらめた。いまは昔ほど年末進行に追いかけられはしないものの、途切れた習慣を取り戻すのは難しい。メールなどSNSが盛んとなって、年賀状そのものが世に存在感を失いつつあるとなればなおさらに。出すのをあきらめた私がいっても詮ないが、これはやはりさびしい。

この連載第165回で手書き文字の魅力について触れた。手書き文字といえばやはり手紙であり、ハガキである。年賀状ではないけれど、手紙に関するちょっとおもしろい新刊があった。マイケル・バードとオーランド・バードの『作家たちの手紙　ユゴー、ディケンズ、チェーホフ、カフカ、ミストラル、ソンタグ……94人の胸中』（マール社）なる大型本だ。タイトル通り、94人の作家たちの手紙の写真に、その翻訳と解説が掲載されている。以前ご紹介した『グレート・

ダイヤリーズ　世界の偉大な日記図鑑』（東京美術）は日記だったが、日記が自らに語る文章とすれば、手紙は相手に語りかける文章である。読者を想定した文章なのだから、第三者が読むにも興味深い。池澤夏樹さんの帯文に「手紙を書く時、人は真意を伝えようと必死になる。たとえ作家でも、また詩人でも」とある。作家たちの肉声が聴こえる。喜怒哀楽が読者に迫る。

文面から相手との関係性も透けて見える。94人の手紙には、実は188人の人生の瞬間があるといっていい。さらに興味深いのは作家以前の作家の手紙だ。米作家カート・ヴォネガットの家族に宛てた戦地からの手紙の日付は1945年。ヴォネガットの作家デビューは1950年だから、この手紙はそれ以前の文章、それも手書き文字なのだから、ヴォネガットの読者には堪らないはずだ。

作家の手紙を活字に起こした書簡集はあまた出ているが、活字では掴み取れない「真意」が手書き文字には確かにある。過去に出た同趣向の大型本がわが書架にあった。ショーン・アッシャー編『注目すべき125通の手紙　その時代に生きた人びとの記憶』（創元社）だ。作家だけでなく政治家から一般庶民まで、やはり手紙の写真と、その翻訳解説からなる。冬の夜、手紙の手書き文字をながめてどちらも飽きない。しばらくぶりで我が手で年賀状を書いてみようかな。

# 183

2022.12.25

# クリスマス・ストーリー

クリスマスといえばクリスマス・ストーリーである。誰もが知るのはチャールズ・ディケンズ『クリスマス・キャロル』（新潮文庫など）やO・ヘンリー『賢者の贈り物』（角川文庫など）あたりか。いかにもクリスマスらしいハート・ウォームな物語だが、私のような怪奇幻想モノやミステリー好きにもクリスマス・ストーリーは欠かせない。たとえばアイザック・アシモフ編の『クリスマス12のミステリー』と『クリスマス13の戦慄』（いずれも新潮文庫）、角川文庫のクリスマス・ストーリー集『贈り物』と『クリスマスの悲劇』、風間賢二編『クリスマス・ファンタジー』（ちくま文庫）なんて本たちが私の本棚にある。いずれも海外の短編を集めたアンソロジー、どうもクリスマス・ストーリーは小味でひねりの効いた短編が似つかわしい。

さて、今年のそんな本たちである。まずはアガサ・クリスティー『クリスマスの殺人　クリスティー傑作選』（早川書房）だ。〈ミステリの女王〉のクリスマスにちなんだ短編12作を収録している。ポワロをはじめおなじみの名探偵たちが総出演、クリスティー入門にも最適だ。「クリスマスにはクリスティーを！」の本書惹句《じゃっく》、解説によるともともとは英出版社の考案とのことだが、日本にも定着しそうである。創元推理文庫からは夏来健次編『英国クリスマス幽霊譚傑作集』が出た。本書解説に、彼の国ではゴースト・ストーリーもまた冬の風物詩で、きっかけは１８４３年に『クリスマス・キャロル』がベストセラーとなったためとある。ご存じの通り『クリスマス・キャロル』は一種のゴースト・ストーリーでもある。そんなイギリスのクリスマス幽霊譚の古典短編、こちらは13作が収録されている。クリスマスに「殺人」とか「幽霊」とかおだやかではないけれど、いずれもこの季節にぴったりのムードあふれる作品ばかり、お試しあれ。

ところで、クリスマス・イブは私の誕生日なのだが、子供のころ、どうにも複雑な思いがあった。ヨソの子たちは誕生日とクリスマス、年に2回もプレゼントをもらえるのに、私はといえばまとめてひとつだけ。納得いかない。「いいじゃない、世界中のひとたちがアンタの誕生日を祝ってくれていると思えば」と母に毎年いなされた。確か村上春樹さんの小説だったと思うのだけれど同じ境遇の登場人物がいて、若き日に読んでウンウンと深く同意した記憶がある。そんな私も還暦である。クリスマス・プレゼントより赤いチャンチャンコだ。それにしてもみんなよりなんとなく損をしてきたようなこの気持ち、クリスマス・イブが誕生日のあなたならわかってくれますよね。

# 184

2023.1.8

# 年末年始も本まみれ

どたばたと年末年始を過ごした。まずは年をまたいだフォーラス古本市である。12月28日には年末恒例トークイベント「仙台オヤジ編集者3人衆おすすめ本ベストテン」だった。東北大学出版会の小林直之さん、プレスアートの川元茂さんと3人で、2022年のベストブックトークである。29日には『荒地の家族』（新潮社）で芥川賞候補となった佐藤厚志さんの動画インタビューの撮影が。佐藤さんといえば丸善仙台アエル店に勤務する現役書店員さん、この動画も丸善のユーチューブチャンネルで公開予定となっているのでご覧いただければ。大晦日は古本市の初売りの準備に追われて、元日はなんとか休めたものの2日は初売り、3日はといえばフォーラス古本市イベント第2弾、『増補新版　東北の古本屋』（文学通信）の著者・折付桂子さんと昭文堂書店・齋藤鄭さんとのトークが続いた。正月休みどころか普段よりいそがしい。ほかにもまだここではご紹介できない今年の隠し玉の仕込みにもせきたてられたが、すべてが本に絡んだあれやこれやである。相変わらず本まみれな日々、本まみれな今年になりそうだ。

年末には新刊も出た。『仙台短編文学賞作品集』（プレスアート）である。河北新報社とプレスアート、そし私たち〈荒蝦夷〉から成る実行委員会の編纂で、5年間の受賞作24編を収録した。昨秋から準備を進めて、編集の最終段階では第1回大賞受賞の岸ノ里玉夫さんの論創ミステリ大賞受賞（論創社『空襲の樹』）、続いては前述の第3回大賞の佐藤さん芥川賞候補入りの報が飛び込み、関係者一同、大いに盛り上がった。もちろんお二人の受賞作「奥州ゆきを抄」と「境界の円居」も収録、おかげもあってか多くのみなさんに手に取っていただいているようである。

　年末のあわただしさを縫って、そのページを繰った。例年の選考過程や各紙誌掲載の編集作業で幾度も目を通した作品ばかりではあれ、これまで過去の受賞作も含めた全作品を一気に通読する機会はなかった。そこにあったのは作者ばかりでなく、私たちの災後の日々だった。いわゆる「震災文学」の賞ではないとはいえ、作品の多くが「あの日」を起点としている。あたかも「震災文学」の、あるいは「災後文学」のアンソロジーのごとく、知らず知らず物語に自らの日々をダブルイメージさせられて、おそらくはこの地の読者の多くも同じ思いを抱かれるのではないか。もしかしたらこれもまた伝承のひとつの手段かと思えば、本賞の設立にもなにがしかの意義はあるかもしれない。そうあれかしと願いながら、今年もまたみなさんとともに本まみれの日々を送りたい。

# 185

2023.1.15

## 大型本の宇宙

なんだかここのところ大型本に惹かれている。大型本といえば写真集や画集など美術書が多いわけだが、とにもかくにも大きな本は楽しい。ただ、あまり大きいと眺めるにもそれなりのスペースがなくてはならない。デスクの上の積読本の山をよけて、パソコンをずらして、ようやくページをめくる、そんな本もある。世界のとんでもない本を図版と解説で紹介したエドワード・ブルック＝ヒッチング『愛書狂の本棚　異能と夢想が生んだ奇書・偽書・稀覯書』（日経ナショナルジオグラフィック社。これも大型本です）をひもとけば「並外れたスケールの本」として、たとえば天地が普通の大人の背丈よりも高い英13世紀の地図帳なんてのがある。ページを広げた見開きサイズで縦176センチ×横230センチ、ここまで大きいととても私のデスクに広げられない。

そこまでではないにしても、それではいま私の持っている大きな本といえば、ＨＩＲＯＭＩＸ写真集『光』（ロッキング・オン、縦42・8センチ×横30・5センチ）に鬼海弘雄写真集『王たちの肖像　浅草寺境内』（矢立出版、縦34・6センチ×横26・3センチ）など、やはり写真集である。東京でフリーの編集者をしていたころ、私は写真集を多く編んでいた。編集者としても大型本をそれなりに手がけてきたわけだが、私が編んだいちばん大きな写真集はといえば長倉洋海写真集『獅子よ瞑れ　アフガン1980-2002』（河出書房新社）だ。縦30・2センチ×横23センチ、クロス装上製（布貼りハードカバーですね）にタイトルは凸凹を付けたエンボス加工で、外装カバーには厚手の半透明グラシン紙を使った。その大きさだけでなく、このような凝った本を編むのは編集者としては大変だけれど実に楽しい。

　さて、そんな大型本、ここのところ私の書架にどんどん増えている。印刷は精細であればあるほどいい。版面の宇宙にそれだけ没頭できる。眠れぬ夜など徒然なるままにページを繰って時間を忘れる。なぜだろうと考えて、そう、視力の低下である。小さな活字を追うのがきびしくなって、どうやら大きな本に惹かれている。いやはや。だが、本は大きければいいというものでもない。以前、この欄でもご紹介した豆本の世界もまたある。わが偏愛の豆本は山尾悠子『翼と宝冠』（スティディオ・パラボリカ）だが、これはわずか縦6・8センチ×横5・2センチしかない。それにしてもここに秘められた宇宙は大きい。詰まるところ、大きくとも小さくともその本が見せてくれる世界は広大無辺にどこまでも。本はやはり夢想の旅への扉なのだ。

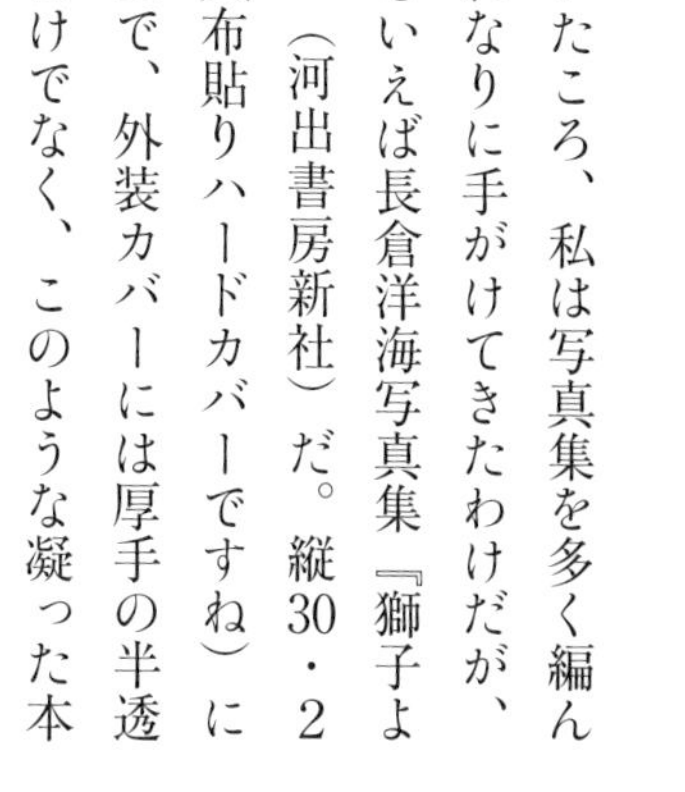

# 186

2023.1.22

## 芥川賞受賞！

佐藤厚志さんの新連載小説「常盤団地第三号棟」がはじまった。19日に『荒地の家族』（新潮社）で芥川賞を受賞したばかり、仙台が生んだ気鋭の小説家のほやほやの最新作である。どんな物語かは実際にお読みいただくとして、それにしてもあまりにあまりのタイミングである。私たち〈荒蝦夷〉もこの新連載企画に編集協力として名を連ねさせていただいているのだが、もちろん佐藤さんの芥川賞候補入りを見越しての企画ではなかった。河北新報社と私たち、そして佐藤さんとのあいだで企画がスタートしたのは昨夏のことである。

ご存じの通り、仙台にはいま、多くの小説家がいる。その作家たちのオリジナルな連載小説を地域の新聞連載にとの企画が立ち上がり、仙台の出版社として小説家のみなさんと繋がりある私たちもこのプロジェクトに参画することとなった。2017年に「蛇沼」で新潮新人賞、2020年に「境界の円居」で仙台短編文学賞大賞を受賞、2021年には『象の皮膚』（新潮社）により三島由紀夫賞候補ともなった佐藤さんに企画を持ちかけたところ、すぐに乗ってくれた。挿画はやはり仙台に暮らしながら『空飛ぶくじら』（イースト・プレス）により2021年に文化庁メディア芸術祭マンガ部門新人賞を受賞した期待の漫画家スズキスズヒロさんにお願いした。仙台ならではのフレッシュな小説家と漫画家のコラボの実現である。

間もなく佐藤さんから「常盤団地第三号棟」の原稿が届きはじめた。佐藤さんと私たちで原稿を検討して新聞連載小説としての体裁を整え、スズキさんの挿画とともに河北新報社に入稿する。すると佐藤さんの原稿にスズキさんの挿画が入ったゲラが返ってくる。そのゲラを佐藤さんとスズキさんと校正確認する。そんな作業がスタートしたちょうどそのころ、新潮社『新潮』12月号に「荒地の家族」が掲載されて、あれよあれよと芥川賞候補である。

関係者一同、あまりのタイミングにあわてた。芥川賞、そして直木賞といえば、文芸の世界だけでなく、例年のごとく社会的にも大きな注目が集まる。候補となった途端、メディアからの佐藤さんへの取材が相次いだ。さらに佐藤さん、丸善仙台アエル店に勤務する現役書店員であれば、日々の仕事もある。その合間を縫ってスリリングな編集作業が続いた。そして完成したのが今日のこの紙面でみなさんが目にされている「常盤団地第三号棟」第1回である。仙台が生んだ新芥川賞作家による新作、ぜひとものご愛読をお願いしたい。

# 187

2023.1.29

## 歓喜の渦

予定稿と呼ばれる原稿がある。なにか「コト」が起きる直前に原稿の締め切りがある。コトの結果を予測して事前に書かなければ間に合わない。実は前回の本欄、そんな予定稿だった。みなさん報道などでご存じの通りの佐藤厚志さんの第168回芥川賞受賞である。受賞を信じて原稿を書きはしたものの、残念な結果になった場合には急いでゲラになった原稿を直さなければならないわけである。結果、佐藤さん、みごと受賞、原稿はそのまま掲載となった。めでたい。

それでは実際になにが起きていたのかといえば、午後4時からの選考会、ご本人は東京で結果を待っていた。仙台の関係者が集まったのは佐藤さんの職場である丸善仙台アエル店にあるスープカレー屋さん「ヴァサラロード」だった。日ごろから佐藤さんと繋がりある面々が、東京の発表会場からの中継映像を固唾《かたず》を飲んで見守る。と、いつしか売り場にも人の渦が（写真）。それを取り巻くは新聞やテレビなど報道各社、じりじりと緊張が高まるなか、受賞作と受賞者の名前が発表されたのは、午後6時を過ぎて間もなくだった。歓声が爆発するやいなや、歓喜の渦は瞬く間に仙台の夜に広がった。それに続く芥川賞フィーバはみなさんご存じの通りである。

熱狂にはいくつかの要因があるように思える。まずは受賞作『荒地の家族』（新潮社）の物語そのものだ。読まれたみなさんはおわかりと思うが、東日本大震災から12年、被災地と呼ばれてしまうこととなった土地に暮らす生活者の葛藤と日常を描いている。ここに共鳴した宮城県の読者は多かったはずだ。佐藤さんその人がこの町で暮らす生活者であったのも大きいか。おそらくは私たちと思いを共有する生活者が描いた物語と、ここに暮らす誰しもが感じ取ったのではないだろうか。

ちょっと違った視点からさらにいえば、歓喜の渦が拡大するスピードがあった。受賞の瞬間がネットで配信されるやいなや、SNSなどを通じて即座にニュースが広まった。ほとんど同時進行の勢いである。私たち〈荒蝦夷〉は2004年の熊谷達也さんの直木賞受賞にも立ち会っている。あのころはまだこれほどの即時性はなかった。受賞のニュースが町の隅々に広がるまでに、ちょっと余裕があって、そのあいだに本人も関係者も準備ができたのだが、瞬間に熱狂が広がればあわただしさも一入となる。なるほどこれが「いま」なのかと、糖尿病還暦編集者は医師に禁じられているビールの祝杯を「今夜だけは」と東京の佐藤さんに捧げた。佐藤さん、やったね！

# 188

2023.2.5

## 本づくしの空間

2月である。年末年始のフォーラス古本市が終わったと思ったら仙台から芥川賞の大ニュースである。これだけでもいつもよりあわただしい年の初めだったのだが、我ら〈荒蝦夷〉、実はこれだけではなかった。なんと、来たる3月1日、フォーラス3階に〈BOOK SPACEあらえみし〉オープン、その準備に追われていたのである。

きっかけは年末年始のフォーラス古本市だった。「1年間期間限定で館内のスペースで本をテーマになにかできないか」とフォーラスからお声がけいただいたのは古本市を前にした昨年11月。仙台市内の古本屋がイービーンズ3階に「仙台古本倶楽部」を名乗って1年間限定の共同店舗を構えたのは2020年だった。前回と似たような共同事業になっても芸がない。さまざまな契約上の要件もあって、ウチが音頭を取ることになった。そこでここはさらなるひと工夫と、仕事を通じて繋がりある出版社などさまざまな関係者に出張ってもらうこととした。

結果、オープンに顔を揃えたのは、古本屋ならまずは仙台市内から阿武隈書房とジェイルハウスブック、そして私たち〈古本あらえみし〉である。さらに仙台での古本イベント初参加となる山形市の香澄堂書店が加わった。出版社に関しては、まずは3月は河出書房新社、4月は国書刊行会、5月はKADOKAWA、続いて新潮社と、それぞれのブックフェアが決定。我ら〈荒蝦夷〉の同志たる全国各地の地域出版社にも参加してもらう。第1弾は沖縄〈ボーダーインク〉の本が届く。もちろん仙台からは河北新報出版センターに東北大学出版会にプレスアートのコーナーもある。

そして、カフェである。市内八乙女で20年間に渡って営業してきた「Loop cafe」が、中古レコードまで引っさげての参戦である。さまざまな本にまつわる展示も企画中。第1弾は松本清張映画化作品のポスターをずらりご覧に供する。知る人ぞ知る清張コレクター、菊池雅人広瀬図書館館長のコレクションだ。

というわけで、本、本、本、さらに本のスペースである。本をテーマとしたトークイベントも予定している。おそらくはほかにちょっと例のない場となるか。それだけに、どうなることやら関係者一同にとっても未知への挑戦、出版不況や活字離れが叫ばれる世にあっては大冒険でもあるだろう。合い言葉は「楽しくやろう！」である。みなさんにもお楽しみいただけるのを願って、関係者一同、奮闘中。ご期待ください。

# 189

2023.2.12

## 鈍器本の楽しみ

世に「鈍器本」と呼ばれる本がある。テレビのサスペンス・ドラマなどで、凶器に使われたりする「鈍器」である。激情に駆られた犯人が、被害者のアタマを大きくて持ち重りのする「鈍器」でガツンというやつだ。昭和の昔ならガラス製の灰皿が定番だった。そんな「鈍器」の定義はいかにとフリー百科事典「ウィキペディア」を引けば「刃は付属していないが固く重みのある金槌や棒などのような器具。多くは凶器として使われる際に言われる」などとある。となれば「鈍器本」はご想像の通り、ゴツくて重い本の俗称なのである。「ウィキペディア」にも「重量のある書籍を比喩的に鈍器と称する例もある」と末尾に付記されていた。

それではとわが蔵書に目をやれば、昨年末に出たばかりの『定本　夢野久作全集8』がどかんと鎮座していた。世紀の奇書『ドグラ・マグラ』で知られる戦前の作家、夢野久作の定本全集最終巻だ。全1044ページ、重さはおよそ1・7キログラムもある。待てよ、こちらはどうだと手に取ったのは『日影丈吉全集別巻』だ。同全集最終巻全1072ページ、重さはなんと1・8キロである。この2冊よりちょっと薄くはあるけれど、同じくらい存在感ありありなのが『マルセル・シュオップ全集』１巻本全９３６ページ、こちらの重さは約１・６キロあった。以上３冊、すべて重厚な外函《そとばこ》入りＡ５版、極美華麗にして繊細緻密な工芸品のごとき造本装幀でありながら、こうなれば立派な「鈍器」として通用しそうだ。

年季の入った本読みならばどこかなつかしささえ感じる「これぞ本、これぞ全集」的な本たちだが、出版社はいずれも国書刊行会、同社はいわばいうところの「鈍器本」の総本山、総て外函入りなのもうれしい。なにせ出版不況下、豪華な外函の需要も減って、製函《せいかん》技術そのものが風前の灯とも聞く。これだけ凝った本ともなるとお値段も１４５００円から１６５００円とそれなりに、本が厚く重くなると財布が薄くなる。

文庫のように、あるいは電子書籍のように、手軽に持ち運んで読むわけにはいかない。どころか、ごろんと横になって読んだりしたら手がシビれる。取り落としたりすればケガだってしかねない。机上に据えて、じっくり端座熟読である。いずれもが幻想と幻視のマニアライクな作家の全集なのもどこかふさわしい。このテの作家が好きな読者なら、誰しもが読んでも読んでも終わらない、まるで作家の脳髄に入り込むような迷宮的読書体験に酔いしれたいと思うはずだから。そんな「鈍器本」の世界がある。殴ってはいけない。

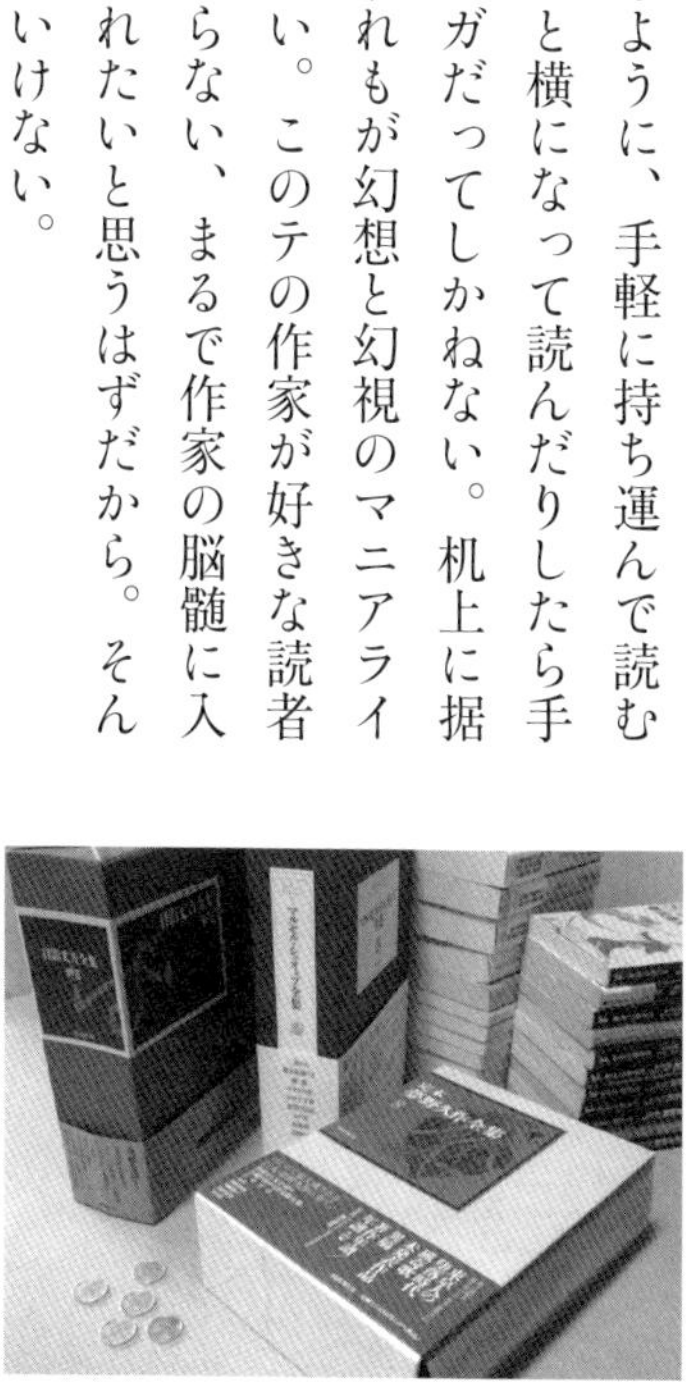

# 190

2023.2.19

# 巨匠が語る映画と音楽

エンニオ・モリコーネといえば映画音楽の巨匠である。映画と本でそのモリコーネの音楽を堪能した。映画はフォーラム仙台で上映中のジュゼッペ・トルナトーレ監督によるドキュメンタリー『モリコーネ　映画が恋した音楽家』、本はモリコーネと音楽家アレッサンドロ・デ・ローザの共著『あの音を求めて　モリコーネ、音楽・映画・人生を語る』（フィルムアート社）と、やはりモリコーネとトルナトーレとの共著『エンニオ・モリコーネ　映画音学術』（ディスクユニオン）だ。いずれも共著者たちのモリコーネへのロング・インタビューをまとめた本である。トルナトーレによる後者は映画の原作といっていいだろう。

トルナトーレのアカデミー賞受賞作『ニュー・シネマ・パラダイス』や、モリコーネその人がアカデミー賞作曲賞を受賞したクェンティン・タランティーノ監督『ヘイトフル・エイト』などの音楽でモリコーネのメロディをご記憶のみなさんが多いか。だが、我ら昭和おじさんが若き日にノックアウトされたのはなんといってもセルジオ・レオーネ監督のマカロニ・ウエスタンをはじめとした一連の映画音楽である。バイオレンスに溢れながら詩情に満ちて、さらにユーモアまで湛えたレオーネ世界に、モリコーネの音楽はぴったりと寄り添い、映画ファンの胸をふるわせた。モリコーネは2020年没。享年91。その訃報に本欄でもモリコーネ音楽の思い出を綴った。映画『モリコーネ』はトルナトーレによる生前のインタビューをメインとした、いわば追悼ドキュメンタリーだ。伝統と前衛、映像と音楽、そして単なる伴奏の域を超えた独自のジャンルとしての映画音楽の確立などなど、ジェントルな風貌ながら、鋭い目線で熱く語るモリコーネ翁はまさにマエストロである。さらにジョーン・バエズ、クインシー・ジョーンズ、ブルース・スプリングスティーンなどなど錚々たる面々がモリコーネへのリスペクトを語って花を添える。

あまたの名作映画のシーンがスクリーンに映し出され、モリコーネの音楽と語りがそこに被る。1970年代以降の作品は映画館でリアルタイムで見たものも多い。おどろいたことに、ビデオクリップほどの短いカットに、物語すべてがあざやかによみがえる。どころか、それを見た当時の自分の気持ちまで思い出される。映像と音楽のマジックに、ちょっと泣かされた。私が映画館の暗闇ではじめてモリコーネの音楽を耳にしたのは12歳。以来、およそ半世紀、モリコーネの音楽はいまも私の仕事場のBGMだ。音楽とは、映画とはなにか、物語るとはいかなる行為なのか、そんな思索へ観る者をいざなう映画と本である。機会あれば、ぜひ。

# 191

2023.2.26

## 企画ものの誘惑

困った。買うべきか、買わざるべきか。迷ってしまう。アシェット・コレクションズ・ジャパンから刊行がはじまった『江戸川乱歩と名作ミステリーの世界』シリーズ、その第1巻『屋根裏の散歩者』である。半月ごとの刊行予定には、乱歩だけでなく夢野久作、小栗虫太郎、坂口安吾などなど好みの作家たちの作品集、現在のところ22巻までがラインナップされている。もちろんみんな読んでいる。だが、なかなか凝った装幀のそんな本たちに特典やオマケもいろいろとなれば、これは欲しい。というわけで、マニアのコレクション趣味を刺激する、実にイヤな、じゃなくてワクワク楽しいシリーズなのだが、ちょっと待ったとブレーキがかかる。積ん読本の山にかこまれ、売りモノの古本の海におぼれそうな毎日である。これ以上、本を増やしてどうする。だが、欲しい。並べたい。悩む。困った。

このテの企画ものを本屋さんで目にするようになって、20年ほどになる。過去の名作映画やなつかしのドラマのDVDを封入した一連のシリーズがいちばんポピュラーか。クルマや飛行機や船など、模型のシリーズとかもある。なかにはあまりその気はなくともふらふらと誘惑に負けそうになったりするものもあって、いかんいかんと気を引き締めるのだが、どうしても魔の手から逃れられないのは、私の場合、昔の映画である。こればかりはと全巻揃えたのは『黒澤明DVDコレクション』71巻（朝日新聞出版）と『マカロニ・ウエスタン傑作DVDコレクション』51巻（朝日新聞出版）だった。さすがにヤバいと気になる号だけにしたのは『ゴジラ全映画DVDコレクターズBOX』（講談社）と『石原裕次郎シアターDVDコレクション』（朝日新聞出版）だった。いやはやなんとも昭和趣味でスミマセン。

実は同種の企画編集を私たち〈荒蝦夷〉も手がけたことがある。全国の神社仏閣だったり山や川だったり、いわゆる「週刊百科」のシリーズである。小学館や講談社のその「週刊百科」の東北パートの企画編集を担当した。古本屋として専用バインダーに綴じられた「週刊百科」の山を引き取って、あ、これはウチが作ったヤツだなんてこともあったりして、作って売って引き取って、さらには自ら本屋さんで買ったりもするのだから、因果はめぐる糸車とはよくいったものだ。

そんなこんなの『屋根裏の散歩者』なのだが、しばし迷った挙げ句にうかうかと買ってしまった。こうなったら集めますとも。なになに次号は『D坂の殺人事件』か。ウム、楽しみだ。

# 192

2023.3.5

## 変わり種の「本屋」

ようやくこの日を迎えた。仙台フォーラス3階〈BOOK SPACEあらえみし〉が、3月1日にオープンした。新刊もあり、古本もありのなんだか不可思議な「本屋」に思われるかもしれない。けれども、そもそも読者にとってはじめてその存在を知った本ことごとくが人生にとっての新たなる本であるとすれば、「新」も「古」もすべて本は同等に本でしかない。そんな本たちとの出逢いの場となればと、仙台ではおそらくかつてない変わりダネの「本屋」となった。

新刊ならば東京から河出書房新社、沖縄からボーダーインク、仙台は河北新報出版センターに東北大学出版会にプレスアート、そして私たち〈荒蝦夷〉の本がずらり勢揃い。古本はといえば、山形から香澄堂書店、仙台から阿武隈書房とジェイルハウスブックと〈古本あらえみし〉がブースを構えた。カフェ・中古レコードの仙台〈Re LOOP〉からはなつかしのレコードが並んで、カフェ営業もある。菊池雅人広瀬図書館長の「松本清張原作映画ポスター・コレクション」が壁面を飾り、ちょっとした古道具コーナーもある。期間限定1年間の本だらけのブックスペース、出版社も古本屋も期間中さまざまにメンバーが入れ換わる予定となっている。ちなみに出版社は4月には国書刊行会、5月にはKADOKAWAがやって来る。

　オープンの経緯は以前に本欄でも触れたけれど、それにしても準備はたいへんだった。こぞって万余の本を運び込み、それぞれアイディアを凝らして美々しく並べる連日連夜の作業である。関係者一同、へろへろとなったのだが、それでもなおかつなんだか楽しい。なにせ集まったメンバーすべてが各々の立場で本のプロたちである。本の内容から陳列のノウハウなどなど、作業を続けながら朝から晩まで話題は本に関するものばかり。仕事とはいえ、オタクの群れである。ちょっとおかしくて、そして楽しい。

　オープンしてみれば、お客さまとスタッフの会話も本ばかり。ふと見ればカフェ・コーナーでお買い上げいただいたばかりの本に目を凝らす人がいれば、いつの間にかそこかしこで本談義がはじまっていたりもする。そうか、本屋とは本好きが集って楽しむ空間だったのだなといまさらながらに思わされた。町から本屋が消えるとは、その空間がなくなることでもある。そんなのイヤだ、困る。本のプロとしてだけでなく、ひとりの本好きとして。だからちょっとがんばってみます。本欄の読者のみなさんもおそらくは本好きばかり。お運びいただければ幸いです。

# 193

2023.3.12

## ふたつの新聞

「あの日」から12年が過ぎた。がやって来た。「ひと昔」どころではない。干支がひとめぐりしてしまった。あまり実感がない。それでも48歳だった私が確かに還暦を迎えているのだから、やはり12年である。さらにいえば今年は関東大震災100年であり、昭和三陸津波90年でもある。やがては「東日本大震災」にもそんな日がやってくることを思えば、いかに記録や記憶を伝承・継承していくのかを考えるのが12年目の私たちの課題となろうか。

古本屋に集まってくる紙の話題は本欄でも幾度か触れた。今年の3月11日を前に、我ら〈古本あらえみし〉に古ぼけた新聞2紙が流れ着いた。まずは『河北新報』である。昭和8（1933）年3月5日付けの号外。昭和三陸津波の発生は同年3月3日だから、その2日後に発行されている。「救援の駆逐艦帆風来る！」の大見出しが躍る1面の写真のキャプションには「大槌港に勇姿を現はした駆逐艦『帆風』」とある。ページを繰れば「悲嘆の町や村や」とあって、目を引くのはムシロをかけられた遺体の写真。キャプションには「屍体を石油箱や籠や戸板に収容　岩手県大槌町海龍山江岸寺にて」とあり、以下、記事を拾えば「悲惨なる一家全滅」「枕を並べて死んだ」「余りの凄惨に只呆然　人一人見えぬ雫の浜」「奥山深く逃げた村民ぼつぼつ帰る　津波再襲来の噂におびえ立つ」といった現場からのリポートのほか、「救恤品を積んで軍艦『厳島』急航す」「罹災民に配る米一千石急送」「対策を政府に極力せまる」と、支援の急を訴えている。

　さらに昭和8年3月4日付けの『日刊大仙台』である。この新聞は昭和初期に仙台で発行されていた。その昭和三陸津波発災の次の日の紙面である。こちらは号外ではなく通常号だが、現場リポートのほか「震源地は金華山沖百五十キロ」「最大震動廿三ミリ　総震動時間二時間　石巻測候所から発表」「地震計の針飛ぶ　向山観測所緊張」などの記事が紙面を埋める。そして「激震・大津波三陸沿岸を襲ふ　四十年にして再びこの惨状‼」の大見出し。昭和三陸大津波に直面した90年前のこの地の人たちもまた、過去の明治三陸大津波（1896年）の記憶を呼び覚ましていたのである。

　私たちの「あの日」からの声も、きっといつか誰かに届くと信じよう。それによって未来のこの地に暮らす人たちが生き延びられる可能性があるとすれば、なおさらに。まずは90年前のこの新聞を次の世代に手渡したい、この新聞を保存してくれたどこかの誰かの思いに報いたい。過去からの声を聴く。いつかまた来る「その日」のために。そんな、ある古本屋の3月11日である。

# 194

2023.3.19

# 継承のヒント

この3月11日に向けて、こんな本たちを読んでいた。

まずはスヴェン・リンドクヴィスト『「すべての野蛮人を根絶やしにせよ」「闇の奥」とヨーロッパの大量虐殺』(青土社)、そして西成彦『死者は生者のなかに　ホロコーストの考古学』(みすず書房)、続いてジョルジュ・ディディ＝ユベルマン『場所、それでもなお』(月曜社)である。いずれもナチス・ドイツによるユダヤ人大量虐殺に関する本だ。

『すべての野蛮人を根絶やしにせよ』はナチス・ドイツに至るヨーロッパの人種差別思想の歴史をたどったスウェーデンのノンフィクション作家による紀行文学。ヨーロッパ各国の植民地争奪戦のなか、現地の住民たちが次々と犠牲になる。その根底にある人種差別の思想はどのように生まれたのか。ジョゼフ・コンラッドの『闇の奥』(フランシス・フォード・コッポラ監督の映画『地獄の黙示録』の原案として知られる。新潮文庫などで読める)をモチーフに、作家がかつて植民地だったアフリカ各地を旅しながら思索をめぐらせる。『死者は生者のなかに』はホロコーストを生き延びた経験を文学にまで昇華した作家たちに関する評論、『場所、それでもなお』ではフランスの哲学者・美術史家がポーランドの強制収容所跡をたずね、残された写真記録や現在の映像作品に目を凝らしていまここからホロコーストのリアルを捉え直そうと格闘する。

あたかもウクライナ戦争が同時進行中である。一般市民の拷問殺害の報道に背筋を凍らせた人たちも多いかと思うが、このところ過去の戦争に関する本の刊行が続いている。いまを知るために過去を知るといったところか。だが、東日本大震災から12年の3月にこの地でこれらの本を読むに、さらに理由がある。過去の悲惨をどのように語り継ぐべきか、いわゆる伝承や継承の問題、そのヒントが欲しい。自然災害と戦争の記憶である。異なるところもあるのは承知の上で、たとえばＰＴＳＤ（心的外傷後ストレス障害）への対処など、日常を根こそぎ破壊された末に共通する課題もまたあれば、伝承と継承だけでなくいまここにある問題に対する知恵も汲み取りたい。

そんなことを考えながらページを繰った。考える、考えさせられる。これも読書の大きな効用のひとつだ。そして、想像する。ウクライナの戦場を、トルコの被災を。遠い国の過去やいまを我がこととして捉える。そこに東日本大震災の経験をいかに語り継ぎ、未来へ伝えるか、そのヒントがあるような気がしてならない。本はきっとそのための大切なツールだ。

# 195

2023.3.26

# あわただしい日々

なんだかあわただしい、いそがしい。まずは、年明け早々、佐藤厚志さん『荒地の家族』の芥川賞受賞があった。さらに例年3月の「あの日」からの日々を顧みる東北学院大学『震災学』最新号の編集作業がある。河北新報社とプレスアートと私たち〈荒蝦夷〉の仙台短編文学賞実行委員会としては同賞第6回の選考と発表だってある。高村峰生さんの大賞受賞作「あらゆる透明な」と片岡力さんの河北新報社賞受賞作「ホダニエレーガ」が去る18日の河北新報第2朝刊に一挙掲載となったのをご覧になったみなさんも多いのでは。引き続きプレスアート「Ｋａｐｐｏ 仙台闊歩」に大賞と飯沢耕太郎さんのプレスアート賞「兄のアルバム」が、そして同じく「震災学」17号に大久保蓮さんの仙台市長賞「世界が終わる日」と二之部右京さんの東北学院大学賞「竹」が掲載となれば、授賞式もある。もちろん古本屋としての日々の業務もこなさなければならない。

とはいえ、ここまでは毎年のこと、佐藤さんの芥川賞をのぞけば、ある意味で想定内である。今年がいつもと違ったのは、以前も触れたフォーラス3階の〈ＢＯＯＫ ＳＰＡＣＥあらえみし〉のオープンである。1年間の期間限定とはいえ、新刊と古本が同時に並び、おまけにカフェやイベント・スペースまであるいわば常設の本屋さん、これがなかなかひと筋縄ではいかない。古本コーナーは参加メンバーそれぞれに各地の古本まつりでご一緒してもいるから、取りあえずの要領は共有している。仙台の出版社コーナーだって、市内各所の本屋さんで共同ブックフェアを繰り返した、まあ、いつもの仲間たち、いずれ追加補充もおまかせである。だが、はじめての出版社コーナーに関しては、なかなかそうはいかない。第1弾は河出書房新社、搬入は東京から担当者がやって来て、ずらり陳列をしてくれたものの、日々の売れ行きの確認や追加補充はこちらの仕事、これがなかなかなかせわしない。沖縄の出版社ボーダーインクに至っては、なにせ遠い。本だけ送ってもらって、あとはすべて私たちの仕事である。あわただしくも、せわしない。

と思ったら、なんと、無理がたたったか右眼が糖尿病網膜症の眼底出血、実はいままったく見えない。眼帯生活である。本欄の読者はご記憶か、一昨年には左眼をやった。にしてもこのタイミングで隻眼編集者にして隻眼古本屋、またもや手術である。いやはや。スタッフが元気いっぱいなのがなによりではあるのだが、還暦をすぎての新たなチャレンジはなかなかツラいと実感させられる今日このごろ、同世代のみなさん、なんとかがんばっていきましょうね!

# 196

2023.4.2

## 続けることの意味

新刊が続けて出る。

まずは寺崎英子写真集刊行委員会（小岩勉・鈴木まどか・柴崎春俊）による『細倉を記録する寺崎英子の遺したフィルム』である。宮城県鶯沢町（現在の栗原市）にかつて存在した細倉鉱山、その鉱山をめぐる町の暮らしにカメラのレンズを向けた寺崎英子さんが遺した写真をまとめた１冊である。戦後、旧満州から現在の栗原市に引き揚げた寺崎さんは、細倉鉱山閉山が決まった１９８６年から閉山後の１９９９年まで撮影を続け、膨大なフィルムを残して２０１６年に死去。生前の寺崎さんからそのフィルムを託された仙台市の写真家・小岩勉さんが整理に取り組み、寺崎さんを知る人やかつての鉱山の生活を知る人たちの証言を聞き取って、１冊にまとめた。

旧知の小岩さんから刊行を引き受けてくれないかとご相談いただいたのは昨秋だったか。編集制作は小岩さんたち刊行委員会が担い、私たち〈荒蝦夷〉は発売を担当することとなった。完成した写真集に、おどろいた。もちろん小岩さんから写真は見せてもらっていた。ゲラ刷りも見ていた。だが、刷り上がった写真集のページを繰ると、失われた町と暮らしの圧倒的な存在感がそこにあった。私も知る昭和の町と人の空気感があった。寺崎さんはプロのカメラマンではなかった。同じ町に暮らすひとりとして風景や人間にレンズを向けている。その親密な距離感が胸に響く。昭和から平成、そして令和と、私たちはなにを得たのか、なにを失ったのか。私と同世代のみなさんには、願わくばたとえばお子さんたちやお孫さんたちとともにこれらの写真に目を凝らしていただければ。ノスタルジーだけではない。本書帯の惹句にあるように「その光景は私たちの日々にもつながっている」のだから。

　寺崎さんの写真集はそろそろ本屋さんに並んでいるかと思うが、続いて間もなく刊行は東北学院大学『震災学』の最新第17号である。東日本大震災を機に２０１２年に創刊、同大の発行で、編集制作実務は私たち〈荒蝦夷〉が担当している。11年間で17号といえばコツコツとではあっても、それぞれのページに被災地の日々が、そしてそこに暮らした私たちみなの日々の思索が刻まれて、自ら編集制作を担当しながらも、よくぞ続けたとの思いが去来する。もしかすると、伝承・継承の要は日常の継続の裡にこそあるのではないか。『震災学』のゲラを、そして寺崎さんの写真集を見ながら、続けることの意味をあらためて考えさせられた3月だった。

# 197

2023.4.9

## 町に本屋を

誰もがその名を知る東京のある私立大学で学生たちを教える文芸評論家がいる。私と同年の彼にこんな話を聞いたのは3年ほど前だった。新入生への最初の講義で学生たちを都内の大きな本屋に連れて行く。売り場で本をどうやって選ぶか、どうやってレジで会計するかを実地に体験させる。本屋に入ったことのない学生がたくさんいるからだ。繰り返すが誰もが知る大学である。それも彼の講義を受けたいからには本に興味ある若者たちに違いない。なのになぜなのか。

「彼ら彼女たちに聞いたらね、生まれ育った地域に本屋がないっていうんだよ。もちろん本は好きなんだけど本屋を知らない。ネットでしか買ったことがないんだ。東京に出て来てはじめてリアルな本屋さんを知る。どうすればいいのかわからない、本屋さんに入るのがコワい、度胸がいるっていうんだ。だから、本屋はこうやって使えばいいんだよって最初に連れて行くんだ」

本屋のない自治体が全国の4分の1に及んだとのニュースが話題となる時代であれば、これが現実なのだろう。私たちの世代でいえば、ちょっと高級な酒場に入るその作法がわからなくて、誰かオトナに連れて行ってもらう、そんな感覚だろうか。

町から本屋が減ったらどうなるのか。いまから思えば予言的な本があった。昨年秋に逝去されたノンフィクション作家・佐野眞一さんの「だれが『本』を殺すのか」（新潮文庫）である。出版不況が叫ばれるなか、さまざまな本の現場を取材したノンフィクションだ。初刊はいまから22年も前。私たちは〈荒蝦夷〉設立直前だった。むさぼるように読んだ。いま現物にあたろうとしたら見あたらないのだが、確かにこんな一節があった。本屋がどんどん消えていく、困るのは出版社だ。本を売ってくれる場所がなくなるのだから。やがては出版社が自前で本を売る、そんな本屋が現れるに違いない、と。

さていま、私たちは出版社でありながら古本屋〈古本あらえみし〉でもある。さらには期間限定のマネゴトとはいえ新刊も売る本屋さんまではじめた。仙台フォーラス〈BOOK SPACEあらえみし〉がそれだ。「おっ、こんな本があった」と、自らの本屋なのに思わず立ち読みしているヘンなヤツがいたら、それが私だ。ひとりふらりと本屋に立ち寄って、ふと手に取った本と沈黙の対話を交わす。そんな内面の、精神の自由を保証する場が本屋だとすれば、やはり町から消えるべきではない。そう思うのは私が「本」を生業とするからだけなのかどうか。いかがだろうか。

# 198

2023.4.16

## 祝700号

去る5日の本紙に『せんだいタウン情報S－style』(プレスアート)が創刊以来700号に到達したとの記事が載った。1975年の創刊以来48年、全国のタウン情報誌で2番目の歴史とあった。仙台が誇るべき地域の雑誌文化のトップランナーである。私たち〈荒蝦夷〉もいろいろおつきあいある出版社の雑誌だから仲間褒めのようで気が引けたりもするが、まずはめでたい。

タウン情報誌は、ネットもスマホも夢のまた夢、パソコンなんてSFの世界でしかなかったあのころ、若者たちの生活に欠かせない存在だった。私たちの世代は雑誌に育てられた。情報誌だけではない。男性誌、女性誌、文芸誌、音楽や映画をはじめ芸術文化を伝えるカルチャー誌と、さまざまな雑誌が百花繚乱、季刊誌もあれば月刊誌もあり、そして週刊誌もあった。雑誌の売り上げピークは1995年、阪神・淡路大震災の年である。まさにそのころ、私はフリーのライターとして編集者として、雑誌、それも週刊誌をメインにメシを食っていた。

週刊誌のライターにはいくつかのタイプがあった。まずはスタッフ・ライター、契約記者である。その雑誌の専属ライターとして取材執筆、取材費も給与も社員に準じる。そして、企画を請け負う編集プロダクションのライターたち。こちらはたとえば特集記事を担当する編プロの許で働くライター集団である。さらに私のようなずぶのフリーランスがいた。個人で企画を考えて、それをあちらこちらの編集部に売り込む。あとは自分で取材して記事をものして原稿料を稼ぐ。写真まで撮って、私の場合なら編集も自分でやれたから、こうなるとひとり編プロである。企画を考えるにはいろいろな雑誌を読まなければならない。我がぼろアパートにはこれでもかと雑誌が散乱、週刊誌がメインといっても季刊誌・月刊誌もやる、さらに書籍の編集も請け負って、常に雑踏と喧噪のなかにいるかのように騒々しくも刺激的な日々だった。

だが、それもいまは昔、なにせ出版不況の世である。かつての雑誌の役割はインターネットが担って、それでも紙の雑誌の魅力が色褪せたわけではない。なかなかにたくましく、タフでしぶとくしたたかでさえある。『せんだいタウン情報』700号は、仙台の同業者としてだからこそうれしい。創刊初期7年間ほどの同誌表紙パネルを〈BOOK SPACEあらえみし〉に飾った。バックナンバーを並べて、イベントの計画もある。なつかしく眺めながら、町に雑誌がある意味にいまいちど思いを致していただければと願っている。

# 199

2023.4.23

# 晴れの授賞式

この15日、実行委員会の代表を務めさせていただいている仙台短編文学賞の第6回授賞式が無事に終わった。スタッフ一同、ほっとしている。6回も続けながら、まともに授賞式を実施できたのは過去に第1回と第2回のみだった。第3回はコロナ禍の直撃を受けてやむなく中止、第4回との同時開催を期した。ところが、次の年の第4回もいまだコロナ禍の渦中。これ以上の延期は避けたいとの判断から第3回と第4回の合同授賞式をリモートで行なった。スクリーン上の受賞者とプレゼンターの映像を会場のスタッフのみが見守るさびしい授賞式だった。第5回もコロナ禍の影響を免れず、対面とはしたものの賞状や目録の授与のみと規模は最小限に、祝賀イベントもすべて見送って、そこに今年の第6回である。いまだ予断を許せぬ状況とはいえ、世も一定の落ち着きを取り戻して、なんとか実施に持ち込めた。そんな第6回授賞式だったのである。

コロナ禍による混乱はさておき、なんともよろこばしい第6回授賞式となった。まずは第3回大賞「境界の円居」の佐藤厚志さんが『荒地の家族』（新潮社）により芥川賞を、さらに第1回大賞「奥州ゆきを抄」の岸ノ里玉夫さんは『空襲の樹』（論創社）で論創ミステリ大賞を受賞

（三咲光郎名義）と、過去の受賞者の飛躍の報が続いた。そして、東北学院大賞を設けるなど仙台短編文学賞の実施を強力に支えてくれている同大五橋新キャンパスのオープンである。「新キャンパスで授賞式を」と同大からお声がけいただいたのは昨年末だった。その準備中に卒業生の佐藤さんが芥川賞を受賞、これは祝わなければと、授賞式に続いて佐藤さんを招いての祝賀イベントが組まれた。過去にも河北新報社や仙台文学館など関係諸機関を会場に実施してきたが、今回はぴっかぴかの新校舎、それも礼拝堂としても使われる最大収容1000人の大会場が舞台である。諸々の準備作業もそれだけ大がかりとなったが、関係者一同獅子奮迅の甲斐あって滞りなく一切が無事に終了、コロナ禍の暗いトンネルをなんとか抜け出してやっと晴れ間を見たような、そんな授賞式となった。

第6回選考委員の和合亮一さんはもちろん、佐伯一麦さんに熊谷達也さんと過去の選考委員に佐藤さんや岸ノ里さんら歴代受賞者のすがたも。関係諸機関のみなさんも集って久々に授賞式らしい授賞式となったのはいいのだが、なにせ私は糖尿病網膜症の眼底出血による隻眼生活の最中、来週に手術を控えて祝杯も御法度のテイタラク。それでも気持ちは晴れやかに、さて、本年度第7回の選考委員は伊坂幸太郎さんである。仙台短編文学賞のさらなる歩みにご注目いただきたい。

# 200

2023.4.30

## 石巻の古本屋

この1月、石巻市に新しい古本屋さんがオープンした。「ゆずりは書房」である。津波によって浸水した市内北上川沿いの雑居ビル、その1階にある。トイレは壊れたままだ。

古本「ゆずりは書房」をここに構えたのは猪股剛さん。50歳。石巻市渡波に生まれた。かつて石巻にあったいまや伝説の古本屋「三十五反」との出会いが古本趣味のきっかけだった。学校の行き帰りに立ち寄っては趣味のSFを買い漁った。やがて上京し、そのまま東京で就職、今度は神田神保町の古本屋さんにハマった。あくまで趣味として古本を買い集めていただけだったのだが、35歳で仕事を辞めて、さて、次になにをすべきかと思案した。古本を売ってみようか。これが転機となった。アパートを事務所にネット通販をはじめた。暮らしていた神奈川県の古書籍商組合に加入、東京都内の古書即売会に参加するようにもなった。

やがて東日本大震災が発生、大きな被害を幸いにも免れた石巻の実家にはお父さんが独り暮らしていた。帰郷しなければならない。だが、石巻でどうやって暮らすか。猪股さんは介護職の資格を取った。東京を引き揚げて、施設で働きながら実家で古本のネット通販を続けた。宮城県の古書籍商組合にも入った。だが、間もなくお父さんが亡くなる。猪股さんは実家を事務所としてネット通販専業に復帰、仙台市内の古本市にも参加するようになった。私たち〈古本あらえみし〉が猪股さんと出会ったのはこのころである。

やがて石巻市内で古本屋のオープンを志す。「どこかいい物件はないかなと。そしてこの建物に出会ったんです」と猪股さん。いよいよ「ゆずりは書房」が本格始動した。ネット通販を続けながら顧客への直接販売にも力を入れる。常連のすがたもぽちぽちと、津波で流された郷土資料をもういちど手に入れたい、そんなお客さんも来たりする。「これからは地域の本をもっと並べたいですね」と猪股さんはいうが、私がお邪魔した日にも買取希望の本を持参するお客さんがあらわれた。「ゆずりは書房」はどうやら地域に受け入れられようとしている。

猪股さんに「ゆずりは」の由来を聞き忘れた。辞書を引けば「譲葉」とも書くらしい。新しい葉が出てから古い葉が落ちる木で、そこから新旧相譲る意を示す縁起物とあった。「葉」にはまた「紙」の意味もあるのを思えば「新旧の紙を譲る」とも読めるか。どうやら猪股さん念願の、それも石巻の古本屋にふさわしい屋号ではある。古本趣味のみなさんは、ぜひお立ち寄りを。

## あとがき

なんともはやな4年余りだった。宮川宏河北新報社生活文化部長（当時）から「日曜朝刊の読書面で本に関するエッセーの連載をしてみませんか」とお声がけいただいたのは2019年の確か春だった。本は、わが生涯の趣味にして生業である。書評ならいくらも手がけてきたが、本のエッセー、これは楽しそうだと手に唾をして取りかかったのはちょうど〈古本あらえみし〉オープンのどたばたの最中だった。宮川さんら河北新報のみなさんとは仙台短編文学賞実行委員会をご一緒する仲、その出版社〈荒蝦夷〉が古本屋とはこはいかに、そんな興味もあっての原稿依頼ではなかったたか。

同年6月に連載がはじまって、半年ほどは悠々のどかに続けられたが、2020年に入ったところでコロナ禍である。世界は大混乱、続けばウクライナ戦争、日曜日の朝、ゆったりと本の話題をお届けできればと思っていたのだが、そうとばかりもいっておられず、本と疫病、本と戦争など本をよすがに世の動乱を考える、そんな原稿が増えた。ばかりか私はといえば連載中に3度の入院手術である。今度は病いと本、病いと読書がテーマとなったりもした。おまけに母の死があり、実家の整理があった。なにせ還暦を挟んでの連載である。なるほど、これからはいつどんなかたちで健康を損ねたり日常を断念させられたりしてもおかしくないのだなと観念した。いやはや。

河北新報連載はこの本が出るころに終盤を迎える。7月には終了の予定である。それを知ったやはり仙台短編文学賞実行委員会仲間であるプレスアートの川元茂取締役が「これ、本にしよう」と手を挙げてくれた。帯文と挿画は、本文にある通り私たち〈荒蝦夷〉が外部編集を担当して河北新報連載中の「常盤団地第三号棟」で仕事をともにする新芥川賞作家・佐藤厚志さんと漫画家・スズキスズヒロさんの手をわずらわせた。ほかにも本文にご登場いただいた作家諸家はもちろん、「仙台オヤジ編集者」仲間の小林直之東北大学出版会事務局長などの同業者諸氏、新刊本屋・古本屋の仲間たちなどなど、さまざまなみなさんとの繋がりから生まれた本書、思えば幸せな本である。

にしても仙台は「文都」である。多くの作家が暮らし、多いとはいえないまでも地域の出版社がそれなりに成立している。なにより読者のみなさんがいる。隔世の感といったことばを使いたくなるのは、たとえばいま私の手許に1992年の河北新報特集記事がある。「よみがえれ仙台の文学」と題した8回の連載である。その前文を引かせていただけば「仙台は文学不毛の地なのだろうか。『学都』『杜の都』『政令指定都市』。時代を経るにつれ、さまざまな〝冠〟が加わったが、『文学の都』とはついぞ聞いたことがない。底辺を支える同人誌は少なく、作家も育たない。近代文学史上の『仙台』は、そのほとんどが作家の青春の通過点として現れた。小説家にとって、この街で生きるのは不利なのだろうか」と問題提起している。30年前の記事だけど、ね、隔世の感でしょう。同じ仙台とは思えないくらいじゃありませんか。「いま」がもしダメだとしても、30年も経てば世は変わる。出版不況が喧しく叫ばれるが、その行く末なんて誰にもわかりはしない。本をあなどってはいけない。本の力は信ずるに足る。

さいごに、まずは河北新報社のみなさんに感謝を。前出の宮川生活文化部長に続いた古関良行と足立裕子両部長はもちろん、バトンを継ぐように担当してくれた連載デスクのみなさん（浅野伸一郎・新迫宏・跡部裕史・三浦康伸・野村哲郎の各氏）にもたいへんお世話になった。そして〈荒蝦夷〉共同経営者の千葉由香と、我らの日常業務を支える諸氏諸嬢がいる。ここでは古顔の須藤文音と秋山仁の名のみ挙げさせていただこう。また、本連載ではエッセーとしての性格から、北海道から東京へ、そして仙台へと私の個人史に触れる記述も多い。そのすべてに行をともにしてくれた妻・典子にも感謝したい。そして〈古本あらえみし〉で、古本まつりやイベントの会場で「読んでるよ」と「おもしろかったよ」とお声がけいただいた連載読者のみなさん、お便りをくださったみなさん、本書はそんなあなたたちの本でもあります。ありがとうございました。

# 土方正志（ひじかたまさし）

宮城県仙台市の出版社〈荒蝦夷〉代表取締役。編集者・作家・エッセイスト。1962年、北海道生まれ。東北学院大学卒業後、東京でフリーランスのライター・編集者に。2000年に仙台市に別冊東北学編集室を、2005年には有限会社荒蝦夷を設立、現在に至る（荒蝦夷は東日本大震災後の出版活動により2012年出版梓会新聞社学芸文化賞受賞）。2019年4月、仙台市宮城野区に〈古本あらえみし〉オープン。2023年3月、同青葉区に〈BOOK SPACEあらえみし〉オープン。著書に『ユージン・スミス 楽園へのあゆみ』（偕成社／産経児童出版文化賞）、『日本のミイラ仏をたずねて』（晶文社／天夢人から新編同題）、『瓦礫の風貌 阪神淡路大震災1995』（リトルモア／奥野安彦と共著）、『てつびん物語 阪神・淡路大震災 ある被災者の記録』（偕成社／奥野安彦と共著／産経児童出版文化賞推薦）、『震災編集者 東北の小さな出版社〈荒蝦夷〉の5年間』（河出書房新社／河出文庫改題『瓦礫から本を生む』）など。2017年から2年間、読売新聞読書委員会委員。仙台短編文学賞実行委員会代表。宮城県古書籍商組合理事。日本文芸家協会会員。日本災害復興学会会員。東北工業大学非常勤講師。

# 仙台あらえみし日和

杜の都で本と暮らす

2023年6月23日発行

著　者　土方正志

発行人　今野勝彦

編集人　川元 茂

発　行　株式会社プレスアート

〒984-8516 宮城県仙台市若林区土樋103番地

電話　022-266-0911

FAX　022-266-0913

kappo@pressart.co.jp

https://www.pressart.co.jp

https://kappo.machico.mu

装　幀　松下洋一（sclutch）

カバーイラスト　　スズキスズヒロ





ISBN978-4-9912938-1-8　C0095